다산 정약용 눈 안의

주 역

다산 정약용 눈 안의

주 역

장 열 지음

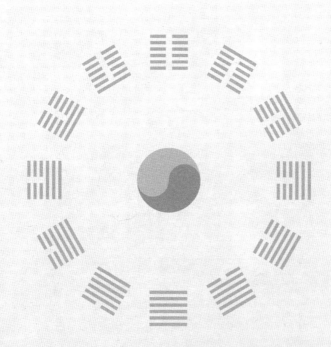

學古房

서문

시간이 흐르는지도 모르는 사이 한국에서의 유학 생활을 마치고 중국으로 귀국한 지 2년이 되었다. 이 짧지도 길지도 않은 2년 동안 교직 생활에 적응하면서 앞으로의 공부와 연구 방향을 고민해왔다. 여러 가지의 한계로 인해 쉽지 않은 길이라는 것을 알았지만 한국에서 박사과정 때부터 공부해왔던 한국 유학을 꾸준히 연구할 생각이다. 그러한 의미에서 나는 한국 유학 생활의 결과물과 새로운 공부의 출발점이라고 할 수 있는 박사논문을 정리해서 출판하기로 했다. 이는 한국유학韓國儒學을 더욱 깊이 연구하겠다는 결심을 밝히고 다른 한편으로 더 많은 전문가와 학자들의 비판을 통해 나의 발전을 이루기를 위함이다.

문화는 상호교류로 인해 다채로워지고 있으며 문화 다원화는 현재 세계문화 발전의 추세이다. 한국유학은 중국유학中國儒學에서 기원되었지만 자신만의 독특함도 가진다. 이 둘은 같으면서도 차이점이 있고 다르면서도 공통점이 있는데 동아시아문화의 중요한 구성 부분을 공동으로 형성한 것을 예로 들 수 있겠다. 그러므로 양자의 공통성과 개성에 대해 비교 연구를 하는 것의 의미와 필요성은 두말할 필요도 없다.

제노대지齊魯大地에서 태어나 어릴 때부터 공맹문화孔孟文化의 영향을 받았으며 또한 바다를 넘어 멀리 한국에 와서 유학儒學을 공부했던 나에게는 한중 간 유학 교류의 가교역할을 맡는 것은 거부할 수 없는 당연한 책임이다. 『주역』은 군경群經(모든 경전) 중 최고이며 중국이나 한국에서도 중시를 받았으며 역학에 관한 연구 역시 유학 연구에 없어서는 안 되는 중요한 부분을 구성했다. 따라서 한중 역학에 대한 비교연구를 전개하는 것은 그 나름대로의 필요성과 의미가 있다고 하겠다.

한국 역학 연구의 경우, 조선시대의 주자학이 정치적이며 문화적으로 절대 권위가 확립되면서 주자역학朱子易學에 대한 깊이 있는 연구들이 전개되어 주자역학을 저색底色으로 하는 역학연구를 형성했다. 그러나 조선 후기의 실학 집대성자이며, 서양 천주교의 영향을 받은 다산茶山 정약용丁若鏞은 원시유교의 근원을 탐색함으로써 주자학의 폐단을 극복하려고 하였다.

이 시기는 송학宋學이 성행하고 한학漢學이 쇠퇴하였기 때문에 다산은 고증에 능숙하고 훈고를 중시하는 학문적 태도를 견지하였다. 또한 한송漢宋 역학을 융합시켜 중국 역학에 대해 비판적인 태도를 취해 자신의 온전한 역학체계를 구축하였다. 즉, 역리사법易理四法, 삼역三易, 독역요지讀易要旨 등을 예로 들 수 있으며 이를 통해 한국 역학연구가 최고 수준에 이르렀다고 볼 수 있다.

이 책에서는 다산이 그 당시에 처한 시대 배경과 결합하여 다산역학의 변천과 발전을 분석하였고, 다산의 역학 저서인 『주역사전周易四箋』과 『역학서언易學緖言』에 대한 고찰을 통해서 다산역학의 독특한 구성체계, 즉, '역리 4법'이라는 해석방법과 중국 전통 역학과의 다른 내포를 밝혔으며 특히 주자의 역학적 관점과 비교해왔다. 이러한 연구는 다산역학의 형성, 역학적 입장, 독특한 역학 해석방법 체계를 보여주고 다산역학이 다산학과 한국 역학사에서 처하는 지위를 명확히 하며, 다산역학 해석에서 유교의 "성기성인成己成人"이라는 근본적 정신을 시종 관철시켰다는 사상적 특징을 밝혀 외재적 도덕 약속道德約束과 내재적 도덕자각道德自覺을 결합시켜 수양 공부의 필요성을 제시하였다.

그 밖에 우리로 인해 중국 역학사를 더욱 객관적으로 바라보고 중국 역학을 연구하는 새로운 시각과 넓은 방향을 찾아낼 수 있게 하고, 또한 중국 역학이 한국 역학에 미친 영향, 중국 역학의 한국에서의 전승과 발전을 더욱 잘 이해하고 한중 역학연구의 교류를 강화하는 계기를 만들 수도 있다.

한국에서 공부하는 7년 동안 잘 가르쳐주신 김성기 교수님과 많은 도움과 아낌없는 격려와 응원을 해준 선후배와 친구들에게 감사의 말씀을 드리고 싶다. 힘이 빠질 때 늘 응원해주시고, 학문적인 부분을 잘 지도해주신 방인 교수님, 최영진 교수님 등 많은 선생님께도 감사하다는 인사를 드린다. 그리고 많은 기회를 주고 박사논문에 우수연구상을 수여해주신 다산재단에도 감사를 드린다. 끝으로 출판하는 과정에서 힘써주신 편집자에게도 감사하는 말씀을 전하고 싶다. 또한 늘 뒤에서 힘을 보태주고 응원해주신 가족들에게 고맙다는 말을 전한다.

목차

제1장
머리말

1_『주역』 연구의 전개와 발전

『주역』은 유가儒家 경전 중에서 가장 독특한 성격을 가지고 있는 것으로, 세계의 변화를 전제로 하고 음양의 부호체계를 통하여 그 변화를 법칙화하고 체계화하는 이론이다. 그것은 옛사람이 상象, 수數라고 하는 표현방식으로 자연의 법칙과 인도人道를 모방하는 류만물類萬物의 과정을 거쳐서 이루어졌다. 나아가 그것은 우주만물에 대한 고도의 개괄이라 할 수 있다. 최초의 『주역』은 복서卜筮를 위해 만들어진 책이다. 즉 사태事態의 길흉회린吉凶悔吝을 예시豫示하고 행해야 할 길을 밝혀주는 것이다. 그러나 깊게 살펴보면, 성인이 설교設敎한 근본 목표는 결코 여기에 그치는 것이 아니고, 다른 유가 경전들과 마찬가지로 수기치인修己治人, 성기성인成己成人, 내성외왕內聖外王, 하늘과 땅의 화생化生과 기름을 돕고 하늘땅과 더불어 참여할 수 있는[1] 천인합일天人合一의 지선至善의 상태를 궁극적인 목표로 삼는다. 그러므로 육경지수六經之首, 대도지원大道之源, 삼현지일三玄之一 등으로 일컬어지는 『주역』은 최초의 복서의 색체를 띠었던 책으로부터 심오한 철학적 내용을 담고 있는 사상 체계로 발전되었고, 상수象數와 의리義理 두 가지 측면의 의미를 동시에 갖추게 되었다.

형식적인 측면에서 『주역』은 문자로 뜻을 전달하는 기타 유가 경전과 달리 괘卦(즉 부호)와 문자를 동시에 사용하여 뜻을 밝히는 방식을 취한다. 풍우란馮友蘭은 "주역 철학은 우주 대수학代數學이라고 할 수 있다. 대수학은 산수학算數學 중의 한 부분이지만 그 안에 숫자가 없이 단지 일련의 공식公式일 뿐이고, 그리고 이러한 공식들은 부호의 형식으로 드러난다. 숫자에 비해 공식들은 단지 빈 틀일뿐이다. 그러나 빈 틀이기 때문에 모든 숫자가 들어갈 수 있다. 이러한 의미에서 『주역』자체가 천지만물을 포함하지 않는 다만 하나의 빈 틀이지만 모든 사물이나 상황에 적용될 수 있다."[2]라고 하였다. 『주역』의 독특한 체계는 부호를 통해 천지만물을 포함하고 만사만물의 리理와 사람으로서 일상에서 해야 할 리理를 드러내고 있기에 지극히 넓고 깊고 신비스럽고 묘한 것임을 알 수 있다. 결국, 『주역』에서 부호를 가지고 설명하는 방식의 출현으로 인해 후세 사람들이 『주역』을 이해하는 데 더 넓은 해석 공간을 가지게 되었고 더 다양하게 이해할 수 있게 되었다. 다른 시기, 다른 시대 배경에서 나온 역대 역학자들이 『주역』을 각자의 상황과 입장에서 다르게 해석할 수 있었고, 이로 인해 다양한 역학관이 형성되었다. 『주역』에 대한 역대의 다양한 해석은 역학의 형성과 발전 과정에서 결코 소홀히 여길 수 없는 중요

---

1) 『中庸』제22장: 贊天地之化育, 與天地同參.
2) 唐明邦 등 저, 『周易縱橫錄』, 湖北人民出版社, 1986, p.7.

한 작용을 하였다.

역학의 발전사는 사실상 역학 텍스트의 해석사이다. 이른바 역학 텍스트 해석사란 곧 끊임없이 선현의 관점과 체계를 해체하는 역사, 즉 후세 역학자들의 이전 시기 역학자들에 대한 비판과 계승이다. 이러한 비판, 해체와 계승 과정에서 다양하고 색다른 『주역』해석이 이루어졌다. 이러한 다양하고 색다른 『주역』해석이 이루어진 원인 중 하나는 앞서 논한 바와 같이 『주역』은 풍부한 내용이 함축되어 있는 괘卦(즉 부호)와 문자를 동시에 사용하여 뜻을 밝히는 특수한 형식으로 구성되어 있어 『주역』을 이해하는 데에 더 넓은 해석의 공간을 제공해주었다는 점이다. 다른 또 하나의 원인은 『주역』자체의 내용이 지극히 넓고 심원하며, 지극히 미묘하다는 점이다. 『계사전繫辭傳』에서 "도道에 변동이 있다道有變動", "도道가 자주 옮겨간다. 변해 움직이고 머물러 있지 않아서, 육허六虛(상하사방)에 두루 흘러서 오르고 내림에 항상함이 없으며, 강하고 부드러운 것이 서로 바꾼다.爲道與屢遷, 變動不居, 周流六虛, 上下無常, 剛柔相易"라고 말하는 것처럼 도道는 그 자체가 추상적이고 영원한 것이기에 구체적인 시간과 공간을 초월하여 현실 세계에서 다양하고 복잡한 모습으로 드러난다. 그러므로 도道는 고정되지 않고 계속 변동하는 성격을 띤다. 도道의 이러한 성격은 다양하게 『주역』을 해석할 수 있는 가능성을 제공해 주었다. 여러 다양한 해석에서 가장 대표적인 것은 『역전易傳』의 『주역』에 대한 해석인데, 이는 선진유가의 중요한 대표작이다. 『역전』의 목적은 『주역』텍스트를 해석하는 데에 있다. 『계사전』에서 "고요해서 움직이지 않다가 느껴서 천하의 연고를 통한다.寂然不動, 感而遂通天下之故"라고 한 것처럼, 『주역』해석에 대한 보다 체계적이고 온전한 역학을 수립하였다. 마지막으로, 해석자의 특정한 사상, 문화 배경 등 외재적인 요소의 영향도 다양한 『주역』해석이 가능하게 한 중요한 원인이다. 예를 들면, 한나라 때 자연과학의 발전에 따라 천문天文과 역법曆法 등을 중시하는 상수적 역학이 형성되었고, 위진남북조 때 왕필王弼 현학玄學에 의해 의리를 강조하는 의리적 역학을 형성하였다.

『주역』은 텍스트의 특수성으로 인해 다양한 해석이 가능하다. 『주역』을 해석할 때, 훈고訓詁나 글자의 뜻을 해석할 뿐만 아니라 철학적 의미인 도道를 추구하는 것을 궁극적인 목표로 삼는다. 다시 말하면, 『주역』은 감통感通하여 성인의 뜻을 다하고 천지의 도道를 드러내는 것을 목표로 삼는다. 그리고 『주역』해석의 이러한 궁극적 목표는 신비스럽고 심오하여 미칠 수 없는 듯 하지만 실로 가능하다. 사람은 『주역』텍스트의 해석자로서 천명天命을 부여받아 천지음양의 도道와 생생지덕生生之德을 갖추고 있어서 천지만물과 하나가 되고 천지의 화육化育을 도울 수 있고, "천지와 더불어 그 덕德을 합하며, 일월과 더불어 그 밝음을 합하며, 사시와 더불어 그 차례를 합하며, 귀신과 더불어 그 길흉을 합한다.與天地合其德, 與日月合其明, 與四時合其序, 與鬼神合其吉凶"는 대인의 도道는 근본적으로 천도天道와 같기 때문이다. 그러므로 성인은 우러러 하늘의 도道를 보고 구부려 땅의 법을 보고 천지의 순환 운행의 원리에 의해 만들어진 괘효상卦爻象과 괘효사卦爻辭를 이해하는 능력이 있어, 괘효상과 괘효사에 모든 뜻을 담고 있는 『주역』을 정확하게 이해할 수 있을 것이다.

『주역』을 정확하게 이해하기 위해서는 『주역』의 해석 방법이 중요하다. 성중영成中英은 역학 저술인 『역학본체론易學本體論』에서 사람이 사물에 대한 자기의 실제적 체험과 실감에 의해 이해하고 도리를 해설하는 것이라고 지적하였다. 또한 이렇게 자기의 실제 체험과 관찰로 사물 자체를 이해하는 것이 『주역』을 이해하는 방법이라고 하였다. 왜냐하면 사람의 성性이나 사물의 성性이나 근본적으로 일치하고, 심지어 동일하기 때문이다. 외재적인 것을 관찰함으로써 자기의 내재적인 경험이나 체험과 서로 참조하고 비교하여, 한 걸음 나아가 양자를 조화시키고 이론과 실제에 대한 내외합일內外合一적인 이해를 이룰 수 있다.3) 이로써 성중영의 입장에서는 경전 해석이 자기의 실제 경험과 결합되는 실천 해석학임을 알 수 있다.

역학사에서 보면, 『주역』을 이해하는 방식은 크게 두 가지로 나눈다. 하나는 상수학파象數學派의 해석이고, 또 하나는 의리학파義理學派의 해석이다. 상수학파는 『주역』이 복서를 위한 책이라고 주장한다. 역사易辭의 본질은 점사占辭이며, 괘상卦象과 수數는 역사易辭를 이해하기 위한 방법이나 수단이다. 의리학파는 성인이 『주역』을 만든 의도가 천인성명지리天人性命之理를 밝히는 데에 있다고 주장한다. 그들은 모든 점사를 천인성명지리로 해석하려고 한다. 중국의 역학 발전사는 이 두 개의 학파가 서로 계승하고 비판함으로써 교체하면서 발전하였던 것이다.

『주역』의 해석 발전사에서 한대 유학자 맹희孟喜, 경방京房으로부터 정현鄭玄, 우번虞翻에 이르기까지 "사근어상辭根於象"이라는 명제를 가장 먼저 탐구했기 때문에 그들의 학설과 방법을 상수지학象數之學이라고 일컫는다. 그리고 그들은 옛사람의 말을 해석하기 위해서 끊임없이 새로운 해석방법을 발명하여 그 알지 못하는 상象을 해명하는 데에 몰두하였다. 예를 들면, 그들이 제기한 "괘기卦氣", "괘변卦變", "효진爻辰", "방통旁通", "비복飛伏" 등은 거대하고 복잡한 학

---

3) 成中英, 『易學本體論』, 北京大學出版社, 2006, p.21-22.

설 체계를 이루었다. 더 구체적으로 말하면, 맹희 이후에 상수를 중시하기 시작하였고, 경방은 괘기음양설卦氣陰陽說로 『주역』을 해석하였고, 정현은 경방의 학설을 기초로 하여 효진설爻辰說로 『주역』을 해석하였고, 우번은 『맹씨역孟氏易』에다가 납갑納甲을 가하였다. 이로써 방대한 상수학 체계가 성립되었다. 위진魏晉 시기에 이르러서 왕필王弼은 의리학파의 선구자로서, 『노자』, 『장자』의 사상을 결합시켜 "득의망상得意忘象"을 제기하였다. 이에 상수학의 위세는 날이 갈수록 쇠약해지게 되었다. 당나라의 공영달孔穎達은 왕필의 학설을 근본으로 삼고, 이에 대한 주석을 달아 『주역정의周易正義』를 완성하였는데, 그의 학설이 그 당시의 관학官學으로 자리 잡았다. 그러나 의리역학이 절대 우세를 가지고 있는 그 당시의 이러한 배경에서 이정조李鼎祚가 한대 역학자들의 학설을 종합하였고, 상수역학의 전승에 큰 공헌을 하였다. 송나라에 이르러 상수역은 도서학圖書學의 형식으로 다시 활기를 회복하게 되어 진단陳摶, 유목劉牧, 소옹邵雍 등을 대표로 하는 상수학파 학자가 다시 등장하였다. 이 외에 리학가들이 "모두 『역』으로 이론을 세운다.皆以『易』立論"라고 하였으니, 역학은 리학과 나눌 수 없는 관계가 되었다. 이에 의리역학은 한 걸음 더 나아가 더 큰 발전을 하게 되었다. 특히 이 시기의 가장 대표적인 의리역학 학자인 정이程頤가 『정씨역전程氏易傳』을 지어 『주역』을 빌어 인사人事의 도리를 밝혔다. 이로 인해 성리학적 색채를 띤 역학이 발전하게 되었다.

주자에 이르러서는 기존의 역학 발전 흐름에 기초를 두고서 맹목적으로 권위를 쫓지 않는 비판의식을 가짐으로써 전통적 역학관에서 벗어나 역학의 본의를 숭상하는 태도로 『주역』의 본의를 탐구하는 데에 힘을 다하였다. 주자는 기존의 경전 주석 방식과 다른 방식으로 역학을 리학과 융합시켜 창의적으로 일련의 철학 범주, 개념, 명제와 이론을 제기하여 논증하였다. 나아가 주자는 『주역周易』에서 상象, 수數, 리理, 점占 네 가지 중 하나라도 빠져서는 안 되며, 상수는 『주역』의 근본이므로 의리역학의 발전은 반드시 상수역학에 기초를 두어야 한다고 주장하였다. 이로써 주자는 의리義理, 상수象數, 점서占筮와 도서설圖書說을 하나로 통일시키는 자신의 독특한 역학체계, 즉 "리理 - 수數 - 점占"이라는 역학 체계를 수립하였다. 주자 역학에 관하여 속경남束景南은 "주자의 역사적 임무는 소옹이 소홀하게 여긴 점학占學을 회복하고 다시 세우는 데에 있었다. 이런 까닭으로 『주역』을 점서의 책으로 삼고 연구하게 된 것이다. 주자는 두 측면, 다시 말하면 두 걸음으로 나눠서 그의 점학占學을 성립하였다. 한편으로는 설시변점揲蓍變占의 방법을 전체적으로 탐구하여 도서상수학적 방법을 확립하는 것인데, 이 목표는 그의 『역학계몽易學啓蒙』에서 이루어졌다. 다른 한편으로는 괘와 효에서 점복占卜의 본의를 탐색하고, 괘를 베풀어서 상을 보고 점을 완미하여 그 도리를 밝히는 점학 원칙을 확립함으로써 "『주역』은 점치는 책이다『易』是卜筮之書"라는 정신을 『주역』의 전체에 관통시키려고 하였다. 이 목표는 『주역본의周易本義』에서 이루어졌다. 이런 점학의 건립은 『주역』으로 하여금 참으로 포함하지 않는 것이 없는 보편만능성을 갖게 하였다. 주자는 나중에 제자에게 그가 세운 이러한 점학이 역학에서의 독특한 공헌을 강조하면서 "내가 『역』을 해설하는 방법이 선배들과 다른 것은 바로 사람들이 모두 리를 사용할 수 있도록 한 것이니, 군신과 상하, 크고 작은 일에 상관없이 모두 적용시킨 것이다. 선배들이 점占으로 설명하지 않은 까닭에 마침내 『역』을 활용할 곳이 없게 되었다."4)고 하였다.5) 이로써 주자가 자기의 독특한 역학해석 체계를 세웠고 후세에 큰 영향을 끼쳤음을 알 수 있다.

한국의 경우, 주자학은 조선 시기의 치국 이론으로 그 당시에 압도적인 지고무상한 지위를 차지하고 있었다. 이러한 모습은 역학 연구에서도 분명하게 나타난다. 그러므로 "『주역』 연구의 경향은 조선 왕조가 개창되면서 문물제도를 정비하고 통치이념을 확립하는 과정에서 성리학의 형이상학에 근거를 둔 도덕적 실천을 강조함으로써 의리역학에 중점을 두는 흐름을 보였다."6) 그럼에도 불구하고 상수역도 조선전기에 소홀할 수 없는 중요 자리를 차지하였다. 그러나 이때 도입된 상수역학의 주류는 한대의 상수역이 아니라, 하락河洛과 선천팔괘도先天八卦圖 등의 역도易圖를 중심으로 하는 도상학적 상수역학이 영향력이라는 측면에서 보자면 분명히 압도적이었다. 여기에서 결정적인 역할을 한 것은 바로 『역학계몽』을 중심으로 하는 주자의 도서 상수역학이다. 조선 전기에는 분명히 의리역학적인 관점이 주도적인 역할을 하였지만, 후기로 가면 갈수록 리기, 태극 등을 핵심 개념으로 하는 성리학이 날이 갈수록 그 폐단이 뚜렷해지면서 상수역학이 점차적 부각되기에 이른다. 또한 주자가 제시한 세계관에 대한 회의를 통하여 상수역학은 또 다른 변화에 직면하게 된다. 이러한 시대에 살았던 다산은 대표적인 역학자로서 독창성 있는 역학체계를 정립하였다.

---

4) 『朱子語類』권67: 某之說易所以異於前輩者, 正謂其理人人皆用之, 不問君臣上下, 大事小事, 皆可用. 前輩止緣不把做占說了, 故此易竟無用處.

5) 束景南, 『朱子大傳』, 北京: 商務印書館, 2003, p.634-635.

6) 嚴連錫 著, 『朝鮮前期易哲學史』, 韓國研究院, 2013, p.63-65 참조.

2 _ 다산 『주역』 연구의 필요성과 방향성

다산 정약용은 조선 후기 실학의 집대성자로서 조선조 500년을 지배한 주자학에서 학문적 자주성과 개방성을 가지고 한민족의 사회현실에 입각하여 고유한 정신과 독자성을 밝혀 새로운 문화사상을 열고자 하였다. 다시 말하면 다산이 주자학을 강렬하게 비판하고 헛된 학문에서 벗어나 수사학洙泗學으로의 복귀를 호소하였다. 물론 다산의 주자학에 대한 비판과 계승은 주자학의 사상 체계가 형성되는 과정에서의 『주역』사상과 관련이 없을 수 없을 것이다. 그러므로 다산은 기존의 성리학적 입장에서 출발하는 권위 있는 『주역』해석, 즉 송대의 도서역학에 구애받지 않고 주자 『주역』해석의 연장선에서 성리학적 요소를 탈각시키고 고증학적 방법과 한대역학의 해석방법을 가지고 자신만의 독창적인 방식으로 해석해야 한다고 주장하고, 이러한 사유를 『주역』해석에 그대로 적용하였다. 구체적으로 다산은 처음부터 끝까지 "내성외왕內聖外王"의 유교적 근본 정신을 철저히 지켜 사람을 교화하는 것을 중시하고 "경세치용"의 원칙을 굳건하게 견지하며 사람과 사회에 대한 교화를 국가의 다스림과 결합시키는 전제에서 독창적인 우주관과 인성론을 세웠고, 또 그는 새로운 역학이론, 문헌고증과 훈고를 강조하는 해석방법을 정립하여 역대 역학자의 다양한 역학 이론을 구체적으로 비판하였다. 다산은 시대의 특수성에 따라 현실에 입각하여 실제 상황에 맞는 전통에 기초하면서도 독창성 있는 체계를 만들었다. 다산의 이러한 역학사상은 주로 『주역사전周易四箋』7)과 『주역서언周易緒言』에 담겨 있는데, 한국역학

---

7) 『주역사전』에 대해서 다산이 스스로 "『주역사전』은 바로 내가 하늘의 도움을 얻어 지어낸 책이요 절대로 사람의 힘으로 통할 수 있고 사람의 지혜나 생각으

사에서 하나의 우뚝 솟은 봉우리라고 평가할 수 있다. 한국유학사상사에서 수많은 유학자들이 『주역』을 연구하였지만 다산만큼 심도가 있고 체계적인 역학사상을 갖춘 학자가 없기 때문이다.

다산은 『주역』해석할 때, 역대 학자들의 『주역』해석에 기초하여 비판적으로 계승하고, 한대 상수역적 해석방법론을 중심으로 하는 역리사법易理四法8)를 제시하였다. 이와 동시에 다산은 전통적인 상수역학과 의리역학의 뚜렷한 경계를 깨뜨리고『주역』이 복서卜筮의 책과 괘과천선改過遷善의 책으로서의 이중적 성격을 가지고 있음을 인정하였다. 이는 원래의 복서의 책으로서의 『주역』에 도덕적 인문이성人文理性의 함의를 주입시킨 것이다. 이러한 점에서 다산 역학 연구의 의미가 있다. 본격적으로 본 책의 논의를 전개하기 전에 우선 학계의 다산 역학에 관한 기존 연구성과를 살펴보겠다.

로 이룰 수 있는 바가 아니다. 이 책에 마음을 가라앉혀 깊이 생각하여 오묘한 뜻을 모두 통할 수 있는 사람이 있다면 그는 바로 나의 자손이나 붕우가 되는 것이니 천년에 한 번 나오더라도 배 이상 나의 정을 쏟아 애지중지할 것이다." (定本 『與猶堂全書』4, 『文集』권18 「示二子家誡」: 『周易四箋』是吾得天助之文字, 萬萬非人力可通, 智慮所到. 有能潛心此書, 悉通奧妙者, 卽子孫朋友, 千載一遇, 愛之重之, 當倍常情. 또한 『周易』者, 周人禮法之所在, 儒者不可以不明其微言妙義, 在所發揮也. 然古之聖人, 凡微言妙義, 皆微發其端, 令人自思而自得之, 若無一隱晦, 昭然可見, 便無滋味. 今此『易箋』, 太詳太明, 是則所深悔也.)라고 스스로 평가하였다.

8) 『定本 與猶堂全書』15, 『周易四箋』권1 「四箋小引」: 一曰, 推移. ○朱子『卦變圖』, 卽此法也【與『本義』之言, 卦變不同】唯中孚・小過不入辟卦. 然推移者, 朱子之義也. 二曰, 物象. ○朱子於大壯, 以兌爲羊.【見六五】於旅卦, 以離爲雉.【見六五】物象之從『說卦』者, 朱子之義也. 三曰, 互體. ○朱子曰: "互體不可廢."【見『大傳』'雜物撰德'之章】又曰: "'左傳』分明用互體."【指陳完之筮】互體者, 朱子之義也. 四曰, 爻變. ○朱子曰: "遇一爻變, 以本卦之變爻 辭占."【見『啓蒙』】占法旣然, 經旨宜同. 爻變者, 朱子之義也.

20

중국의 경우 『주역』에 관한 연구성과들이 놀라울 정도로 많지만 전문적으로 다산의 역학 사상을 연구하는 성과가 거의 없고, 주자의 역학사상을 전문적으로 연구한 성과도 그다지 많지 않다. 주자역학에 대한 저술은 백수이白壽彝의 『주역본의고周易本義考』, 증춘해曾春海의 『주희역학석론朱熹易學析論』, 사소박史少博의 『주희역학화리학관계탐색朱熹易學和理學關係探賾』, 장극빈張克賓의 『주희역학사상연구朱熹易學思想硏究』등이 있는데, 이외에는 주자의 역학을 단지 주요 내용의 한 부분으로 삼는 연구들이다. 예를 들면, 주백곤朱伯崑 『역학철학사易學哲學史』제7장에서의 『주희적역학철학朱熹的易學哲學』부분과 고회민高懷民의 『송원역학사宋元易學史』제4장인 「주자급채문제자적역학朱子及蔡門諸子的易學」등이다.

한국의 경우에도 마찬가지로 전문적으로 주자의 역학을 연구하는 성과가 많지 않고 주로 주광호의 『「주역본의」의 성리적 성격에 관한 연구』, 이세동의 『주자주역본의연구』등이 있다. 이와는 반대로, 다산의 역학에 관한 연구들은 양도 많고 주제도 다양하다. 구체적으로 열거해 보면 다음과 같다.

우선, 전체적으로 다산의 역경사상과 해석체계에 관한 연구들이다. 학위논문으로는 방인의 『다산 역학사상에 대한 연구』, 김왕연의 『다산 역학의 연구』, 정해왕의 『「주역」의 해석방법에 관한 연구 – 정약용의 역학을 중심으로』, 김인철의 『다산의 「주역」 해석체계에 관한 연구』, 김영우의 『정약용의 역학사상연구』, 장정옥의 『「주역」의 구성체제와 역사의 상징체계 – 다산역학을 중심으로』와 임재규의 『정약용역학연구』등 15편이 있다. 일반논문으로는 금장태의 「다산의 역학정신과 서학정신」과 「『주역사전周易四箋』과 정약용의 역해석 방법」, 김영우의 「다산 정약용의 역학사상과 역리사법」, 방인의 「다산

역의 기호론적 세계관」등이 있다.

둘째, 다산 역경해석의 특징에 관한 연구이다. 학위논문으로 백영빈의 『정약용의 「주역」해석방법 특징』, 유문상의 『다산 역학의 특성과 윤리적 함의』등이 있고, 일반논문으로는 김영우의 「다산 정약용 『주역』 해석의 특징과 의의」, 「정약용 역학의 실학적 성격」, 장승구의 「다산 정약용의 역학사상과 그 실학적 의미」, 이원명의 「다산의 『주역』관」등이 있다.

셋째, 다산의 서법筮法에 과한 연구들이다. 학위논문으로 임재규의 『다산 역학의 점서占筮적 성격에 관한 연구』, 서근식의 『다산 정약용의 시괘법蓍卦法 연구』등이 있다. 일반논문으로는 금장태의 「정약용의 역해석에서 복서의 방법과 활용」, 김영식의 「주역점周易占에 대한 정역용의 견해」, 김영우의 「다산의 복서역 연구」, 김인철의 「다산의 독창적인 서점筮占 방법 - 시괘전 상해」등이 있다.

넷째, 다산 역리사법易理四法(추이推移, 물상物象, 호체互體, 효변爻變) 중의 하나를 가지고 설명하고 이해하는 연구이다. 예를 들면, 추이推移에 관한 임재규의 「정약용 추이론 소고」, 정해왕의 「다산역의 추이론」, 물상物象에 관한 김영우의 「정약용의 역해석론 - 물상이론을 중심으로」, 효변爻變에 관한 임재규의 「정약용 효변론의 연원에 대한 시론적 고찰」등이 있다.

다섯째, 다산이 다른 역학자에 대한 비판과 비교이다. 예를 들면, 이란숙李蘭淑의 박사학위논문 『다산 정약용의 중국역학비판 - 「역학서언易學緖言」을 중심으로』, 방인의 「이광지李光地 역학에 대한 비판」, 「경방의 벽괘설辟卦說에 대한 정약용의 비판」, 임재규의 「정약용과 래지덕來知德의 효변설 비교」, 김인철의 「다산의 선천역에 대한 비판 - 소자선천론邵子先天論을 중심으로」, 김영우의 「다산의 주자역학에 대한 비판적 계승」, 박병훈의 「다산과 주자의 설시법 비교 - 효변의 차이를 중심으로」, 방인의 「정약용의 「주자본의발미朱子本義發微」연구」, 조장연의 「『주역』의 성리학적 이해를 지향 극복한 정약용의 『주역사전周易四箋』」, 이창일의 「주역 설시법의 두 가지 재구성 사례: 주자의 설시법과 다산 정약용의 설시법에 대한 기호적 함의」 등이 있다.

살펴보건대, 기존의 연구의 대부분은 다산 『주역』 해석의 상수적 방법을 위주로 검토한 것이다. 물론 사상적 특징이나 윤리적 의미를 고찰한 연구도 있지만 많지 않다. 대표적인 것으로는 방인의 『다산 역학사상에 대한 연구』, 김왕연의 『다산 역학의 연구』, 김영우의 『정약용의 역학사상연구』, 유문상의 『다산 역학의 특성과 윤리적 함의』 등 학위논문들이고, 일반논문으로는 김영우의 「다산 정약용 『주역』 해석의 특징과 의의」와 「정약용 역학의 실학적 성격」, 장승구의 「다산 정약용의 역학사상과 그 실학적 의미」, 이원명의 「다산의 『주역』 관」 등이다. 이 가운데 방인은 『다산 역학사상에 대한 연구』에서 역리사법에 대한 고찰을 기초로 하여 다산역학의 철학적 특질과 현대적 의의를 살펴보았다. 김왕연은 『다산 역학의 연구』에서 다산의 독자적인 역학 구성체계를 살펴봄으로써 다산 『주역』 해석의 특징과 의미, 그리고 다산 비평론의 의미를 탐구하였다. 유문상은 『다산 역학의 특성과 윤리적 함의』에서 다산의 전통 역론에 대한 비판, 다산 역학에서 상수와 의리의 융합 및 변통과 정밀성 지향의 특징을 살펴보았고, 화和, 순천명順天命, 정명正名과 행사行事 네 측면에서 다산 역학의 윤리적 의의를 검토하였다. 김영우는 『정약용의 역학사상연구』에서 기존 역학 이론에 대한 다산의 비판을 검토하고 이 비판의 근거가 되는 다산의 새로운 철학이 무엇인가를 밝혔고, 다산의 『주역사전』의 내용, 특히 다산의 괘효사 해석에서의 군주권君主權 사상을 분석함으로써『주역』에 대한 다산의 해석이 실학적이고 경세적인 해석을 목적으로 하고 있음을 밝혔다.

다른 경전 해석과 마찬가지로 다산의『주역』에 대한 새로운 주석과 역학 이론은 도덕 수양과 사회 개혁의 문제를 동시에 해결하고자 하는 것이다. 그러나 기존의 많은 선행연구들 중에서 다산『주역』해석의 도덕 수양과 사회 개혁의 문제를 동시에 다루는 특징을 연구한 것은 없다. 다만 유문상이『다산 역학의 특성과 윤리적 함의』에서 다산 역학의 윤리적 함의를 탐구하였고, 김영우와 장승구가 각각「정약용 역학의 실학적 성격」과「다산 정약용의 역학사상과 그 실학적 의미」에서 다산『주역』해석의 실학사상, 특히 경세치용經世致用사상을 연구하는 데에 그치고 있을 뿐이다. 그러므로 보다 더 체계적이고 총괄적으로 연구할 필요가 있다고 생각된다.

다산의 역학을 분석하는 데에는 역학해석과 역학사상 두 가지 시각이 있다. 본 책은 양자를 결합하여 고찰하고자 한다. 그러므로 본 책에서는 다산이 주자학의 폐단이 첨예화된 시대배경하에서 활동하였던 것에 주목하여, 그가『주역』을 해석하면서 수립한 역학 체계가 상수와 의리를 통합하고 인간의 도덕적 수양을 중시하는 실학적 특징을 가지고 있음을 논증하고자 한다. 구체적으로 말하면 역리사법을 중심으로 그 역사적 기원과 발전 과정, 성리학의 집대성자인 주자의 역학학설과의 공통점, 차이점, 상호의 계승, 비판과 보완을 탐구하고, 나아가 다산의 독창적인 역학 해석체계를 검토하고자 한다. 그리고 이상의 검토를 통해 다산의 철학적 관점, 특히 천주교의 영향을 크게 받은 천도관天道觀, 상제관上帝觀, 인도관人道觀을 통해『주역』해석에서 드러나는 사상적 특징과 다산이 추구하는 수양론을 모색하고자 한다. 한 걸음 더 나아가 중·한 양국 역학의 발전을 더 객관적이고 더 공정한 시각과 입장에서 살펴보고, 기존의 성과를 발전시키며, 가지고 있는 문제점을 찾아보고 반성하여 현대 역학 연구의 발전 방향을 조명하고 더 밝은 미래로 이끌고자 한다. 마지막으로 유학은 동아시아(중국, 한국, 일본과 베트남) 문명의 공통적인 전통으로 오늘날에 다르면서 같은 다원적 유학을 형성하게 되었는데 이 과정에서 어떻게 외래문화와 고유문화가 성공적으로 결합을 이루고 중국유학의 다른 지역에서의 본토화本土化를 실현하는지를 탐구하고자 한다. 구체적으로 말하면 다음과 같다.

제2장은 다산 역학 체계의 구축에 관한 내용이다. 우선, 다산이 『주역』에 관심을 가지게 되고 『주역』에 몰두하기 시작한 계기와 형성 과정, 그리고 『주역』을 해석하는 시대적 사조를 살펴볼 것이다. 다음으로 다산의 역학 체계를 크게 두 측면에서 살펴볼 것인데, 하나는 십익十翼에 대한 다산의 독창적인 개편改篇이고, 또 하나는 총괄하여 다산의 역학 체계, 즉 『주역사전』과 『역학서언』의 내용과 상호 관계를 살펴볼 것이다. 마지막으로 고증학적 방법에 대한 중시, 다산의 상수와 의리에 대한 통합적인 인식, 역학사에서 제가諸家 『주역』 해석에 대한 비판적 수용 등의 세 측면에서 다산 역학 체계의 특징을 살펴볼 것이다.

제3장은 다산 『주역』 해석의 핵심인 역리사법易理四法에 대한 고찰이다. 제1절에서 추이법推移法을 통해 다산 『주역』 해석을 살펴보고자 한다. 구체적으로는 추이라는 해석 방법이 역학사라는 관점에서 다산 해석의 전개 과정을 살펴보고, 특히 주자의 괘변卦變을 위주로 검토하겠다. 이어서 다산이 추이법에 대한 정의, 필요성 등의 독창적인 견해를 살펴보겠다. 제2절에서 물상론物象論을 통해 다산의 『주역』 해

석을 살펴보고자 한다. 구체적으로는 성인이 처음에 『주역』을 만들었을 때 물상을 중요하게 여긴 것을 살펴보고, 그 다음에 팔괘가 상징하는 사물 혹은 물상을 기록해 놓은 문헌인 『설괘전說卦傳』에 대한 다산의 강조와 『설괘전』이 공자가 지은 것이라고 주장하는 통론과 다른 다산의 독창적인 견해 등을 살펴볼 것이다. 제3절에서 호체론互體論을 통해 다산 『주역』해석을 살펴보고자 한다. 구체적으로, 역학사에서 호체의 정의와 발전 과정을 살펴볼 것이고, 이어서 주자의 호체에 대한 관점을 살펴보고 그 다음에 『주역』을 더 다양하고 합리적으로 해석하기 위해 다산이 제기한 양호작괘법兩互作卦法을 검토할 것이다. 제4절에서 효변설爻變說을 통해 다산 『주역』해석을 살펴보고자 한다. 구체적으로, 우선 효변의 정의와 기원을 고찰하고, 그 다음에 주자와 다산의 효변설을 살펴볼 것이다.

　제4장에서는 다산 『주역』해석의 성기성인成己成人 사상의 특징을 다룰 것이다. 이 부분에서는 우선 다산의 『주역』의 성격에 대한 이중적 인식, 즉 점치는 책[占書]인 동시에 잘못을 고치고 선善으로 향하는 책改過遷善之書이라는 관점을 살펴볼 것이다. 이러한 이중적 인식의 입장에서 『주역』에서의 도덕수양공부와 경세론을 탐구하는 것이 가능하게 된다. 그러므로 구체적으로 순천명順天命의 외재적 도덕약속道德約束과 선보과善補過의 내재적 도덕자각道德自覺 두 부분으로 나눠서 살펴보고자 한다. 우선 순천명의 외재적 도덕약속을 탐구하기 위해서 다산 『중용』해석에서 드러나는 상제上帝, 천天, 인도人道에 대한 탈성리학적 철학사상과 다산의 독창적인 천, 상제 관점과 그것의 철학 사상을 기초로 『주역』해석에서 제기하는 계신공구戒愼恐懼를 통한 순천명 존양공부存養工夫를 고찰할 것이다. 다음으로 다산의 인도人道에 대한 독창적인 이해에 근거하여 『주역』해석에서 드러나

는 선보과善補過의 내재적 도덕자각을 통한 자율적 수양공부를 살펴보겠다. 이어서 다산『주역』해석의 경세치용 사상을 고찰할 것인데, 우선 성리학에서 실학으로의 사상적 변천이라는 측면에서 중국 실학의 발전 상황과 한국 실학의 형성과 발전, 그리고 양자의 상호관계를 살펴보고자 한다. 다음으로 다산『주역』해석의 경세치용 사상이라는 측면에서 손군익민損君益民과 전민용前民用이라는 다산『주역』해석의 위민爲民 사상을 살펴보겠다.

 마지막 끝맺는 말에서는 다산의『주역』해석에서 출발하여 역경해석의 발전을 전망하고,『주역』을 넘어 더 넓은 시각에서 동아시아(중국, 한국, 일본과 베트남) 문명의 공통적인 전통으로서의 유학이 어떻게 부흥하고 창신 발전하며, 현대사회에서 유학이 최대로 역할을 담당할 수 있을지를 고민하고자 한다. 또한 오늘날의 글로벌화 시대에서 다원적 유학을 형성하기 위해 어떻게 외래문화와 고유문화의 성공적인 결합을 이루고 중국유학이 각 지역, 특히 한국에서의 본토화를 실현하는지를 탐구하고자 한다.

제2장
다산 역학 체계의 성립

1_ 다산 역학 체계의 성립배경

1) 『주역』해석과 원시유교原始儒敎의 탐원探源

정치적 사회 배경에 있어서, 16세기 말엽(1592-1598)에 조선왕조가 겪었던 임진壬辰·정유丁酉의 왜란倭亂은 조선시대를 전기와 후기로 나누는 분기점을 이루는 계기가 되었다. 오랜 사화기士禍期를 거쳐 사림士林이 정치의 주축을 이루었지만, 사림들 자신이 분열되어 붕당朋黨이 일어나 정치적 혼란을 거듭하였고, 이에 따라 사회의 경제와 문화도 쇠퇴하여 민중들을 고통에 빠뜨려 생활이 날이 갈수록 어려워졌다. 그 당시는 국내의 사회 모순뿐만 아니라 국외의 압력도 가중되던 상황이었다. 따라서 국내외의 모순이 타파되는 해결책이 마련되지 않으면 사회가 큰 혼란에 직면하게 될 것이었다. 이런 현실에서의 의리론義理論에 대한 골몰은 학문을 현실적인 문제로부터 더욱 유리시키는 방향으로 이끌어 갔다. 그러므로 현실의 문제를 해결하기 위한 방법을 정통이념 밖에서까지 찾으려고 조선 후기의 실학사상이 발생하게 되었다.

조선 시기의 사상적 영역에 있어서 도학道學(주자학朱子學)이 발전과 심화과정을 통하여 상당히 높은 수준을 성취하였다. 도학이 정통이념으로 정립되면서, 그 철학적 근거를 추구하는 노력은 성리학의 융성을 가져왔고, 퇴계와 율곡으로 대표되는 성리학자들의 심오한 논변은 그 시대의 철학적 사고思考 수준을 극치에 이르도록 높여 주었다. 결국은 도학이 정통으로서의 권위가 강화되게 되었다. 그러나 병자호란丙子胡亂 이후에 민족 감정으로 나타난 배청排淸 의식은 청나라의 문물을 적극적으로 수입하려는 태도마저 억제하고 송, 명시대의 주자학만 고수하게 되었다. 이에 따라 도학의 체계는 전기의 참신한 기풍을 잃어가고 교조주의敎條主義가 확립되었고, 형식화 내지 관념화의 경향이 뚜렷하게 드러났다. 결국 안으로는 주자학의 본래적 정신을 유지할 수 없을 뿐만 아니라, 밖으로 정통 체제로서에 대한 회의와 비판을 초래하였다. 이러한 폐단으로 당쟁과 예송에서 권력 투쟁이나 관료의 부패와 사회질서의 혼란이 나타났다. 이러한 사상적 문제를 극복하여 그 당시의 사회 배경에 맞는 선진적인 사상을 탐색하는 것은 당장 급한 일이 되었다. 이런 시대적 요구에 따라 선진 지식인의 노력으로 실학이 나타났다.

정약용을 전후한 시대의 사상적 상황을 돌이켜 본다면, 도학의 전통이 여전히 사회를 지배하는 사상이지만 그 폐단이 심각하게 의식되기 시작하였고, 보수적 내지 폐쇄적 분위기를 비판하면서 청나라를 통한 새로운 문물의 수용과 더불어 개혁적 이론이 제기되었으며 사상적 동요가 상당한 부분에서 일어나고 있었음을 엿볼 수 있다. 이에 따라 성리학을 넘어서 유학적 이념마저 거부하는 세력도 등장하지만, 성리학을 이론적 기초로 하는 유학적 전통과 새로운 서양문물의 갈등이라는 시대적 문제 속에서 양자의 조화를 통하여 자신의 학문적 방향을 진지하게 모색하는 학자들의 사상은 주목할 만하다. 그러므로 조선 시기 실학파의 철학은 처음부터 제기되는 것이 아니라, 도학에 기반을 두고 있으면서 성리학의 이론을 넘어 현실의 구체적 실천을 추구하는 데에 관심을 둔다.[1]

실학의 발생 기반과 발전 과정에 대하여 금장태는 "문제 이해를 위한 관심의 이동에서 출발하여 하나의 경향성으로 나타나는 것이고, 사상사의 변천 과정과 더불어 서서히 하나의 학파로서 철학적 입장을 수립해 가고 있음을 엿볼 수 있게 된다."[2]고 하였고 "실학은 도학의 거부가 아니라, 현실로부터 유리된 관념을 넘어서 도학과 실제를 일관시키는 도학의 방향전환이다. 그러나 실학은 인간의 가치나 도덕성을 외면하는 것이 아니라, 오히려 제도와 도덕의 조화를 추구하는 데에 목적을 둔다."[3]고 하였다. 다시 말하면, 실학파와 도학파 양자의 관계에 있어서, 실학사상의 발생 초기는 정통의 도학파에 두고 있었다. 실학파의 인물들이 모두 일찍부터 주자학의 철학체계를

---

[1] 실학파는 처음부터 도학파와 대립된 것이 아니고 16세기 말엽에 도학파의 일부분에서 제기한 문제를 비판적으로 계승하고 심화시킨 것이다. 그러나 도학파와 실학파가 주목하는 것은 서로 다르다. 도학파의 학풍은 정통이념을 어떻게 구현하느냐의 문제에 관심을 갖는다면, 실학파는 현실에서 문제점이 무엇이고 어떻게 해결할까를 물어가는 자세를 보여준다. 시간적으로도 도학파는 과거의 기존의 이념으로 어떻게 현실을 규제할 수 있는가에 집중되었다면, 실학파는 현실의 문제를 미래에 해소시키기 위한 방법을 어떻게 발견할 것인가에 주목한다.(琴章泰, 『韓國實學思想研究』, 集文堂, 1987, p.99 참조)

[2] 琴章泰, 『韓國實學思想研究』, 集文堂, 1987, p.15.

[3] 琴章泰, 『韓國實學思想研究』, 集文堂, 1987, p.30.

알고 있었기 때문에 도학을 부정하면서 출발하는 것이 아니라, 도학의 정통성을 긍정하는 바탕에서 도학파와의 다른 관심을 가지거나, 나아가서 도학을 긍정하면서도 도학파의 태도에 현실적 한계가 있음을 자각하는 데에서 실학적 문제의식을 제기하였다. 구체적으로 말하면, 실학파는 도학파의 예학禮學이나 의리론의 규범적 성격에서 벗어나 현실의 경제, 제도 등 현실적 문제에 관심을 돌리기 시작하였다. 초기의 실하파에 있어서 성리학의 리기론理氣論은 논의되기도 하지만, 이 리기론은 실학파가 강조하는 경세론적 현실 문제와 어긋남이 있어서 도학파의 이런 한계성을 반성하기 위해서 경전 자체로 돌아가려는 태도를 보여줬다. 그러므로 실학의 발전에 따라 도학파로부터 멀어지는 경향성이 나타났다.

그러면 실학의 집대성자인 정약용이 주자학에 대하여 어떠한 태도인가? 다산이 『중용강의보中庸講義補』에서 "송대 현인들이 대부분 이러한 병폐를 범했기 때문이다. 비록 그들의 본의야 선善을 좋아하고 도道를 구하려는 고심에서 나온 것이지만 그의 말들이 공맹의 옛 의논과는 혹 어긋난 점도 없지 않으니 감히 그 말을 모두 추종할 수도 없는 노릇이다."4)고 하였는데 송유宋儒의 이론이 도를 탐구하는 데에 집착하는 병폐가 있다고 비판하고 주자학의 의리론적 관점에서 벗어나 경전 자체로의 복귀를 주장한다. 바꿔서 말하면 공자의 본래 정신, 즉 수사학洙泗學으로 돌아가야 되겠다는 주장이다.5) 이에 대하여 금장태는 다산이 선진시대의 경전적 삶의 태도와 자기시대의 성

---

4) 『定本 與猶堂全書』6, 『中庸講義補』: 蓋宋儒論性, 多犯此病, 雖其本意, 亦出於樂善求道之苦心, 而其與洙泗之舊論, 或相牴牾者, 不敢盡從.
5) 『定本 與猶堂全書』4, 『文集』권18, 「示二子家戒」·「喪禮四箋」, 是吾篤心聖人之文字, 自以為回狂瀾而障百川, 以反洙泗之眞源者.

리학적 삶의 태도를 선명하게 대립시켜 제시하였고 성리학의 왜곡됨을 드러내어 비판하고 경전 자체의 진실성을 회복하려고 한다고 주장하였다.[6] 그리고 이을호李乙浩는 정약용을 "근대수사학파近代洙泗學派의 창시자創始者"라는 이름으로 부르고 싶다고 언급하고 있다.[7]

그러나 주의할 만한 것은 다산의 『주역』을 비롯한 경전 해석에서 원시유교, 즉 수사학으로의 복귀라는 주장은 단순히 복고주의復古主義적 입장만을 뜻하는 것이 아니다. 그 이유는 한편으로는 진실성을 학문적으로 관찰하기 위한 비판정신이며, 다른 한편으로는 도학적 관념체계가 갖는 현실적 모순을 해결하기 위한 실용정신의 요청이기 때문이다.

2) 천주교와 『주역』해석의 형성

17세기 초부터 중국을 통해 서양의 과학기술과 천주교 신앙에 관한 지식이 연속적으로 수입되고, 서세동점西勢東漸의 조류도 한반도로 들어오기 시작하여 서학(서양의 과학기술과 천주교 신앙)이 유교적 전통사회에 큰 충격을 주었다. 결국은 전통 질서의 절대권위가 흔들리기 시작하여 서학의 충돌과 모순을 겪으면서 정통 사상이나 문화에 대해서 보수적이고 배타적인 태도를 가지고 있는 도학파와 달리 서학에 대해 적극적인 태도와 자세를 보여주는 실학파가 성립하게 되었다. 초기의 실학파는 지식의 수용으로부터 했고 점차 서학의 근본 입장, 즉 신앙에 대한 인식과 수용으로 나아갔다. 이런 과정을

---

6) 琴章泰, 『韓國實學思想研究』, 集文唐, 1987, p.119.

7) 李乙浩, 『茶山經學思想研究』, 서울, 을유문화사, 1966, p.31.

통해서 실학파는 자기의 철학적 근거를 재정립하고, 전통과 현실에 대한 비판을 함으로써 새로운 입장을 드러냈다. 실학의 집대성자인 다산은 이런 시대 배경에서 물론 외래 문명과 서양적 신앙인 천주교를 적극적 수용하고 접근하였다.

이어서 우선 천주교가 한국에서의 도입과 발전을 살펴보겠다. 천주교는 16세기 말부터 예수회를 중심으로 한 선교사들에 의하여 기독교 교리를 비롯한 서양 문화를 중국에 활발히 소개하였다. 이는 유교 사상과 천주교 사상의 근세적인 교섭을 이루게 되었다. 이때 천주교가 중국에서 전교하는 과정에서 결정적인 공로를 세웠던 사람은 마테오 리치(Matteo Ricci, 1552-1610) 신부이다. 그가 중국의 유학자들과 더불어 대화와 토론을 통해 천주교 교리를 설득시켜 나가는 입장에서 『천주실의天主實義』라는 교리서를 저술하였다. 중국, 한국, 일본 등 유교 국가의 지식인들에게 막대한 영향을 미쳤다. 특히 그는 유교 사회에서 널리 인정받는 방법으로 유교 경전을 광범하게 인용하여 천주교 교리를 논증하고 이해시켜 나감으로써 천주교와 유교 사상 사이의 일치성을 개발하는 데 커다란 공헌을 쌓았다.

천주교는 중국을 통해 한반도에 들어와서 조선 그 당시의 사회에 커다란 영향을 미쳤다. 특히 다산은 성호星湖 이익李瀷 이후 실학의 집대성을 이룬 인물로서 청년 시기에 천주교 신앙에 깊이 기울어진 적이 있었다.[8] 그리고 처음에 다산이 천주교 신앙에 접촉한 것은 이

---

8) 『定本與猶堂全書』권3, 『文集』권15, 「先仲氏墓誌銘」: 獄議曰: "丁若銓始溺 終悔, 與若鏞一般, 而乙卯年間凶秘之事, 不過渠之傳聞, 未見參涉之跡. 且 若鍾抵人書, 輒稱仲季之恨不同學, 若銓之悔悟, 似無可疑, 而始溺廣訊之 罪, 有難全貸." 又曰: "始雖迷溺, 中間改悔之跡, 明有可據之文跡, 次律施 行." 遂配薪智島, 鏞配長鬐縣.(옥의獄議 판결문에, "정약전丁若銓이 처음에는

벽李檗(1754-1786)[9]을 통해서 이루어진 것이다. 1784년 음력 4월 보름, 23세인 정약용이 큰형수의 제사에 참석하였을 때 누님의 제사를 위해 온 이벽과 함께 만났었다. 이벽과 정약용의 형제들은 마현馬峴에서 서울로 한강을 흘러내려 같이 배를 타고 오면서 이벽의 천주교 교리에 관한 설교를 듣게 되었다. 이벽에게서 천주창조와 영혼과 사후세계에 관한 천주교의 핵심교리를 감동적으로 들었고, 서울에 오자 이벽을 따라 『천주실의天主實義』와 『칠극七克』을 읽고 나서는 천주교 신앙에 빠졌다는 것이다.[10] 젊은 시기의 이러한 경험은 나중에

서교西敎에 빠졌으나 종당에는 뉘우친 것이 약용若鏞과 같고, 지난 을묘乙卯년 있었던 흉비凶秘한 일은 저가 전해들은 데 불과할 뿐 참견한 흔적이 없으며, 또 약종若鍾이 어떤 이에게 보낸 편지에 중씨仲氏(약전若銓)와 계씨季氏(약용若鏞)가 서학을 함께 하지 않는 것이 한스럽다 하였으니, 약전이 뉘우치고 깨달은 것은 의심할 것 없을 듯하다. 그러나 처음에 서교에 빠져 바르지 못한 사설邪說을 널리 퍼뜨린 죄는 완전히 용서하기 어렵다."하고, 또,"처음에는 비록 미혹되고 빠졌으나 중간에는 잘못을 고치고 뉘우쳤다는 사실을 증거 할 수 있는 문적文籍이 있으니, 차율次律을 시행하라."하고, 공을 신지도薪智島로, 나를 장기현長鬐縣으로 유배시켰다.) 이 문단을 통해서 다산 정약용은 처음에는 서교에 빠졌으나 종당에는 뉘우친 것임을 알 수 있다.

9) 이벽李檗은 한국 천주교의 초기 지도자 가운데 한 명이었으며 정양용에게 학문적으로 많은 영향을 끼친 인물이다. 그 당시에 이벽은 이승훈李承薰(1756-1801)이 북경에서 가져온 서적들을 연구하여 천주교를 새로운 신앙의 가르침으로 받아들이기로 결심했으며, 천주교 교리를 주변 인물들에게 전파하였다. 이 무렵에 정약용과 정약전이 역시 이벽으로부터 천주교 교리에 관한 설명을 들었다. 그리고 정약용이 이벽의 학문을 깊이 평가하고, 1818년 정약용이 해배되어 고향으로 돌아온 뒤에도 이벽과 함께 학문을 닦던 시절을 자주 회상하였다.

10) 『定本與猶堂全書』, 『文集』권15, 「先仲氏墓誌銘」: "甲辰四月之望, 既祭丘嫂之忌, 余兄弟與李德操, 同舟順流, 舟中聞天地造化之始, 形神生死之理, 怡悅驚疑, 若河漢之無極. 入京, 又從德操見『實義』·『七克』等數卷, 始欣然傾嚮, 而此時無廢祭之說". 또한 『與猶堂全書』, 『文集』권16, 「自撰墓誌銘【集中本】」에서의 "甲辰夏, 從李檗舟下斗尾峽, 始聞西敎, 見一卷書, 然專治

다산이 경전을 주석하고 자기의 사상과 철학체계를 정립하는 데 큰 영향을 끼쳤을 수밖에 없었다. 그러므로 정약용의 경학사상이 지닌 기본 특징은 유교 이념을 천주교 교리의 구조와 더불어 재해석한 것이고 천주교 교리를 흡수함으로써 유교사상의 새로운 영역을 열어주었다고 할 수 있다.

그러나 순조 원년(1801) 정약용이 40세 되던 해에 신유년辛酉年의 옥사가 일어나자 정조 시대를 천주교의 교리를 연구하거나 신봉하였던 남인 학자들이 거의 투옥되어 혹은 죽임을 당하거나 혹은 귀양을 가는 수난을 겪게 되었다. 이때 정약용의 3형제도 모두 체포당하여 셋째 형인 정약종은 순교하고 둘째 형인 정약전과 정약용 자신은 유배를 당하는 비극을 맞았다. 그는 이때부터 57세가 될 때까지 18년간을 주로 전남 강진 땅에서 귀양살이를 하였지만, 계속 조정에서 공격을 받은 불운 속에서도 학문에 전념하여 유교 경전과 정치 제도에 관한 방대한 저술을 남길 수 있었다. 이에 대하여 「자찬묘지명自撰墓誌銘【광중본壙中本】」의 기록을 따르면 "용鏞이 적소謫所에 있은지 18년 동안에 경전에 전심하여 『시詩』·『서書』·『예禮』·『악樂』·『역易』·『춘추春秋』 및 사서四書의 제설諸說에 대해 저술한 것이 모두 2백 30권이니, 정밀히 연구하고 오묘하게 깨쳐서 성인의 본지를 많이 얻었으며, 시문詩文을 엮은 것이 모두 70권이니 조정에 있을 때의 작품이 많았다. 국가의 전장典章 및 목민牧民·안옥按獄·무비武備·강역疆域의 일과, 의약醫藥·문자文字의 분변 등을 잡찬雜纂한 것이 거의 2백

儷文, 習表箋詔制, 蒐輯累百卷. 太學月課句試, 輒被高選, 賞賜書籍紙筆, 數賜對登筵如近臣, 固未暇馳心于物外也."와 『與猶堂全書』, 『文集』권16, 「自撰墓誌銘【壙中本】」에서의 "旣上庠, 從李檗游, 聞西敎, 見西書, 丁未以後 四五年, 頗傾心焉, 辛亥以來, 邦禁嚴, 遂絶意." 참조

권이니, 모두 성인의 경經에 근본하였으되 시의時宜에 적합하도록 힘썼다. 이것이 없어지지 않으면, 혹 채용할 사람이 있을 것이다."[11]고 하였다. 다산의 저술은 매우 광범위한데 여기서 『주역』에 관한 내용을 주점으로 살펴보겠다.

다산은 조정에서 계속 공격을 받아왔지만 학문에 대한 열정은 씩지 않았다. 1803년 동지, 11월 10일에 다산이 모든 책을 거두어 넣고 모든 심혈을 기울여 『주역』 한 권을 읽기 시작하였다. 물론 이전에도 『주역』을 읽었을 것이지만 『주역사전周易四箋』작업을 위한 본격적인 독서의 시작이라고 보인다. 1804년 여름 이후에는 『상례사전喪禮四箋』과 『주역사전』 두 작업을 병행하고 있다가 1804년 10월 28일 이후 『상례사전』(초고본) 작업을 완료한 이후에는 오로지 『주역사전』작업에만 몰두할 수 있게 되었다. 12월 하순 『주역사전』갑자본甲子本의 작업이 완료되었다.[12] 1804년 겨울에 『주역사전』갑자본이 완성되었으나, 다산은 불만을 느껴 폐지하고 다시 작업을 하여 을축본乙丑本을 저었다. 갑자본에 대하여 다산이 "갑자본은 (추이推移, 물상物象, 호체互體, 효변爻變) 4가지 관점은 비록 갖추었으나, 거칠고 대략적인 체계만 갖추었기 때문에 완전하지 못하여서, 마침내 그것을 허물어 버리고, 그 다음 해(1805)에 다시 고쳐 편찬하였으니, 이것이 을축본

11) 『定本 與猶堂全書』3, 『文集』권16, 「自撰墓誌銘【壙中本】」: 鏞在謫十有八年, 專心經典, 所著『詩』·『書』·『禮』·『樂』·『易』·『春秋』及四書諸說, 共二百三十卷, 精研妙悟, 多得古聖人本旨, 詩文所編, 共七十卷, 多在朝時作, 雜纂國家典章及牧民·按獄·武備·疆域之事, 醫藥·文字之辨, 殆二百卷, 皆本諸聖經而務適時宜, 不泯則或有取之者矣.

12) 『定本 與猶堂全書』15, 『周易四箋』권1, 「題戊辰本」: 余於甲子陽復之日,【嘉慶九年癸亥冬】在康津謫中, 始讀《易》. 是年夏, 始有箚錄之工, 至冬而畢,【凡八卷】此, 甲子本也.

이다."13)고 평가하였다. 한 번 수정을 거친 을축본에 대하여도 다산이 불만을 느껴 양호괘兩互卦의 상象과 교역交易의 상象을 취하지 않았다14)는 점을 지적하여 1806년 2월 중순 초에 『주역사전』병인본丙寅本을 이루었다. 1806년 여름과 가을에 이어서 겨울에도 계속 『주역사전』정묘본丁卯本 작업에 몰두하였다. 1807년 1월 초에 이학래李鶴來의 도움으로 『주역사전』정묘본이 이루어졌다.15) 1808년 5, 6, 7, 8, 9월 동안 『주역사전』무진본戊辰本 작업에 종사하고 있었고 겨울에 완성되었다.16) 병인본과 정묘본을 수정한 이유는 다산이 각각 "파성播性과 류동留動17)의 의미에 있어 빠진 것과 착오가 많았다는 것"과

---

13) 『定本 與猶堂全書』15, 『周易四箋』권1, 「題戊辰本」: 甲子本, 四義雖具, 粗略不完, 遂毁之. 厥明年, 改撰之,【亦八卷】此, 乙丑本也.【此本在羅州海中】

14) 『定本 與猶堂全書』15, 『周易四箋』권1, 「題戊辰本」: 乙丑冬, 學稼至, 偕棲寶恩山房. 以前本, 不取兩互及交易之象, 悉改之,【十六卷】至春而畢, 此, 丙寅本也.【此本在廣州】

15) 조성을, 『年譜로 본 다산 정약용』, 지식산업사, 2017, p.615.

16) 조성을, 『年譜로 본 다산 정약용』, 지식산업사, 2017, p.628-629.

17) 파성播性과 류동留動은 『주역사전』「독역요지讀易要旨」에서 제기한 『주역』을 읽는 요령으로서의 18조목 중에 두 조목이다. 파성播性에 대하여 정약용이 설명하기를 "괘의 변화는 효를 중심으로 이루어지니, 그 물상과 사정事情이 본괘本卦와는 크게 다르게 된다. 그러나 그 성격(性氣)은 모두 본괘를 중심으로 하는 것이니, 만약 본괘의 성격(性氣)를 버리고 지괘之卦의 물상만을 전적으로 적용한다면【지괘之卦란 변괘變卦를 가리킴】이는 크게 어긋나게 될 것이다. 그러므로 성인은 효사爻辭에 반드시 본괘의 성격(性氣)를 설정하여 두어, 그 본질을 되돌아보게 하였다.(卦變爲爻, 則其物象事情, 與本卦大異也. 然其性氣, 皆主本卦, 若舍本卦之性氣, 而專用之卦之物象,【之卦者, 變卦也】則大悖也. 故聖人於爻詞, 必爲之播本卦之性氣, 俾顧其本.)"고 하였는데 파성播性은 성을 파종하듯이 본괘의 성질이 지괘에서도 갖춰져 있다는 뜻이다. 류동留動에 대하여 정약용이 설명하기를 "한 획劃이 변동을 하게 되면 전괘全卦가 변하게 된다. 그러므로 성인이 효사를 지을 때, 그 승강왕래의 상황에 있어 모두 변상變象을

"글의 논리가 치밀하지 못하고, 역상易象의 해석에 많은 오류가 있다는 것"임을 지적하였다.[18] 정리하자면 다산은 『주역사전』을 저술해 놓고 여섯 해 동안 다섯 번 개고하여 1808년에 최종 완성을 보았다. 『주역사전』뿐만 아니라 다산이 귀향에서 풀려난 다음인 1820년에 『역학서언易學緒言』을 탈고하였다. 이때까지 다산 『주역』해석 체계의 핵심 내용이 거의 형성되었다.

3) 『주역』해석과 시대적 사조

조선 전기를 거쳐 정착된 도학적 유교 이념은 성리학의 철학적 기초에서 한걸음 나아가 예학禮學의 행동규범적 체계를 규정하는 데 주목하였다. 1801년부터 유배流配 생활을 하기 시작한 다산은 비판적인 사고로 경학에 몰두하였고 경학과 시문에 대한 많은 저서를 후세에 남겼다. 이 가운데 다산의 경학사상은 주로 육경사서에 대한 주해에서 드러나고, 특히 역학과 예학에서 집중되었다.[19] 여기서 다산이

취하였다. 그러나 괘주卦主가 되는 효에 있어서는 그 변동한 바를 유보하여, 그 변화를 쫓지 아니하고 추이의 본상만을 이용함으로써 그 획이 괘주가 됨을 밝혔다.(一畫旣動, 全卦遂變, 故聖人之撰爻詞, 其升降往來之情, 皆取變象. 然於卦主之爻, 又爲之留其所動, 不逐其變, 而專用推移之本象, 以明此畫之爲卦主.)"고 하였는데 효의 변동으로 괘의 변화를 이루어더라도 괘주가 되는 효는 이에 따라 변하지 않는다.

18) 『定本 與猶堂全書』15, 『周易四箋』권1, 「題戊辰本」: 丙寅本, 於播性留動之義, 多有闕誤, 故又令學稼易稿, 未卒而北還, 令李鶴來竣工.【爲二十四卷】 此, 丁卯本也.【其實此亦丙寅本】 丁卯本, 詞理未精, 象義多誤. 戊辰秋, 余與學圃在橘園, 令圃脫稿.【亦二十四卷】 此所謂戊辰本也.

19) 『定本 與猶堂全書』4, 『文集』권18, 「示二子家戒」: 『周易四箋』是吾得天助之文字, 萬萬非人力可同, 智慮所到, 有能潛心此書, 悉通奧妙者, 卽子孫朋

"세심경전洗心經典"20)과 "성인개과천선지서聖人改過遷善之書"21)라고
하는『주역』을 중심으로 살펴보겠다.

우선, 다산이 「여윤외심與尹畏心」에서 『주역』연구에 몰두하게 된
계기를 밝혔다.

　　그 이듬해 봄에 『사상례士喪禮』를 읽고 이어 상례에 관한
　여러 책을 읽어보니 주나라의 고례는 대부분『춘추』에서 증
　거를 취하였기 때문에 이어『춘추좌씨전』을 읽기로 하였습니
　다. 기왕『좌전』을 읽기로 한 이상, 상례와 관계가 없는 것이
　라 해도 널리 보지 않을 수가 없어, 마침내는『춘추좌씨전』의
　관점官占에 대해 살펴보게 되었는데, '진陳나라 경중敬重의 후
　손이 제나라에 가서 번창하게 되리라는 서점'과 '진헌공晉獻
　公이 백희伯姬를 진秦나라에 시집보낼 때 친 서점'같은 경우
　는 전후 맥락을 헤아려 보노라면 갑자기 깨닫는 바가 있는 듯
　하다가도 도리어 황홀하고 어렴풋해져서는 그 문로를 찾을
　수가 없었습니다. 의심과 분한 생각이 마음 속에 교차되어 거

友, 千載一遇, 愛之重之, 當倍常情.『喪禮四箋』, 是吾篤心聖人之文字, 自
以為回狂瀾而障百川, 以反洙泗之真源者." 또한『禮疑問答』에서 "嘉慶乙
丑冬十月, 學淵來覲于康津謫中.【九月十九日, 自酉山離發, 取路自京. 十月初三
日, 乃至康津】旣數日謂之曰: '余所不朽, 唯『禮』與『易』, 余其授汝. 然喧卑不
可以專精, 汝其從我.' 初九日, 至寶恩山房,【高聲菴】居僧只九人, 學『易』學
『禮』, 夜以繼日, 或有疑晦, 隨有質問, 錄其所答, 名之曰「僧菴禮問」."고 하
였다.
20)『定本 與猶堂全書』2,『文集』권12,「奉和朱文公易五贊次朱子韻」: 唯聖演
　『易』, 於以洗心.
21)『定本 與猶堂全書』16,『周易四箋』권8「系辭上傳」:『周易』一部, 是聖人蓋過
　遷善之書也.

40

의 식음을 전폐하려고 하였으나 이에 여러 예서禮書들을 모두 거두어 치워놓고 오로지 『주역』 일부만을 가져다가 안상에 놓고는 잠심 완색하여 밤으로 낮을 이어 나갔습니다. 대개 계해癸亥년(1803) 늦봄부터는 눈으로 보는 것, 손으로 잡는 것, 입으로 읊조리는 것, 마음으로 사색하는 것, 필묵으로 적는 것에서부터 밥상을 대하고, 화장실에 가고, 손가락을 튕기고, 배를 문지르는 것에 이르기까지 그 어느 것 하나 『주역』이 아닌 것이 없을 정도였습니다.[22]

위에 논한 바와 같이 다산이 유배 생활을 하는 동안 주로 예학과 역학에 몰두하였지만 나중에 예서禮書를 거두어 치워놓고 계해癸亥년 늦봄부터 『주역』에만 몰두하기 시작하였다. 그 중요한 계기는 예학을 중시하고 예학을 연구하기 위한 것이라고 할 수 있다. 왜냐하면 그때 『사상례』를 읽고 이어 상례에 관한 여러 책을 읽어보니 주나라의 고례는 대부분 『춘추』에서 증거를 취한 사실을 깨달았고 『춘추좌씨전』을 읽기로 하여 이 가운데서의 관점官占을 접하는 기회를 갖게 되었기 때문이다. 꾸준한 노력을 통해서 관점官占의 이치를 다 깨달았고 이것을 기반으로 『주역사전』을 저술하기 시작하여 자기의 역학

---

22) 『定本 與猶堂全書』4, 『文集』권19, 「與尹畏心」: 厥明年春, 讀『士喪禮』, 因而讀喪禮諸書, 乃周之古禮, 多於『春秋』取徵, 於是讀『春秋左氏傳』. 旣讀『左氏』, 其有不當於喪禮者, 不能無旁及, 遂於春秋官占之法, 時加玩索. 若陳敬仲適齊之筮【莊二十二年】晉伯姬嫁秦之筮,【僖公十五年】紬繹上下, 若有所蕉開悟者顧怳惚依俙, 不得其門. 疑憤交中, 殆欲廢食. 於是盡收斂諸禮書而藏之, 專取周易一部措諸案上 潛心玩索 夜以繼晝. 蓋自癸亥暮春, 目之所視 手之所操 脣之所吟 心志之所思索, 筆墨之所鈔錄, 以至對飯登圊, 彈指捫腹, 無一而非周易.

체계를 구축하는 데에 몰두하였다. 구체적으로 말하면 다산이 처음으로 주역해독의 필요성을 자각한 이래 1808년까지 자신의 독창적인 해석방법을 모색하고 확장하였고, 그 이후, 즉 무진본戊辰本 성립 이후부터 『역학서언』에 표기된 연도로서 가장 늦은 1821년 겨울까지는 전반기에서 확립한 자신의 해석체계를 수렴, 정리하였다.[23] 즉 다산 역학체계의 형성은 두 개의 단계를 거쳤고 각각 단계의 연구 성과로 『주역사전』과 『역학서언』이다.

다산이 『주역』에 몰두하기 시작한 것은 시대적 사조에서 출발한 것일 뿐만 아니라 『주역』을 해석할 때도 성인이 『역』을 만들었을 때의 시대적 사조를 고려하여야 한다고 주장한다. 정약용이 "당신이 『주역』을 『예기』나 『논어』처럼 읽고자 한다면 『주역』의 뜻을 얻는 것은 요원할 것이다."[24]고 하였는데 『주역』은 64괘 384효로 구성되고 이에 각각 효辭가 얽매고 있다는 고유한 특성을 가지고 있어서 『예기』나 『논어』처럼 텍스트만 가지고 독해하면 안 된다고 주장한다. 그리고 다산은 『춘추』의 관점官占을 통해서 『주역』의 심오한 뜻을 깨닫고 자기의 독창적인 역경 해석체계를 세운 것이기 때문에 『춘추』관점官占에서 드러나는 해석 방법이나 특징은 그에게 당연히 깊은 영향을 끼쳤다. 그러므로 정약용은 다양하게 이해할 수 있는 특수 부호와 괘효사로 구성된 『주역』을 해석할 때 『주역』텍스트와 그 당시의 생활세계와 연관시키는 것을 중요시한다. 왜냐하면 『주역』이 주周나라 사람들의 생활상을 반영하여 만들어진 것이기 때문이다.

---

23) 김인철, 『茶山「周易」解釋體系』, 景仁出版社, 2003, p.26.
24) 『定本 與猶堂全書』17, 『易學緖言』권4 「周易答客難」: 子欲讀之如禮記論語, 遠矣哉.

결국은 『주역』을 해석할 때 주周나라의 역사문화적 생활세계를 복원시킬 필요가 있고, 그리고 괘사와 효사가 지녔던 원래의 의미를 환원시킬 필요가 있다.[25] 이에 다산이 『주역』의 본질과 특수성에 따라 『주역』해석의 올바른 방법을 제기하였다.

> 큰 의미로 말한 것은 큰 의리로 환원시키고, 작은 의미로 말한 것은 작은 일로 환원시켜야 한다. 높게 말하거나 멀리 말한 것은 고원한 데로 환원시키고, 낮게 말하거나 가깝게 말한 것은 비근한 데로 돌려야 한다. 깊은 것을 깊게. 드러난 것을 드러나게 하는 것, (바로)이것이 『주역』을 읽는 방법이다. 지금 『주역』2편의 64괘와 384효의 어휘로써 하나같이 천인성명지리天人性命之理에 귀속시키고자 하여 스스로 진퇴존망進退存亡의 뜻을 깃들게 하고자 한다면, 많은 곳에서 어긋나 서로 뜻이 부합되지 못함을 발견하게 될 것이다."[26]

---

25) 방인은 정약용이 『주역』을 읽을 때 "환원"과 "복원"이라는 두 가지 방법이 있다고 주장한다. "환원"은 『주역』을 그대로 이해하려고 하는 것이다. 그리고 "복원"이란 괘효상卦爻象이 반영한 부호들의 본래 의미를 알기 위해서 그 당시의 생활을 복원해야 하는 것이다. 이로써 정약용은 『주역』으로 주周나라 사람의 생활과 문화를 고찰할 수 있다고 주장한다. 반면에, 『주역』을 제대로 이해하려면 그 당시의 실제 생활을 보원하는 것이 필요하다.(방인, 『다산 정약용의 「주역사전」, 기호학으로 읽다』, 예문서원, 2015, p.292 참조.)

26) 『定本 與猶堂全書』17, 『易學緖言』권4 「周易答客難」: 大言之者, 還之以大義, 小言之者, 還之以小事, 高言之遠言之者, 還之以高遠, 卑言之近言之者, 還之以卑近, 幽者幽之, 顯者顯之. 此讀『易』之法也. 今欲以二篇·六十四卦·三百八十四爻之詞, 一以歸之於天人性命之理, 而欲以自寓其進退存亡之義, 則多見其鉏鋙枘鑿, 而不相投合也.

다산은 『주역』이 원래 복서이니 성인이 단 괘효사에 충실하고 원래 있는 뜻대로 해석하면 되며, 지나치게 주관적인 의지를 가하고 천인성명의 리理로 귀결시켜 스스로 진퇴존망의 뜻을 깃들 필요가 없는 반면에 일상생활의 여러 측면에 연관시켜야 한다고 주장한다. 그럼에도 불구하고 『주역』에서 미언대의微言大義가 존재하고 있다는 것은 사실이라고 인정한다. 그래서 『주역』을 해석할 때, 심오한 의미에서 말한 것은 심오하게 해석하고, 평범한 취지에서 말한 것은 평범하게 해석해야 한다고 주장한다. 다시 말하면 성인이 『주역』을 지은 원래의 목적으로 되돌리고 그대로 이해하고자 하는 것이다. 이는 주자가 『주역』의 본의를 다시 찾는 출발점과 같다.

또한 정약용은 2000년 중국역학사상에서 역학자들의 역학 이론은 『주역』의 근원과 본의를 왜곡하여 전승되어 온 부분이 많이 있다고 비판하기 때문에 중국역학에서의 해석의 오류와 한계를 검토하고 비판하고, 후세에 『주역』의 근원과 올바른 역학 이론을 전승하고자 한다. 그러므로 『주역사전』의 주해와 역학 이론을 기초로 『역학서언』을 저술하여 2천년 중국역학사에서의 대양한 『주역』주해를 비판하였다. 자세히 말하면 역대 역학자 역학 이론의 논리적 모순, 해석의 오류와 해석 방법론이 잘못 적용한 것을 비판한 것이다.

정리하자면 다산이 『춘추』의 관점官占을 통해서 『주역』을 깨달았기 때문에 『춘추』관점官占에서 드러나는 해석 방법이나 특징은 그에게 깊은 영향을 끼쳤다. 『주역』은 독특한 문헌으로 『논어』나 『맹자』과 달라[27] 괘상卦象도 있고 점사占辭의 문장구조도 다르다. 그러므로

---

27) 林忠軍, 『易學源流與現代詮釋』, 上海古籍出版社, 2012, p.356. 『주역』이라는 텍스트는 다른 경전과의 가장 큰 차이점은 정연하고 논리적인 부호 체계가

특유한 해독 방법과 해석 체계가 필요하다. 『주역』에서는 역사易辭가 역상易象과 서로 연결되어 있고, 즉 역사를 이해할 때 역상과 연결해야 하고 역상이 상징하는 의미를 파악하려면 역사를 빌려 당시의 생활세계와 연관시켜야 정확하게 이해할 수 있다. 그러나 성인이 『주역』을 지은 원래의 목적과 그 당시의 시대적 배경을 환원하여 고려해야 할 뿐만 아니라 해석을 달리는 사상가가 처하는 시대 배경도 고려할 필요가 있다. 주자의 경우에는 『주역』이 최초의 점서占書라는 전제에서 리학理學의 시각으로 『주역』의 역사易辭를 주석하였지만, 다산은 실학사상의 관점에서 상징을 『주역』의 근본 성립방식이라고 생각하는 한대 상수역의 기본 입장을 취하여 『주역』을 해석하였다. 시대적 사조가 다른 두 사람의 『주역』해석은 활용하는 수단이나 방법이 차이가 존재하는 것이 사실이지만 유학에서 추구하는 천인합일天人合一, 수기치인修己治人의 지선至善을 궁극적인 목표로 삼는다는 것은 똑같다고 본다. 다시 말하면 다산과 주자 『주역』해석의 방향성이 서로 다르지만 양자가 『주역』을 해석할 때 복서卜筮와 의리義理를 유기적으로 연결시켜 윤리를 복서卜筮에서 끌어내려고 하는 공통점이 있다. 한 마디로 개괄하면 주자의 『주역』해석은 의리를 강조하는 성리학적 해석이고 다산의 『주역』해석은 역리易理를 강조하는 실학적 성격이 있다.

있다는 것이다. 또한 이러한 부호 체계는 직접 객관 세계에서의 만물에서 나오고 만물을 본받고 모방하는 것이니 전체적으로 세계의 의미를 표현했다.

2_다산 역학 체계의 내용

1) 십익+翼에 대한 독창적인 개편改篇

『주역』에 관해서는 그 자체가 상징적 표현으로 서술되어 있기 때문에 추리적 이해가 필요하다. 따라서 『주역』해석은 비교적 자유로웠다. 예를 들면, 주자학파에서 "사문란적斯文亂敵"이라 규정하는 엄격한 비판적 태도에도 불구하고, 『주역』에는 "역무란적易無亂敵"라는 말이 통용될 정도로 자유로운 분위기가 있었다. 그리고 정약용의 경전 연구도 다른 경전에서 상당히 엄격한 전통을 지키는 면을 보여주었으나, 『주역』연구에서만은 경전으로 고정된 형태의 모습을 찾아보기가 어려울 정도로 과감한 재편성을 하고 있다. 특히 다산 『주역』연구의 자유성은 그가 『주역』 십익에 대한 개편에서 잘 드러났다.

십익의 구성에 대한 통설은 두 가지가 있는데, 하나는 1. 설괘전說卦傳 2. 서괘전序卦傳 3. 잡괘전雜卦傳 4. 문언전文言傳 5. 계사전繫辭傳(상) 6. 계사전繫辭傳(하) 7. 단전象傳(상) 8. 단전象傳(하) 9. 상전象傳(상) 10. 상전象傳(하)이고, 하나는 1. 설괘전說卦傳 2. 서괘전序卦傳 3. 잡괘전雜卦傳 4. 문언전文言傳 5. 계사전繫辭傳(상) 6. 계사전繫辭傳(하) 7. 단전象傳(상) 8. 단전象傳(하) 9. 소상전小象傳 10. 대상전大象傳이다. 비교해보면 양자가 큰 차이가 없고 단지 상전象傳에 있어 사소한 차이가 있다. 그러나 다산은 권위에 구애받지 않고 십익에 대한 독창적인 개편改篇을 하였다. 다음으로 다산이 십익 각 편에 대한 개편을 구체적으로 살펴보고자 한다.

우선, 『대상전』이다.

『대상전』은 공자가 서가筮家의 『단전』과 『상전』(소상)이외의 별도로 역상易象을 음미하여 군자들이 사용함에 도움이 되도록 만든 것이다.【『계사전』에 이르기를, "군자는 머물러 있을 때에는 그 상象을 살피고, 행동할 때에는 그 점占을 살핀다."고 하였으니, 역易에는 두 가지 쓰임이 있는 것이다.】 이 『대상전』은 십익의 하나로서, 괘사와 효사와는 관계가 없으며, 본래는 마땅히 별도의 항목으로 그 자체 하나의 경經이 되어야 하는 것이다.【호정방胡庭芳이 말하였다. "『대상전』은 전적으로 공자가 스스로 만든 것이고, 문왕·주공에게는 일찍이 없던 것이다. 따라서 괘효사와는 완전히 상관이 없다."】[28]

『대상전』은 서가筮家의 『단전』과 『소상전』이외에 군자들이 역易을 사용함에 도움이 되도록 만든 것으로, 괘사와 효사와 관계가 없으니 따로 하나의 경經으로 삼아야 한다고 다산이 주장하고 있다. 또한 호정방의 관점을 인용하여 『대상전』의 저자가 공자이고 문왕과 주공이 만든 괘효사와 완전히 상관없다고 하여 『대상전』을 따로 한편의 경經으로 삼아야 하는 또 하나의 이유가 되었다.

옛날에 전하田何가 역易을 전수할 때, 상하上下 이경二經과 십역十翼으로 12편을 삼았다. 동래東萊 비직費直에 이르러, 비로소 십익 중 해당하는 부분을 경문에서 합쳐서 첨부하기 시작하였다.【현재 통행본의 건괘가 이러하다.】 그 이후에 정현鄭玄이 다시 십익 중 경문에 해당되는 부분을 나누어 『단전』과 『상

---

28) 『定本 與猶堂全書』16, 『周易四箋』권7, 「大象傳」序: 『大象傳』者, 孔子于筮家『彖』·『象』之外, 別自玩象, 以資君子之用者也.【『大傳』云: "君子居則觀其象, 動則玩其占." 『易』有二用】 此爲十翼之一, 而不干卦爻之辭, 本宜別行, 自爲一經.【胡庭芳云: "『大象』皆夫子所自取, 文王·周公所未嘗有. 故與卦爻之詞, 絶不相關."】

전』등의 제전諸傳을 해당 경문 아래에 붙였다.【곤괘 이하의 63
괘】그렇게 해서, 『대상전』과 『소상전』이 연결되어 하나로 되
었다.【『대상전』을 따로 각각 뽑아내어 해당 경문에 붙이지는 않았다.】
후대의 유학자들이 드디어 『문언』을 십익 중의 하나로 삼았
던 까닭에, 『대상전』은 따로 경經이 될 수 없었다.【『문언』의 여
러 장구들은 본래는 『계사전』 중에 있던 것이 뒤섞여 나온 것으로서, 별도
로 명칭을 붙이는 것은 옳지 않다. 건괘를 참조할 것】오늘날 『역경』
을 읽는 자들이 육효六爻를 나란히 배열하여, 한 괘의 전체적
의미를 파악하려고 하는데 이것은 이미 오류이다. 더욱이 『대
상전』을 한 괘의 표제標題로 삼고, 단사象詞와 효사爻詞를 혼
합하여 한 덩어리로 만드니, 그 폐단이 더욱 심해졌다. 이에
별도로 그 이치를 드러나게 해서, 그 옛 모습으로 돌아가고자
하니, 공자가 역을 쓴 참뜻이 이로 인해 밝게 드러나기를 바
랄 뿐이다.29)

다산은 역학사에서 십익의 변천 과정30)을 살펴보고 정현이 『대상

---

29) 『定本 與猶堂全書』16, 『周易四箋』권7, 「大象傳」序: 昔田何授『易』, 以二經
十翼, 爲十二篇, 至東萊費直, 始合十翼, 附之經文.【今乾卦, 是也】其後, 鄭玄
又分『彖』・『象』諸傳, 附之經下,【坤已下, 六十三卦】而『大象傳』・『小象傳』, 牽
連爲一.【不以『大象』, 別出之】後之儒者, 遂以『文言』爲十翼之一, 而『大象傳』
不能別自爲經矣.【『文言』諸章, 本『繫辭傳』中雜出者, 不宜別自有名.見乾卦】今之
讀『易』者, 排比六爻, 認作一卦之全旨, 已屬謬戾, 而又以『大象傳』, 爲一卦
之標題, 與象詞・爻詞, 混成一體, 則其蔽滋厚矣.玆別疏理, 以還其舊, 庶夫
子用『易』之旨, 因亦章顯也.
30) 비직費直에서부터 십익 중 해당하는 부분을 경문에 합쳐서 첨부하기 시작하였
고, 정현鄭玄은 다시 십익 중 경문에 해당하는 부분을 나누어 모든 괘에 적용하
였으며, 결국 『대상』과 『소상』은 하나로 연결되었다. 공영달孔穎達은 이를 더욱

전』과『소상전』을 연결 시켜 하나로 삼는 까닭에 후세 유학자들이
『문언전』을 하나의 경經으로 삼았고, 결국은『대상전』은 따로 경經이
되지 못하였다는 점이 오류라고 주장한다. 또한 이렇게 하면『대상
전』을 단사象辭와 효사爻辭를 혼합시키는 폐단이 심하다고 비판하고
있다. 다시 말하면『대상전』은 각 괘의 괘상을 제시하는 것으로 공자
의 십익에 속한 것이었으나 정현 등 한대의 유학자에 의해서 경전
본문 속에의 각괘에 분배 소속시켰다. 그러나 정약용은 다시 이 부분
을 뽑아내어 별도의 편차로 삼았으며 그 의미를 강조하고 있다.

다음으로는『계사전』이다.『계사전』에 대해서, 정약용에 의하면
『사기史記』에서의 이른바 '역대전易大傳'이란 명칭이 적절한 것이라
지적하였고, 공자가 문왕, 주공의 뜻을 이어 역易의 대의를 서술한
것이라 본다. 이에『계사전』속으로 들어와 있는 각괘의 단사, 효사
는 경문의 각 괘와 중복되는 것으로 보고『계사전』에서 뺐고 역의
대의에 관한 언급만 취하여 주석하고 있다. 여기서 주자의 분편分篇
을 기준으로 하고 다산『계사전』의 상편上篇과 하편下篇, 즉『역대전』
의 상편과 하편의 내용과 비교해보겠다.

나누어 현행의 곤괘坤卦 이하에서 보이는 방식으로 편집하였다.

『繫辭傳』과『易大傳』조견표

		상편
1장	『繫辭傳』	天尊地卑, 乾坤定矣. 卑高以陳, 貴賤位矣. 動靜有常, 剛柔斷矣. 方以類聚, 物以羣分, 吉凶生矣. 在天成象, 在地成形, 變化見矣. 是故剛柔相摩, 八卦相盪. 鼓之以雷霆, 潤之以風雨, 日月運行, 一寒一暑. 乾道成男, 坤道成女. 乾知大始, 坤作成物. 乾以易知, 坤以簡能, 易則易知, 簡則易從, 易知則有親, 易從則有功, 有親則可久, 有功則可大, 可久則賢人之德, 可大則賢人之業. 易簡, 而天下之理得矣, 天下之理得, 而成位乎其中矣.
	『易大傳』	"易則易知, 簡則易從, 易知則有親, 易從則有功, 有親則可久, 有功則可大, 可久則賢人之德, 可大則賢人之業. 易簡, 而天下之理得矣, 天下之理得, 而成位乎其中矣."라는 내용이 생략되었음.
2장	『繫辭傳』	聖人設卦觀象, 繫辭焉而明吉凶, 剛柔相推而生變化. 是故吉凶者, 失得之象也, 悔吝者, 憂虞之象也. 變化者, 進退之象也, 剛柔者, 晝夜之象也. 六爻之動, 三極之道也. 是故君子所居而安者, 易之序也, 所樂而玩者, 爻之辭也. 是故君子居則觀其象而玩其辭, 動則觀其變而玩其占, 是以"自天祐之, 吉无不利".
	『易大傳』	"是故君子, 居則觀其象而玩其辭, 動則觀其變而玩其占, 是以自天祐之, 吉無不利."라는 내용이 생략되었음.
3장	『繫辭傳』	彖者, 言乎象者也, 爻者, 言乎變者也. 吉凶者, 言乎其失得也, 悔吝者, 言乎其小疵也, 无咎者, 善補過也. 是故列貴賤者存乎位, 齊小大者存乎卦, 辨吉凶者存乎辭, 憂悔吝者存乎介, 震无咎者存乎悔. 是故卦有小大, 辭有險易, 辭也者, 各指其所之.
	『易大傳』	"是故列貴賤者存乎位, 齊小大者存乎卦, 辨吉凶者存乎辭, 憂悔吝者存乎介, 震無咎者存乎悔. 是故卦有小大, 辭有險易, 辭也者, 各指其所之."라는 내용이 생략되었음.
4장	『繫辭傳』	易與天地準, 故能彌綸天地之道. 仰以觀於天文, 俯以察於地理, 是故知幽明之故, 原始反終, 故知死生之說, 精氣爲物, 遊魂爲變, 是故知鬼神之情狀. 與天地相似, 故不違, 知周乎萬物而道濟天下, 故不過, 旁行而不流, 樂天知命, 故不憂, 安土敦乎仁, 故能愛. 範圍天地之化而不過, 曲成萬物而不遺, 通乎晝夜之道而知, 故神无方而易无體.

상편		
	『易大傳』	대부분의 내용은 생략되고 단지 "原始反終, 故知死生之說.""與天地相似, 故不違. 知周乎萬物, 而道濟天下. 故不過. 旁行而不流, 樂天知命, 故不憂. 安土, 敦乎仁, 故能愛."라는 내용을 남겼음.
5장	『繫辭傳』	一陰一陽之謂道. 繼之者善也, 成之者性也. 仁者見之謂之仁, 知者見之謂之知, 百姓日用而不知, 故君子之道鮮矣. 顯諸仁, 藏諸用, 鼓萬物而不與聖人同憂. 盛德大業至矣哉. 富有之謂大業, 日新之謂盛德. 生生之謂易, 成象之謂乾, 效法之謂坤, 極數知來之謂占, 通變之謂事, 陰陽不測之謂神.
	『易大傳』	"生生之謂易, 成象之謂乾, 效法之謂坤, 極數知來之謂占, 通變之謂事, 陰陽不測之謂神."라는 내용이 생략되었음.
6장	『繫辭傳』	夫易廣矣大矣! 以言乎遠則不禦, 以言乎邇則靜而正, 以言乎天地之間則備矣. 夫乾, 其靜也專, 其動也直, 是以大生焉, 夫坤, 其靜也翕, 其動也闢, 是以廣生焉. 廣大配天地, 變通配四時, 陰陽之義配日月, 易簡之善配至德.
	『易大傳』	"夫易廣矣大矣! 以言乎遠則不禦, 以言乎邇則靜而正, 以言乎天地之間則備矣."라는 내용이 생략되었음.
7장	『繫辭傳』	子曰, "易其至矣乎! 夫易, 聖人所以崇德而廣業也. 知崇禮卑, 崇效天, 卑法地. 天地設位, 而易行乎其中矣. 成性存存, 道義之門."
	『易大傳』	"易其至矣乎! 夫易, 聖人所以崇德而廣業也. 知崇禮卑, 崇效天, 卑法地. 天地設位, 而易行乎其中矣. 成性存存, 道義之門."라는 내용이 모두 생략되었음.
8장	『繫辭傳』	聖人有以見天下之賾, 而擬諸其形容, 象其物宜, 是故謂之象. 聖人有以見天下之動, 而觀其會通, 以行其典禮, 繫辭焉以斷其吉凶, 是故謂之爻. 言天下之至賾, 而不可惡也, 言天下之至動, 而不可亂也. 擬之而後言, 議之而後動, 擬議以成其變化. "鳴鶴在陰, 其子和之, 我有好爵, 吾與爾靡之." 子曰, "君子居其室, 出其言善, 則千里之外應之, 況其邇者乎? 居其室, 出其言不善, 則千里之外違之, 況其邇者乎? 言出乎身, 加乎民, 行發乎邇, 見乎遠, 言行, 君子之樞機. 樞機之發, 榮辱之主也, 言行, 君子之所以動天地也, 可不愼乎?" "同人, 先號咷而後笑." 子曰, "君子之道, 或出或處, 或黙或語. 二人同心, 其利斷金, 同心之言, 其臭如蘭." "初六, 藉用白茅, 无咎." 子曰, "苟錯諸地而可矣, 藉之用茅, 何

		咎之有? 愼之至也. 夫茅之爲物薄, 而用可重也. 愼斯術也以往, 其无所失矣.” “勞謙, 君子有終, 吉.” 子曰, “勞而不伐, 有功而不德, 厚之至也. 語以其功下人者也. 德言盛, 禮言恭, 謙也者, 致恭以存其位者也.” “亢龍有悔.” 子曰, “貴而无位, 高而无民, 賢人在下位而无輔, 是以動而有悔也.” “不出戶庭, 无咎.” 子曰, “亂之所生也, 則言語以爲階. 君不密則失臣, 臣不密則失身, 幾事不密則害成. 是以君子愼密而不出也.” 子曰, “作易者其知盜乎? 易曰‘負且乘, 致寇至.’ 負也者, 小人之事也, 乘也者, 君子之器也. 小人而乘君子之器, 盜思奪之矣, 上慢下暴, 盜思伐之矣. 慢藏誨盜, 冶容誨淫. 易曰‘負且乘, 致寇至’, 盜之招也.”
	『易大傳』	단지 “聖人有以見天下之賾, 而擬諸其形容, 象其物宜, 是故謂之象. 聖人有以見天下之動, 而觀其會通, 以行其典禮, 繫辭焉以斷其吉凶, 是故謂之爻.”라는 내용만 다루었음.
9장	『繫辭傳』	大衍之數五十, 其用四十有九. 分而爲二以象兩, 掛一以象三, 揲之以四以象四時, 歸奇於扐以象閏, 五歲再閏, 故再扐而後掛. 天數五, 地數五, 五位相得而各有合. 天數二十有五, 地數三十, 凡天地之數五十有五. 此所以成變化而行鬼神也. 乾之策二百一十有六, 坤之策百四十有四, 凡三百有六十, 當期之日. 二篇之策, 萬有一千五百二十, 當萬物之數也. 是故四營而成易, 十有八變而成卦, 八卦而小成. 引而伸之, 觸類而長之, 天下之能事畢矣. 顯道神德行, 是故可與酬酢, 可與祐神矣. 子曰, “知變化之道者, 其知神之所爲乎?”
	『易大傳』	모두 생략되었음. 이 부분의 내용으로 『蓍卦傳』을 만들었음.
10장	『繫辭傳』	易有聖人之道四焉, 以言者尙其辭, 以動者尙其變, 以制器者尙其象, 以卜筮者尙其占. 是故君子將有爲也, 將有行也, 問焉而以言, 其受命也如嚮, 无有遠近幽深, 遂知來物. 非天下之至精, 其孰能與於此? 參伍以變, 錯綜其數, 通其變, 遂成天下之文, 極其數, 遂定天下之象. 非天下之至變, 其孰能與於此? 易无思也, 无爲也, 寂然不動, 感而遂通天下之故. 非天下之至神, 其孰能與於此? 夫易, 聖人之所以極深而硏幾也. 唯深也, 故能通天下之志, 唯幾也, 故能成天下之務, 唯神也, 故不疾而速, 不行而至. 子曰 “易有聖人之道四焉”者, 此之謂也.
	『易大傳』	대부분의 내용이 생략되었고 단지 “是以君子將有爲也, 將有行也, 問焉而以言, 其受命也如嚮.”라는 내용만 남겼음.

		상편
11장	『繫辭傳』	天一, 地二, 天三, 地四, 天五, 地六, 天七, 地八, 天九, 地十. 子曰, "夫易何爲者也? 夫易開物成務, 冒天下之道, 如斯而已者也." 是故聖人以通天下之志, 以定天下之業, 以斷天下之疑. 是故蓍之德圓而神, 卦之德方以知, 六爻之義易以貢. 聖人以此洗心, 退藏於密, 吉凶與民同患, 神以知來, 知以藏往. 其孰能與此哉? 古之聰明叡知, 神武而不殺者夫. 是以明於天之道, 而察於民之故, 是興神物以前民用. 聖人以此齊戒, 以神明其德夫. 是故闔戶謂之坤, 闢戶謂之乾, 一闔一闢謂之變, 往來不窮謂之通, 見乃謂之象, 形乃謂之器, 制而用之謂之法, 利用出入, 民咸用之謂之神. 是故易有太極, 是生兩儀, 兩儀生四象, 四象生八卦, 八卦定吉凶, 吉凶生大業. 是故法象莫大乎天地, 變通莫大乎四時, 縣象著明莫大乎日月, 崇高莫大乎富貴, 備物致用, 立成器以爲天下利, 莫大乎聖人, 探賾索隱, 鉤深致遠, 以定天下之吉凶, 成天下之亹亹者, 莫大乎蓍龜. 是故天生神物, 聖人則之, 天地變化, 聖人效之, 天垂象, 見吉凶, 聖人象之, 河出圖, 洛出書, 聖人則之. 易有四象, 所以示也, 繫辭焉, 所以告也, 定之以吉凶, 所以斷也.
	『易大傳』	단지 "蓍之德, 圓而神. 卦之德, 方以知. 六爻之義, 易以貢."라는 내용만 남겼음.
12장	『繫辭傳』	易曰, "自天祐之, 吉无不利." 子曰, "祐者, 助也. 天之所助者, 順也, 人之所助者, 信也. 履信思乎順, 又以尙賢也, 是以'自天祐之, 吉无不利'也." 子曰, "書不盡言, 言不盡意." 然則聖人之意其不可見乎? 子曰, "聖人立象以盡意, 設卦以盡情僞, 繫辭焉以盡其言, 變而通之以盡利, 鼓之舞之以盡神." 乾坤, 其易之縕邪? 乾坤成列, 而易立乎其中矣, 乾坤毁, 則无以見易, 易不可見, 則乾坤或幾乎息矣. 是故形而上者謂之道, 形而下者謂之器, 化而裁之謂之變, 推而行之謂之通, 擧而錯之天下之民謂之事業. 是故夫象, 聖人有以見天下之賾, 而擬諸其形容, 象其物宜, 是故謂之象. 聖人有以見天下之動, 而觀其會通, 以行其典禮, 繫辭焉以斷其吉凶, 是故謂之爻. 極天下之賾者存乎卦, 鼓天下之動者存乎辭, 化而裁之存乎變, 推而行之存乎通, 神而明之存乎其人, 黙而成之, 不言而信, 存乎德行.
	『易大傳』	단지 "乾・坤, 其『易』之縕耶! 乾・坤成列, 而『易』立乎其中矣." "化而裁之謂之變, 推而行之謂之通."라는 내용만 남겼음.

하편		
1장	『繫辭傳』	八卦成列, 象在其中矣, 因而重之, 爻在其中矣, 剛柔相推, 變在其中矣, 繫辭焉而命之, 動在其中矣. 吉凶悔吝者, 生乎動者也, 剛柔者, 立本者也, 變通者, 趣時者也. 吉凶者, 貞勝者也, 天地之道, 貞觀者也, 日月之道, 貞明者也, 天下之動, 貞夫一者也. 夫乾, 確然示人易矣, 夫坤, 隤然示人簡矣. 爻也者, 效此者也, 象也者, 像此者也. 爻象動乎內, 吉凶見乎外, 功業見乎變, 聖人之情見乎辭. 天地之大德曰生, 聖人之大寶曰位. 何以守位? 曰仁. 何以聚人? 曰財. 理財正辭禁民爲非曰義.
	『易大傳』	"吉凶者, 貞勝者也, 天地之道, 貞觀者也, 日月之道, 貞明者也, 天下之動, 貞夫一者也. 夫乾, 確然示人易矣, 夫坤, 隤然示人簡矣. 爻也者, 效此者也, 象也者, 像此者也. 爻象動乎內, 吉凶見乎外, 功業見乎變, 聖人之情見乎辭. 天地之大德曰生, 聖人之大寶曰位. 何以守位? 曰仁. 何以聚人? 曰財. 理財正辭禁民爲非曰義."라는 내용이 생략되었음.
2장	『繫辭傳』	古者包犧氏之王天下也, 仰則觀象於天, 俯則觀法於地, 觀鳥獸之文與地之宜, 近取諸身, 遠取諸物, 於是始作八卦, 以通神明之德, 以類萬物之情. 作結繩而爲罔罟, 以佃以漁, 蓋取諸離. 包犧氏沒, 神農氏作, 斲木爲耜, 揉木爲耒, 耒耨之利, 以教天下, 蓋取諸益. 日中爲市, 致天下之民, 聚天下之貨, 交易而退, 各得其所, 蓋取諸噬嗑. 神農氏沒, 黃帝堯舜氏作, 通其變, 使民不倦, 神而化之, 使民宜之. 易窮則變, 變則通, 通則久, 是以"自天祐之, 吉无不利". 黃帝堯舜垂衣裳而天下治, 蓋取諸乾坤. 刳木爲舟, 剡木爲楫, 舟楫之利以濟不通, 致遠以利天下, 蓋取諸渙. 服牛乘馬, 引重致遠, 以利天下, 蓋取諸隨. 重門擊柝, 以待暴客, 蓋取諸豫. 斷木爲杵, 掘地爲臼, 臼杵之利, 萬民以濟, 蓋取諸小過. 弦木爲弧, 剡木爲矢, 弧矢之利, 以威天下, 蓋取諸睽. 上古穴居而野處, 後世聖人易之以宮室, 上棟下宇, 以待風雨, 蓋取諸大壯. 古之葬者, 厚衣之以薪, 葬之中野, 不封不樹, 喪期无數, 後世聖人易之以棺槨, 蓋取諸大過. 上古結繩而治, 後世聖人易之以書契, 百官以治, 萬民以察, 蓋取諸夬.
	『易大傳』	"神農氏沒, 黃帝堯舜氏作, 通其變, 使民不倦, 神而化之, 使民宜之. 易窮則變, 變則通, 通則久, 是以"自天祐之, 吉無不利."라는 내용이 생략되었음.

54

하편		
3장	『繫辭傳』	是故易者, 象也, 象也者, 像也. 象者, 材也, 爻也者, 效天下之動者也. 是故吉凶生而悔吝著也.
	『易大傳』	생략된 부분이 없음.
4장	『繫辭傳』	陽卦多陰, 陰卦多陽. 其故何也? 陽卦奇, 陰卦偶. 其德行何也? 陽一君而二民, 君子之道也, 陰二君而一民, 小人之道也.
	『易大傳』	생략된 부분이 없음.
5장	『繫辭傳』	易曰, "憧憧往來, 朋從爾思." 子曰, "天下何思何慮? 天下同歸而殊塗, 一致而百慮, 天下何思何慮? 日往則月來, 月往則日來, 日月相推而明生焉, 寒往則暑來, 暑往則寒來, 寒暑相推而歲成焉. 往者屈也, 來者信也, 屈信相感而利生焉. 尺蠖之屈, 以求信也, 龍蛇之蟄, 以存身也. 精義入神, 以致用也, 利用安身, 以崇德也. 過此以往, 未之或知也, 窮神知化, 德之盛也." 易曰, "困于石, 據于蒺藜, 入于其宮, 不見其妻, 凶." 子曰, "非所困而困焉, 名必辱, 非所據而據焉, 身必危. 旣辱且危, 死期將至, 妻其可得見邪?" 易曰, "公用射隼于高墉之上, 獲之, 无不利." 子曰, "隼者, 禽也, 弓矢者, 器也, 射之者, 人也. 君子藏器于身, 待時而動, 何不利之有? 動而不括, 是以出而有獲, 語成器而動者也." 子曰, "小人不恥不仁, 不畏不義, 不見利不勸, 不威不懲. 小懲而大戒, 此小人之福也. 易曰'屨校滅趾, 无咎', 此之謂也." "善不積不足以成名, 惡不積不足以滅身. 小人以小善爲无益而弗爲也, 以小惡爲无傷而弗去也, 故惡積而不可掩, 罪大而不可解. 易曰, '何校滅耳, 凶.'" 子曰, "危者, 安其位者也, 亡者, 保其存者也, 亂者, 有其治者也. 是故君子安而不忘危, 存而不忘亡, 治而不忘亂. 是以身安而國家可保也. 易曰, '其亡其亡, 繫于苞桑.'" 子曰, "德薄而位尊, 知小而謀大, 力小而任重, 鮮不及矣! 易曰, '鼎折足, 覆公餗, 其形渥, 凶.' 言不勝其任也." 子曰, "知幾其神乎? 君子上交不諂, 其知幾乎! 幾者, 動之微, 吉之先見者也. 君子見幾而作, 不俟終日. 易曰, '介于石, 不終日, 貞吉.' 介如石焉, 寧用終日? 斷可識矣! 君子知微知彰, 知柔知剛, 萬夫之望." 子曰, "顔氏之子, 其殆庶幾乎? 有不善, 未嘗不知, 知之, 未嘗復行也. 易曰, '不遠復, 无祇悔, 元吉.'" "天地絪縕, 萬物化醇, 男女構精, 萬物化生. 易曰, '三人行, 則損一人, 一人行, 則得其友.' 言致一也." 子曰, "君子安其身而後動, 易其心而後語, 定其交而後求, 君子脩

하편		
		此三者, 故全也. 危以動, 則民不與也, 懼以語, 則民不應也, 无交而求, 則民不與也, 莫之與, 則傷之者至矣. 易曰, '莫益之, 或擊之, 立心勿恒, 凶.'"
	『易大傳』	모두 생략되었음.
6장	『繫辭傳』	子曰, "乾坤, 其易之門邪? 乾, 陽物也, 坤, 陰物也. 陰陽合德而剛柔有體, 以體天地之撰, 以通神明之德. 其稱名也, 雜而不越, 於稽其類, 其衰世之意邪? 夫易, 彰往而察來, 而微顯闡幽. 開而當名辨物, 正言斷辭則備矣. 其稱名也小, 其取類也大, 其旨遠, 其辭文, 其言曲而中, 其事肆而隱. 因貳以濟民行, 以明失得之報.
	『易大傳』	앞부분이 모두 생략되었고 단지 "其稱名也小, 其取類也大, 其旨遠, 其辭文, 其言曲而中, 其事肆而隱. 因貳以濟民行, 以明失得之報."라는 내용만 남겼음.
7장	『繫辭傳』	易之興也, 其於中古乎? 作易者, 其有憂患乎? 是故履, 德之基也, 謙, 德之柄也, 復, 德之本也, 恒, 德之固也, 損, 德之脩也, 益, 德之裕也, 困, 德之辨也, 井, 德之地也, 巽, 德之制也. 履, 和而至, 謙, 尊而光, 復, 小而辨於物, 恒, 雜而不厭, 損, 先難而後易, 益, 長裕而不設, 困, 窮而通, 井, 居其所而遷, 巽, 稱而隱. 履以和行, 謙以制禮, 復以自知, 恒以一德, 損以遠害, 益以興利, 困以寡怨, 井以辨義, 巽以行權.
	『易大傳』	생략되었음.
8장	『繫辭傳』	易之爲書也, 不可遠. 爲道也屢遷, 變動不居, 周流六虛, 上下无常, 剛柔相易, 不可爲典要, 唯變所適. 其出入以度, 外內使知懼. 又明於憂患與故, 无有師保, 如臨父母. 初率其辭, 而揆其方, 既有曲常. 苟非其人, 道不虛行.
	『易大傳』	"其出入以度, 外內使知懼. 又明於憂患與故, 無有師保, 如臨父母. 初率其辭, 而揆其方, 既有曲常. 苟非其人, 道不虛行."라는 내용이 생략되었음.
9장	『繫辭傳』	易之爲書也, 原始要終以爲質也. 六爻相雜, 唯其時物也. 其初難知, 其上易知, 本末也, 初辭擬之, 卒成之終. 若夫雜物撰德, 辯是與非, 則非其中爻不備. 噫! 亦要存亡吉凶, 則居可知矣. 知者觀其彖辭, 則思過半矣. 二與四同功而異位, 其善不同, 二多譽, 四多懼, 近也. 柔之爲道, 不利遠者, 其要无咎, 其用柔中也, 三與五同功而異位, 三多凶, 五多功, 貴賤之等也. 其柔危, 其剛勝邪?

하편		
	『易大傳』	"初辭擬之, 卒成之終." "噫! 亦要存亡吉凶, 則居可知矣."라는 내용이 생략되었음.
10장	『繫辭傳』	易之爲書也, 廣大悉備, 有天道焉, 有地道焉, 有人道焉. 兼三材而兩之, 故六, 六者, 非它也, 三才之道也. 道有變動, 故曰爻, 爻有等, 故曰物, 物相雜, 故曰文, 文不當, 故吉凶生焉.
	『易大傳』	"六者, 非它也, 三才之道也." "物相雜, 故曰文, 文不當, 故吉凶生焉."라는 내용이 생략되었음.
11장	『繫辭傳』	易之興也, 其當殷之末世, 周之盛德邪? 當文王與紂之事邪? 是故其辭危. 危者使平, 易者使傾, 其道甚大, 百物不廢. 懼以終始, 其要无咎, 此之謂易之道也.
	『易大傳』	모두 생략되었음.
12장	『繫辭傳』	夫乾, 天下之至健也, 德行恒易以知險, 夫坤, 天下之至順也, 德行恒簡以知阻. 能說諸心, 能研諸侯之慮, 定天下之吉凶, 成天下之亹亹者. 是故變化云爲, 吉事有祥, 象事知器, 占事知來. 天地設位, 聖人成能, 人謀鬼謀, 百姓與能. 八卦以象告, 爻象以情言, 剛柔雜居, 而吉凶可見矣. 變動以利言, 吉凶以情遷, 是故愛惡相攻而吉凶生, 遠近相取而悔吝生, 情僞相感而利害生. 凡易之情, 近而不相得則凶, 或害之, 悔且吝. 將叛者其辭慙, 中心疑者其辭枝, 吉人之辭寡, 躁人之辭多, 誣善之人其辭游, 失其守者其辭屈.
	『易大傳』	"夫乾, 天下之至健也, 德行恒易以知險, 夫坤, 天下之至順也, 德行恒簡以知阻. 能說諸心, 能研諸侯之慮, 定天下之吉凶, 成天下之亹亹者. 是故變化雲爲, 吉事有祥, 象事知器, 占事知來. 天地設位, 聖人成能, 人謀鬼謀, 百姓與能." "" 凡易之情, 近而不相得則凶, 或害之, 悔且吝. 將叛者其辭慙, 中心疑者其辭枝, 吉人之辭寡, 躁人之辭多, 誣善之人其辭遊, 失其守者其辭屈."라는 내용이 생략되었고 "八卦以象告, 爻象以情言, 剛柔雜居, 而吉凶可見矣. 變動以利言, 吉凶以情遷, 是故愛惡相攻而吉凶生, 遠近相取而悔吝生, 情僞相感而利害生."라는 내용만 남겼음.

이상의 비교를 통해서 다산이 『계사전』의 많은 내용을 생략하였음을 알 수 있다. 그런데 다산이 왜 십익에서 가장 철학적인 의미가 진

하고 경전의 근본적인 의미를 전반적으로 논하[通一經之大體]는 『계사전』의 많은 내용을 생략하는지라는 의문이 생길 것이다. 살펴보면, 『역』의 특징과 성격에 대한 내용들을 특히 많이 생략하여 『역대전』에 들어가지 않게 하였다. 예를 들면 "易無思也, 無爲也, 寂然不動, 感而遂通天下之故. 非天下之至神, 其孰能與於此? 夫易, 聖人之所以極深而硏幾也. 唯深也, 故能通天下之志, 唯幾也, 故能成天下之務, 唯神也, 故不疾而速, 不行而至. 子曰"易有聖人之道四焉"者, 此之謂也."(『계사상』제10장)라는 것, "子曰, "易其至矣乎! 夫易, 聖人所以崇德而廣業也. 知崇禮卑, 崇效天, 卑法地. 天地設位, 而易行乎其中矣. 成性存存, 道義之門."(『계사상』제7장)라는 것, "夫易廣矣大矣! 以言乎遠則不禦, 以言乎邇則靜而正, 以言乎天地之間則備矣."(『계사상』제6장)라는 것과 "生生之謂易, 成象之謂乾, 效法之謂坤, 極數知來之謂占, 通變之謂事, 陰陽不測之謂神."(『계사상』제5장)라는 것 등이다. 그 원인에 대해서 다산이 다음과 같이 설명하였다.

지금 전부를 해석하고자 하는 것은 아니며, 다만 십이벽괘十二辟卦의 추이推移의 뜻과 육효의 변동의 방식(과 관련되는 부분)만을 풀이하였는데, 사대의리四大義理와 관련되는 것은 개략적으로 그 이치를 해명하였다. 그리고 이 『계사전』의 글 가운데 전적으로 한 괘의 점사占詞를 논한 것은[예를 들면 "명학재음鳴鶴在陰"등] 앞서 이미 각 해당 괘의 아래에서 풀이하였고, 설시揲蓍에 관한 글들은 따로[편에 나누어] 밝혔으니, 여기서는 중첩하여 논하지 않는다.31)

다산이『계사전』전부를 해석하고자 하는 것이 아니고 단지 십이벽괘十二辟卦의 추이推移의 뜻과 육효의 변동의 방식과 관련이 있는 부분만 풀이하였다. 다시 말하면 다산역학의 핵심인 역리사법과 관련되는 부분의 이치만을 해명하였다. 그리고 이미 각 괘 괘효사의 해석에서 나타난 내용은『계사전』에서 반복해서 논하지 않고, 그리고 설시揲蓍에 관한 내용은 따로 한 편, 즉『시괘전』을 만들었으니 역시 반복해서 논할 필요가 없다고 하였다.

다음으로는『시괘전蓍卦傳』이다.『시괘전』은 원래『주역』의 경전에서 따로 없었던 것이나, 정약용은 점법占法이 최초의 점서占書로서의『주역』에서 떠날 수 없다고 주장하니『계사전』상편 제9장에 실려 있는 내용을 독립시켜『시괘전』을 만들었는데 점법의 중요성을 강조하였다.

정리하자면 다산은『문언전』은 십익 중의 한편으로 삼으면 안 되고, 그리고『대상전』은 따로 한 편으로 삼아야 한다고 주장한다. 그러므로 다산이 주장하는 십익은 1. 설괘전 2. 서괘전 3. 잡괘전 4. 계사전(상) 5. 계사전(하) 6. 단전(상) 7. 단전(하) 8. 소상전(상) 9. 소상전(하) 10. 대상전이다.[32] 통설과 비교하면 다산 관점과의 가장 큰 차이점은『대상전』을『소상전』과 분리하여 주해하고 또한 소상전을 상과 하 두 편으로 나누는 것이다. 구체적으로 말하면 건괘의 경우 괘사아래의『단전』을 가져오고, 효사를 중심으로『상전』과 효해爻解를

---

31)『定本 與猶堂全書』16,『周易四箋』권8,「繫辭傳上」序: 今不敢全釋, 只就十二辟推移之義, 及六爻變動之法, 凡有關於四大義理者, 約略疏理. 其中專論一卦之繇者,[‘鳴鶴在陰’類] 前已論釋於各卦之下. 又如揲蓍諸文, 別爲表章, 玆不疊論.

32) 方仁・張正郁 譯,『譯註 周易四箋』(7卷), 昭明出版, 2007, p.294. 각주 4번을 참조함.

취사선택하여 경전 본문을 삼았으며『문언전』이나 효해의 일부 주석
으로 돌리는 경전 본문의 일대 개편 작업을 하고 있다. 또한『계사
전』의 상하편도 각괘에 해당하는 것을 본문의 주석으로 돌리거나
『계사전』에서 빼고,『계사전』상편 9장의 대부분과 10장과 11장의 몇
구절을 뽑아서『시괘전』으로 독립시켰다. 그 외에도 경전 본문 속의
『대상전』을 괘의 순서대로 뽑아 독립시키는 한편,『서괘전』과『잡괘
전』을 해체시켜 경전 본문의 각괘에 대한 주석에 인용하는 데에 그
쳤다. 또한『주역』과 별개로의 경전인『춘추』에서 역점易占의 사례
19건을 뽑아서『춘추관점보주春秋官占補註』라는 한 편을 만들어『계
사전』앞에 실었다. 이로써 공자의 저술로 전해진 십익을 자기의 견
해에 따라 취사선택하고 경전 본문의 편차까지도 고침으로써『주역』
을 전면적으로 재편성하고 있는 것은 일찍이 유례를 찾을 수 없는
과감한 태도이다. 그러므로 다산은 이미 고증학적 입장을 넘어서
『주역』연구사를 통하여 하나의 혁명을 이루었다고 볼 수 있을 것이
다. 이상으로는 정약용의 역학편차가 얼마나 자유롭고 독창적인지를
충분히 보여주었다.

2)『주역사전周易四箋』과『역학서언易學緖言』[33]

정약용 역학과 관련된 저술은『주역사전』,[34]『주역서언』,『문집文

---

33) 정인보鄭寅普와 안재홍安在鴻이 1936년에 신조선사新朝鮮社에서 간행한 활자본
   活字本인『여유당전서』는 "신조본新朝本"이다. 이 판본을 기초로 하고 2004년부
   터 다산학술문화재단에서 신조본에 대한 교감과 표점 작업을 하기 시작하였고
   『정본여유당전서』를 간행하였다.『정본여유당전서』는 총 38권인데『주역사전』
   은 15-16권에 수록되어 있고『역학서언』은 17권에 수록되어 있다.

集』의 「역론易論1」과 「역론易論2」 등 있다.35) 이 가운데서 『주역사전』
과 『역학서언』은 정약용 역학에서의 핵심 내용이다. 우선, 정약용 자
신의 독특한 입장에서 『주역』을 분석하고 재구성하는 것으로 『주역』
연구사에서 획기적인 저술이라고 할 있는 『주역사전』을 살펴보겠다.

다산 역학연구의 핵심 성과는 『주역사전』인데 총 8권으로 편집되
어 있다. 우선 제1권 첫머리에 실려 있는 「제무진본題戊辰本」은 다산
이 이 책을 저술하고 개정하였던 경위經緯를 기록하였다. 또한 『주역
사전』에서 각 괘를 구체적으로 해석하기 전에 「괄례표括例表」, 「역례
비석易例比釋」, 「독역요지讀易要旨」, 「역론易論」에서 정약용의 역학체
계를 전체적으로 소개하였다. 이어서 『주역사전』의 각 구성 부분을
간략하게 소개하겠다.

「괄례표」는 상편과 하편으로 나누어져 있는데 상편은 제1권에 실려
있고 하편은 4권 중간 함괘咸卦 앞에 실려 있다. 그러나 이렇게 상하
두 편으로 나누는 이유가 분명하지 않다. 「괄례표」 상편은 64괘 들어
가기 전에 역리사법易理四法을 기본원리로 총괄적으로 분석하고 설
명한 것이다. 구체적으로 살펴보면, 우선 추이推移에 대한 설명인데
추이의 괘도卦圖를 제시하였을 뿐만 아니라 한대 순상荀爽과 우번虞
翻 등에서 이 원리가 제시되었다고 지적하고 주자의 『괘변도卦變圖』

---

34) 사전四箋이란 추이推移·효변爻變·호체互體·물상物象 네 가지 해석 원리를 가
리킨 것으로 역리사법易理四法이라고도 불린다. (『文集』卷十九, 『與尹畏心 -
永僖』: 今論『周易』, 其大義有四, 一曰推移, 二曰物象, 三曰互體, 四曰爻
變.) 더 구체적으로 말하면, 성인이 『주역』을 만드는 본의, 즉 원시 유가의 가치
관을 되찾으려고 『괄례표括例表』, 『독역요지讀易要旨』, 『역례비석易例比釋』에
서 수립한 『주역』해석 방법과 규칙이다.

35) 『주역사전』(무진본戊辰本)은 1808년에 완성된 최종본이며, 『역학서언』은 1821
년 겨울에 최종본이 완성되었다.

도 여기에 입각한 것임을 밝혔다. 그러나 여기에 그치는 것이 아니라 정약용의 「추이표推移表」와 「추이표직설推移表直說」는 주자의 『괘변도』에 없는 한대 유학자들의 12벽괘설十二辟卦說을 도입하고 있고 괘를 배열하는 체계도 달리하고 있다. 다음으로 물상物象에 대한 내용인데 『설괘전』에 따라 물상표와 방위도를 보여줬다. 여기서 괘의 방위가 서경(요전堯典, 순전舜)과 일치하고 있는 사실이나 괘의 명칭이 지닌 근원성을 지적하여 『설괘전』이나 "물상"이 『역』에서 중요한 역할을 하고 있음을 말하고 있다. 그 다음으로 호체互體인데 호체가 2, 3, 4효와 3, 4, 5효가 각각 새로운 괘를 구성하는 것이다. 여기서 호체론이 『춘추』의 관점官占에서 중시되었으나 진晉나라의 종회鍾會가 "무호체론無互體論"을 내세웠고, 왕필이 이를 따르고 그 뒤로는 폐지되었다고 밝히고 있다. 또한 일반적인 호체법 말고 대호법大互法, 겸호법兼互法, 위복법位伏法, 반합법牉合法과 양호법兩互法 등 호체법을 다양하게 제시하였다. 마지막으로 효변爻變이다. 효변표를 통하여 괘와 괘 사이에 효의 변화 양식을 보여주었고 한 효가 한 괘의 의미를 지님을 강조한다. 따라서 64괘의 384효는 384괘의 의미를 지니고 있음을 밝혔다. 그리고 효변은 『춘추』에서 인용되어 왔으나 한대 이래 전래되지 않았으므로 『주역』을 읽을 수 없게 되었음을 지적하여, 효변이 『주역』을 이해하는 데의 필수적인 조건임을 밝혀주고 있다.

「괄례표」하편에서 상편에서 해명하는 "사법四法"과 달리 교역交易, 변역變易, 반역反易의 "삼역三易"의 체계를 제시하였다. 이는 역의 삼의三義로서의 변역變易, 불역不易, 간역簡易과 다르다.36) 다산이 삼역

---

36) 역易은 세가지 뜻이 있다고 가장 먼저 제기하는 것은 『역위건착도易緯乾鑿度』인데 "孔子曰: 易者, 易也, 變易也, 不易也. 管三成爲道苞籥也."고 하였다. 정

에 대하여 말하기를 "『역』에는 삼역이 있다.【반역과 교역과 변역이다.】
첫째는 반역反易이니, 예컨대 임괘臨卦의 반역은 관괘觀卦가 된다.
【거꾸로 본 것이다.】 둘째는 교역交易이니, 예컨대 임괘臨卦의 교역은 췌
괘萃卦가 된다.【지택地澤이 택지澤地로 된 것이다.】 셋째는 변역變易이니,
예컨대 임괘臨卦의 변역은 둔괘遯卦가 된다.【여섯 획이 모두 변한 것이
다.】"37)고 하였다. 그러므로 교역은 하나의 괘에서 상괘와 하괘의 위
치를 서로 바꾸어 이루는 것으로 즉 복희의 획괘법劃卦法이라고 하
였다. 변역은 하나의 괘에서의 각 효가 갖는 음양을 서로 바꾸어 다
른 괘를 만드는 방법인데 건괘에서 곤괘로 바뀌는 것이 대표적인 예
이다. 주의할 만한 것은 여기서 말하는 변역은 변화가 『역』의 본질적
성격이라고 규정하는 것과 완전히 다르다는 것이다. 반역은 하나의
괘의 상괘와 하괘를 뒤집어서 새로운 괘를 만드는 방법이다. 『주역』
의 64괘가 제1괘에서 제64괘까지 차례로 나열되어 헤아려지는 것이
아니라, 상경上經 30괘에서는 제1건괘와 제2곤괘는 변역이지만, 대부

강성鄭康成은 이에 대하여 주석을 달렸고 이에 근거하여 『역찬易贊』, 『역론易
論』을 지었는데 역의 위와 같은 세가지 뜻을 역간易簡, 변역變易, 불역不易으로
변화시켰다. 이에 대해 『주역정강성周易鄭康成』에서 구체적으로 말하기를 "易
之爲名也, 一言而含三義: 易簡一也, 變易二也, 不易三也. 故『繫辭傳』雲:
乾坤其易之縕邪. 又曰: 易之門戶邪. 又曰: 夫乾坤確然示人易矣, 夫坤隤然
示簡矣, 易則易知, 簡則易從. 此言其易簡之法則也."고 하였고, "爲道也屢
遷, 變動不居, 周流六虛, 上下無常, 剛柔相易, 不可典要, 唯變所適. 此言順
時變易出入移動者也."고 하였으며 "天尊地卑, 乾坤定矣, 卑高以陳, 貴賤
位矣, 動靜有常, 剛柔斷矣. 此言其張設布列不易者也. 據茲三義而説, 易之
道廣矣大矣."고 하였다.

37) 『定本 與猶堂全書』15, 『周易四箋』권3 臨卦 卦辭: 『易』有三易.【反·交·變】一
日反易, 如臨之反爲觀也.【倒看之】二曰交易, 如臨之交爲萃也.【地澤爲澤地】
三曰變易, 如臨之變爲遯也.【六畫皆變者】

분은 제3괘 둔괘는 정正으로 제4괘 몽괘는 반反으로, 그리고 제25괘 무망괘는 정正으로 26괘 대축괘는 반反으로 하는 것처럼 헤아려지고 있다. 정리하자면 64괘에서 건괘와 곤괘처럼 변역으로 이루는 것은 상경에서의 건乾, 곤坤, 이頤, 대과大過, 감坎, 리離 6괘와 하경에서의 중부中孚, 소과小過 2괘 뿐이요, 나머지 56괘에서 상경의 12괘와 하경의 16괘가 반역으로 이루고 있다. 그러므로 64괘는 반역을 중심으로 전개하고 있음을 알 수 있다. 『주역』의 이러한 체계는 정약용의 삼역三易 이론을 통하여 더 명확하게 드러나게 되었다. 정약용에 의하면 상경 30괘는 변역 6괘와 반역 12괘로 구성되는 18괘요, 하경의 34괘는 변역 2괘와 반역 16괘로 구성된 18괘로 이루어져 상경과 하경은 모두 18괘로, 『주역』을 앞의 30괘와 나머지 34괘를 상경와 하경으로 나누는 것을 더욱 합리화시켰다.

「역례비석易例比釋」도 제1권에서 실린 부분과 제4권에서 실린 부분을 상하편으로 나눈 것이다. 이 부분의 주요 내용은 64괘의 괘사, 효사와 단사만을 전부 뽑아 내용별로 분류하여 잘 볼 수 있도록 정리한 것이다. 다산이 정리한 내용은 주제별로, 상편에는 1. 원형리정례元亨利貞例 2.형리정례亨利貞例 3. 원형례元亨例 4. 형례亨例 5.리정례利貞例 6. 원길례元吉例 7. 정길례貞吉例 8. 정흉례貞凶例 9. 영정례永貞例 10. 거정례居貞例 11. 간정례艱貞例 12. 안정례安貞例 13. 여정례女貞例 14. 군자정례君子貞例 15. 유인정례幽人貞例 16. 잡정례雜貞例 17. 가정례可貞例 18. 정린례貞吝例 19. 정려례貞厲例 20. 려례厲例 21. 린례吝例 22. 회례悔例 23. 무회례無悔例 24. 회망례悔亡例 25. 무구례無咎例 26. 유부례有孚例 27. 정길례征吉例 28. 정흉례征凶例 등 28조목이 있고, 하편에는 1. 리견대인利見大人 2. 리섭대천利涉大川 … 등 11조목이 있는데 상하편을 합쳐서 총 39조목이다. 정약용의 이러한 정리 내용을 통하여 정약용의 논리적이고 치밀한 연구방법을 엿볼 수가 있고, 또한 괘효사와 단사가 길흉화복의 문제와 얼마나 긴밀하게 연관되어 있는지 쉽게 알 수 있을 것이다.

「독역요지讀易要旨」에서 『주역』을 읽는 요령을 18조목으로 분석 설명하고 있다. 구체적으로는 추상抽象, 해사該事, 존질存質, 고명顧名, 파성播性, 류동留動, 결본缺本, 용졸用拙, 쌍소雙遡, 첩현疊現, 비덕比德, 영물泳物, 건유建維, 변위辨位, 우의寓義, 고점考占, 인자認字, 찰운察韻 등이다.

「역론易論」은 제4권에 실려 있는 것으로 정약용의 『주역』에 대한 전체적 입장과 견해가 드러나는 것이다. 이 부분은 정약용 역학에서 서론 역할을 하고 있다고 할 수 있다. 「역론」을 통해서 정약용은 의리론적 역학과 달리 복서卜筮를 중시하고, 또한 복서에 대하여 천명에 순종하려는 인간의 신앙적 입장에 서있는 사실을 이해할 수 있다.

마지막으로 64괘 상하경에 대한 해석인데 역리사법易理四法을 중심으로 하여 전개하고 있는 것이다. 구체적인 해석에서 다산이 자신의 독자적인 입장을 밝히면서 주자를 비롯한 역학자의 서로 다른 해석을 비판적으로 봤다.

이상으로 『주역사전』을 살펴봤는데 다음으로 다산 역학의 또 하나의 핵심인 『역학서언』을 살펴보겠다. 『역학서언』은 다산이 역대의 중요 역학자의 이론을 비판적으로 검토하는 것으로 총 21편의 역학 비평론으로 구성되어 있다. 이 가운데서 중국역학비평론 17편, 즉 「이정조집해론李鼎祚集解論」, 「정강성역주론鄭康成易注論」, 「반고예문지론班固藝文志論」, 「한위유의론漢魏遺義論」, 「왕보사역주론王輔嗣易注論」, 「한강백현담고韓康伯玄談考」, 「공소백일평孔疏百一評」, 「당서괘기론唐書卦氣論」, 「주자본의발미朱子本義發微」, 「소자선천론邵子先天論」,

「사수고점박沙隨古占駁」, 「오초려찬언전吳草廬纂言傳」, 「래씨역주박來氏易注駁」, 「이씨절중초李氏折中鈔」, 「육덕명석문초陸德明釋文鈔」, 「곽씨거정박의郭氏擧正駁義」, 「왕채호리평王蔡胡李評」 등이다. 그리고 질문하고 대답하는 문답 형식의 역학문답론 2편인 「주역답객난周易答客難」과 「다산문답茶山問答」, 고대 복서의 예법과 절차에 관한 고대복서론 1편인 「복서통의卜筮通義」, 정약전과 역학에 대한 토론 서신에서의 역학서간문 1편인 「자산역간玆山易柬」으로 구성된다. 전체적으로 보면, 『역학서언』은 두 부분으로 나눌 수 있는데 중국역학사상사의 시대에 따라 학자별로 분류하는 것이고 시간과 무관하여 역학문답론, 고대복서론, 역학서간문을 수록한 것이다. 그 내용을 총괄하여 말하면 『역학서언』은 『주역사전』에서 밝힌 역학 이론과 체계에 대한 활용이라고 할 수 있다.

구체적인 내용으로 보면, 『역학서언』은 괘변, 효변, 호체, 복체伏體, 교역, 변역, 반합牉合 등을 중심으로 광범위한 시대와 학자를 비판하였는데, 시간적으로 보면, 한대부터 청대까지 기나긴 시간에 걸쳐 비판한 중국학자의 수량으로 보면 무려 40여명이 넘는다. 비판한 중국학자를 자세히 열거해 보면 다음과 같다. 정현鄭玄, 최경崔憼, 간보干寶, 우번虞翻, 유환劉瓛, 채묵蔡墨, 순상荀爽, 후과侯果, 마융馬融, 촉재蜀才, 왕필王弼, 육적陸績, 복만용伏曼容, 하타何妥, 유표劉表, 공안국孔安國, 순구가荀九家, 요신姚信, 주앙지朱仰之, 이정조李鼎祚, 맹희孟喜, 경방京房, 일행一行, 반고班固, 한강백韓康伯, 공영달孔穎達, 주희朱熹, 소강절邵康節, 정이程頤, 정형程逈, 오징吳澄, 래지덕來知德, 이광지李光地, 육덕명陸德明, 곽거정郭居靜, 왕응인王應麟, 채서산蔡西山, 호옥재胡玉齋, 이후재李厚齋 등이다. [38]

『역학서언』에서의 21편의 역학비판은 대부분 각각 그 저술 목적을 가지고 있어서 내용은 약간의 차이가 있다. 어떤 비평론에서 한 명의 학자의 역학 이론을 대상으로 비판하였고, 예를 들면, 「정강성역주론 鄭康成易注論」, 「왕보사역주론王輔嗣易注論」, 「주자본의발미朱子本義發 微」이고, 어떤 비평론에서 여러 명의 학자의 이론을 비판하였고, 예를 들면, 「이정조집해론李鼎祚集解論」, 「왕채호리평王蔡胡李評」, 「한위 유의론漢魏遺義論」, 「이씨절중초李氏折中鈔」등이다. 다시 말하면 각 편의 비평론은 내용상 연관성이 있지 않고 각각 독립적인 내용이다. 그리고 각각의 저술 시기도 차이가 있다.

『역학서언』의 역학비평론을 살펴보면, 정약용은 비교적으로 동일 한 표현을 사용하였고 나아가 동일한 내용상의 구성 형식을 취하였 다. 즉, 안按, 논論, 평評, 박駁, 위謂 등의 표현을 사용하여 비판하는 점에 대해 자기의 주장과 견해를 드러내는 것이다. 글을 작성할 때, 정약용은 중국학자의 『주역』주해와 역학 이론의 내용을 먼저 서술하 고, 그 다음에 자신의 논리적 주장으로 이론과 해석법의 오류를 논증 하거나 이론을 논파하는 형식으로 전개하였다. 다산은 자의字意, 구 절, 문장, 훈고, 상징, 역리해석, 고증적 분석, 논리의 논박 등의 구분 에 따라 역학개념을 주장하였고, 자신이 통찰한 역학사상을 피력하 였다. 또한 사상적 논쟁이나 학자별 주장이 다른 논제에 대해 논박과 논증과 해석학적 비판의 서술방식을 가장 많이 취하였다.[39] 한국역

---

38) 『定本 與猶堂全書』17, 『易學緒言』권1, 「李鼎祚集解論」: 宋晁公武『讀書志』 曰, 唐李鼎祚『集解』, 經皆避唐諱, 又取『序卦』. 各冠逐卦之首, 所集有子夏, 孟喜, 京房, 馬融, 荀爽, 鄭玄, 劉表, 何晏, 宋衷, 虞翻, 陸績, 干寶, 王肅, 王弼, 姚信, … 三十餘家. 又引九家易, 乾鑿度義.

39) 李蘭淑, 『茶山 丁若鏞의 中國易學批判 - 「易學緒言」을 中心으로』, 강원대학 교 박사학위논문, 2014, p.48.

학사에서 중국학자의 역학 이론과 사상을 체계적인 이론으로 비판하는 문헌이나 사상가가 드물다. 다산의 『역학서언』만큼 자기의 독창적인 이론을 정립하고 2000여 년 동안 중국역학사에서 나타난 대역학자의 학설을 광범위하고 전문적으로 비판하는 것이 그자체가 찾기가 어렵다. 또한 조선시대의 중국 성리학을 숭상하는 사회배경에서 다산처럼 성리학을 비판하고 고법古法에 근거를 두고 자기의 역학 이론 체계를 세우고 역대 역학가의 역학사상을 비판하는 것이 대단히 용감하고 획기적인 것이다.

다산역학의 핵심 문헌으로서의 『주역사전』과 『역학서언』은 내용상 상관성 있는 부분이 많이 있고, 서로 교차적으로 포함되는 부분도 많다. 양자의 관계에 대해서 김인철은 『역학서언』이 『주역』의 핵심 논제들을 중심으로 『주역사전』을 보완하는 측면의 변증작업이라고 주장한다. 즉 두 문헌은 내용상 보완적 성격을 유지하면서 상호 긴밀하게 연계되어 있어 다산 역학을 바르게 이해하기 위해서는 『주역사전』뿐만 아니라, 『역학서언』도 비견할 만한 수준의 관심과 연구가 필요하다고 하였다.40) 이에 필자는 『주역사전』은 『주역』의 경전을 중심으로 우주의 본원, 사람과 사람의 관계를 탐구함으로써 세워진 독특한 역학사상 체계이자 해석방법이고, 『역학서언』은 『주역사전』에 기반을 두고 한 걸음 더 나아가 연구한 결과로 다산이 제기한 역학 이론과 해석 방법으로 역대 역학가의 학설과 관점을 객관적이고 변증적으로 분석하고 비판하는 것이라고 주장한다.

---

40) 김인철, 「다산의 先天易에 대한 비판-『邵子先天論』을 중심으로」, 『동양철학연구』제31집, 2002, p.32.

3 _ 다산 역학 체계의 특징

1) 고증학적 방법에 대한 중시

청나라의 실학은 경학經學과 사학史學의 고증적 연구로 발전하였다. 이는 조선 후기 실학파에 큰 영향을 미쳤다. 고증학의 객관적 내지 실증적 연구 태도는 실학파의 경전 해석을 논리적인 성리학에서 벗어나게 하여 새로운 길을 열었다. 그러나 고증학은 경전 해석을 통해서 실학파의 사상을 형성하고 드러내는 하나의 수단이나 도구로써 실학파의 취지로서의 경세치용經世致用의 현실적 문제에 비해서는 그다지 중요하지 않다. 그럼에도 불구하고 이러한 학문 방법은 실제로 존재하였고 당시의 학자들에게 적지 않은 영향을 끼쳤다는 것은 부정할 수 없는 현실이다.

정약용은 중국의 실학 중에서도 고증을 중시하는 학파의 영향을 받아, 그가 경전을 해석할 때 훈고訓詁적 실증을 중시하는 한학漢學 내지 청나라의 고증학의 방법을 도입하여 사용하였다. 경학은 정약용 학설 체계에서의 중요한 부분으로 그의 철학사상이 형성되는 기초가 되었다. 그리고 그의 경전에 대한 주석은 경학사에서 커다란 영향을 끼쳤다. 다시 말하면 다산이 경전을 해석할 때, 자의字義, 구절句節, 문장文章을 강조하고, 훈고학과 고증학으로 고대의 이론과 방법론을 정리하고 해석하는 것을 중시한다. 이러한 고증학적 방법에 대한 중시는 다산 경학의 중요한 특징이라고 해야 하는 것이다.

다음으로 다산의 『주역』해석을 검토함으로써 이러한 중요 특징을 살펴보겠다.

이 특징이 가장 잘 드러나는 것은 정약용 역학사상의 핵심인 역리사법이 고대의 문헌고증적 학문방법을 통해서 정립된 것이라는 점이다. 즉 이러한 방법들은 고대의 전통적인 해석방법에 근거하고 정립된 것임을 말하는 것이다. 또한 다산이 훈고학, 고증학을 중시하는 근거가 될 수 있는 것은 다산의 역대 역학자에 대한 수용과 비판이다. 예를 들면, 정약용이 소옹邵雍 역학을 비판하는 이유 중의 하나는 문헌적 타당성에 있어서 선천역학 주장이 선진유가의 경전에서 근거를 찾을 수 없는 것이고, 또한 정약용이 「왕보사역주론王輔嗣易註論」에서 왕필의 역학 이론을 비판할 때 자고字詁, 구절句節, 구훈句訓과 현담玄談 4부분으로 나누어서 비판하였다는 것이다. 이 특징은 다산의 64괘 해석에서도 잘 드러나고 있다. 예를 들면 다음과 같다.

> 고문古文에는 "빈頻"자가 "찡그릴 빈嚬"자로 나오며, 또한 정현鄭玄의 책에는 "낮은 비卑"자로 되어 있다.[혹자는 마땅히 "찡그릴 빈顰"자로 해야 된다고 하였다.] 우중상虞仲翔도 이 "빈頻"자를 위축됨, 오그라듦[蹙]의 뜻으로 해석하였는데, 한유漢儒들이 자의字義에 정통함이 왕왕 이와 같다.[손괘巽卦 구삼九三도 마땅히 살펴봐야 할 것이다.][41]
>
> 구본舊本에는 "체觢"자가 혹 "서犖"자로 되어 있는 경우도 있으며[『설문說文』에 말하기를, "뿔 하나는 아래로 굽어 있고, 다른 하나는 위로 치솟아 있는 것"이라 하였음] 혹은 "犐"로[정현이 말하기를, "소의 뿔이 모두 치솟아 있는 것[踊]을 '犐'라고 한다"고 함]혹은 "犐"로 되어 있는 경우도 있고[『자하전子夏傳』에 "뿔 하나가 치솟

---

41) 『定本 與猶堂全書』15, 『周易四箋』권3 復卦 六三: ○案 古本, 頻作嚬, 又鄭玄本作卑.[或曰: "當作顰."] 虞仲翔解頻爲蹙, 漢儒之明於字義, 往往如此.[巽之九三, 宜參看]

은 것"이라고 함】 혹은 "기觭"자로 된 경우도 나오는데【순상荀爽의 책】 요컨대 괘상卦象과는 부합하지 않는다. 왕필이 말하기를 "체觢"자는 "제수制手", 즉 "손으로 제어함"을 뜻하는 것이다. 한편 "의劓"자를 혹 "劅"자로 쓴 경우도 있다.【『설문』에서 그렇게 말함】 또 혹은 "얼臲"자로 쓴 경우도 있는데【왕숙王肅의 책】 이것은 발음이 와전訛傳됨에 따른 오류[聲轉]인 것이다. "의劓"자는 "예曳"자와 "체觢"자와 더불어 협운叶韻으로서, 당연히 거성去聲이다. 주자가 말하였다. "'천天'자는 '이而'자를 합쳐서 만든 글자이니, 털을 깎아 버리는 것을 뜻한다. 전문篆文에 '천天'자는 𠕋로 썼고, '而'자는 𠕋로 썼다."[42]

위의 인용문은 복괘復卦 육삼효사六三爻辭에서의 "빈頻"자와 규괘睽卦 육삼효사에서의 "체觢"자의 자의字義에 대한 주석이다. 자의字義를 해석할 때 다산이 자의적으로 자신의 주관적인 관점을 천명하는 것이 아니라 기존의 경전에서 나온 관련 해석과 역대 역학자들의 관점을 나열하면서 분석함으로써 자신의 관점을 제기하는 것이 일반적인 것이다. 이렇게 기존 연구 성과를 존중하고 근거로 삼는 것은 다산 역학의 고증학적 방법을 중시하는 특징을 잘 드러냈다.

다산이 괘효사를 주석할 때 하나의 구체적인 글자의 자의字義를 글자 그대로 꼼꼼하게 해석하는 데에 힘을 많이 썼다는 것을 엿볼

---

42) 『定本 與猶堂全書』16, 『周易四箋』권5 睽卦 六三: ○案 舊本, 觢或作觤,【說文云: "角, 一俯一仰也."】或作觢,【鄭玄云: "牛角皆踊曰觢."】或作觢,【《子夏傳》云: "一角仰."】或作觭,【荀爽本】總之, 於象無當也. 王弼云, "觢, 滯隔不進也", 亦非矣. 觢者, 制手也. ○又劓或作劅,【說文云】或作臲,【王肅本】此聲轉之誤也. 劓與曳·觢叶韻, 當是去聲. ○朱子曰: "天, 合作而, 剃鬚也. 篆文, '天'作 𠕋, '而'作𠕋."

수 있다. 또한 괘효사의 해석에 있어서 다산이 지적하기를 "경전의 심오한 뜻을 알고자 한다면 먼저 글자의 뜻을 파악해야 하거니와, 모든 경전이 그러한 것이지만, 『역』은 더욱 그러하다. 예컨대 형亨, 정貞, 회悔, 린吝 등의 자의字義는 아직도 오히려 명백히 밝혀지지 못한 바가 많다."43)고 하고, "대저 성인의 경전을 읽고 성인의 위대한 도道를 구함에 있어, 그 문자의 뜻과 명칭의 의미를 마땅히 치밀하게 따져서 고구考究해야 하거늘, 이와 같이 함부로 해석할 수는 없는 것이다."44)고 하였다. 다산은 경전을 해석할 때 자의字義의 중요성을 강조하고 성현의 도道를 추구하려면 반드시 자의字義를 깊이 연구하고 음미해야 하고 절대로 경솔하게 대하면 안 된다고 주장한다. 다음으로 다산이 자의를 성인의 도道와 연결시켜, 성인의 도를 추구하기 위해 자의를 해석하는 실제 내용을 살펴보겠다.

정이程頤는 "원元"을 만물의 시작萬物之始으로, "형亨"을 만물의 성장萬物之長으로, "리利"를 만물이 각자 저마다의 적합함을 얻음萬物之遂으로, "정貞"을 만물의 완성萬物之成으로 정의하였다.45) 그런데 정약용은 정이가 이로부터 형이상학적 이론을 도출하려고 하는 것에 대해서 적극적인 태도를 취하지 않았다. "특히 「문언文言」의 글에서는 이 4가지를 사덕四德으로 동등하게 배열하여 춘하추동春夏秋冬의 사시四時의 상象에 배당하였는데 (주자는 "원元"은 봄이고 "형亨"은

---

43) 『定本 與猶堂全書』15, 『周易四箋』권1 「讀易要旨」: 欲得經旨, 先認字義, 諸經皆然, 而『易』爲甚, 如亨, 貞, 悔, 吝之等, 字義尚多不白.

44) 『定本 與猶堂全書』16, 『周易四箋』권8 「蓍卦傳」: 讀聖經而求聖道, 其字義名實, 最宜精核, 不可漫漶.

45) 程頤 撰, 王孝漁 點校, 『周易程氏傳』, 中華書局, 2011, p.1: "元亨利貞, 謂之四德, 元者, 萬物之始, 亨者, 萬物之長, 利者, 萬物之遂, 貞者, 萬物之成.

여름이라고 하였다), 이 때문에 많은 학자들은 『주역』을 해석하면서 항상 원元, 형亨, 리利, 정貞을 네 기동으로 설정하고자 하니, 그 결과 꽉 막혀 앞뒤의 의미가 통하지 않는 경우가 많게 되었다.(주자가 말하기를, "이천伊川 선생은 사덕四德에 너무 집착했다")고 하였다.[46] 주자는 『주자어류朱子語類』에서 이천을 비판하면서 "암말의 정貞함"에 대해, 이천은 사덕과 뒤섞어 말했으니,[47] 이와 같이 말하는 것은 통하지 않는 것이다."[48]고 하였는데 다산은 역시 주희와 같이 이천이 사덕四德에 너무 집착한다고 주장하였다.

정이는 점괘漸卦의 괘사에 대한 주석에서 "여러 괘에 '리정利貞'이 많이 있는데 쓴 것이 혹 같지 않으니, 불정不正한 의심에 걸려 경계한 경우가 있으며, 일이 반드시 정貞하여야 마땅함을 얻는 경우가 있으며, 이로운 까닭은 정貞이 있기 때문임을 말한 경우가 있다. 이른바 불정한 의심에 걸려 경계했다는 것은 손괘損卦의 구이효가 이것이니, 음陰에 처하고 설說에 있으므로 마땅히 정貞하라고 경계한 것이요, 일이 반드시 정貞하여야 마땅함을 얻는다는 것은 대축괘大畜卦가 이것이니 쌓는 바가 정貞함이 이로움을 말한 것이요, 이로운 까닭은 정貞이 있기 때문임을 말했다는 것은 점괘漸卦가 이것이니 여귀女歸가 길吉한 이유는 이와 같이 정정貞正함이 이로움을 말한 것이니, 이는 고유한 것이요 경계를 베푼 것이 아니다."[49]고 하였다. 이로써

---

46) 『定本 與猶堂全書』15, 『周易四箋』권1 「易例比釋上」: 特以『文言』之辭, 平列四德, 以配四時之象(朱子曰, "元爲春, 亨爲夏")故諸家說『易』, 每欲立之爲四柱, 便多窒礙不通(朱子曰, "伊川泥那四德").

47) 『伊川易傳』권2 坤卦: 坤乾之對也, 四德同而貞體則異. 乾以剛固爲貞, 坤則柔順而貞. 牝馬柔順而健行, 故取其象曰牝馬之貞.

48) 『朱子語類』권69: 牝馬之貞, 伊川只爲泥那四德, 所以如此說不通.

정이는 "정貞"의 뜻을 3가지로 나누고 있음을 알 수 있다. 이 세 가지 의미가 모두 "올바름[正]"과 연관되어 있다. 정약용도 "정貞은 올바름이다貞者, 正也"라는 것을 인정하지만 정이의 "貞=正"이라는 관점은 잘못된 것이라고 비판한다. 이유는 거기에 "간사幹事"라는 가장 중요한 의미가 생략되어 있기 때문이다.

정貞자에 대하여 정약용은 세 가지 뜻이 있다고 주장한다. 첫째, "리정利貞"이라 할 때의 "정貞"자의 의미이다. 이 경우에 정貞자는 "일[事]"을 의미한다. 둘째, "정절貞節"이라 할 때의 "정貞"자의 의미이다. 이 경우에 "정貞"자는 "정절貞節을 지킨다."는 뜻이다. 셋째, "정貞"이 "회悔"의 대비개념으로 사용되는 경우이다. 위에서 밝힌 "정貞"자의 세 가지 의미 중에서 특히 다산 학설의 독특성을 보여주는 것은 첫 번째 학설이다. 정약용의 「역례비석상易例比釋上」에서 열거하고 있는 28개의 단사彖辭의 용례 중에서 "정貞"자가 포함된 것이 16개가 있는데 "정貞"이 모두 "일[事]" 혹은 "일을 맡아 처리함(幹事)"으로 해석되었다. 따라서 "정貞"자는 단사彖辭 중에서 가장 큰 비중을 차지한다.50) 그리고 정약용은 "정貞은 올바름이다.貞者, 正也"51), "정貞은 견고함이다.貞者, 固也"52)고 하였으니 "정貞"에 "일[事]"의 의

---

49) 程頤 撰, 王孝漁 點校, 『周易程氏傳』, 中華書局, 2011, p.304: 程子曰, 諸卦多有利貞, 而所施或不同. 有涉不正之疑, 而爲之戒者. 有其事必貞, 乃得其宜者. 有言所以利者, 以其有貞也. 所謂涉不正之疑而爲之戒者, 損之九二, 是也. 處陰居說, 故戒以宜貞也. 有其事必貞乃得宜者, 大畜, 是也. 言所畜利於貞也. 有言所以利者, 以其有貞者, 漸, 是也. 言女鬼之所以吉利於如此貞正也, 蓋其固有, 非設戒也.

50) 방인, 『다산 정약용의 「주역사전」, 기호학으로 읽다』, 예문서원, p.343 참조.

51) 『定本 與猶堂全書』15, 『周易四箋』권1 「易例比釋上」: 貞者, 正也.

52) 『定本 與猶堂全書』15, 『周易四箋』권1 「讀易要旨」: 貞者, 固也.

미뿐 아니라 "올바름[正]"과 "견고함[固]"의 의미도 내포되어 있다고 주장하였다. 그러면 정貞을 "일[事]"의 뜻으로 할 때, 어떻게 "정正", "고固"라는 뜻과 연결되는 것인가? 다산이 말하기를 "옳지 않은 일은 점칠 수 없으므로 일[事]이 정貞이라 말하는 것이며, (이때) 정貞은 '바름[正]'이다.(예컨대 '小貞吉, 大貞凶'과 같은 경우이다)"53)고 하였으니 "정貞"은 올바름에 머무르면서 일을 맡아 처리하는 것居正以幹事을 뜻하게 되었다. "견고함[固]"과 "일"의 뜻이 서로 연계되는 이유는 일을 맡아 처리하는 방법幹事之法은 마치 담장을 건축할 때처럼 반드시 견고함을 중시해야 하기 때문이다.54)

　물론 다산이 고증적 내지 실증적인 태도를 학문의 기초적 방법이라고 중요시하는 것은 사실이지만, 실증의 방법을 통하여 실용의 목적을 추구하는 데에 있다고 할 수 있다. 인간존재나 사회적 가치를 벗어나는 실증은 정약용에게는 맹목일 뿐이다. 따라서 경학의 체계에서도 고증학적 방법을 도입하지만, 청조 고증학의 한학풍漢學風에 빠지지 않고 새로운 가치질서의 인식을 위한 해명에 관심의 목표를 두고 있는 것이다. 따라서 다산 경학은 도학파의 경학이 아님을 물론이고, 청조 고증학 또는 한대 훈고학에 머무르는 것도 아니며, 본래의 수사학洙泗學으로의 회복을 위한 것도 아니라고 할 수 있다. 오히려 그 자신의 시대 현실에 대한 인식과 사회적인 실용적 요구에 기반을 두고 있는 경전 해석이요, 바로 여기에 새로 전래된 서학西學의

---

53)『定本 與猶堂全書』15,『周易四箋』권1「讀易要旨」: 不正之事, 不敢以筮, 故謂事爲貞, 貞者, 正也.(如'小貞吉, 大貞凶')

54)『定本 與猶堂全書』15,『周易四箋』권1, 건괘乾卦에서 "如幹築牆, 乃堅乃固(事之固)."고 하였고,「독역요지讀易要旨」에서 "又幹事之法, 必以堅固, 故謂事爲貞, 貞者, 固也."고 하였다.

과학적 사고나 신앙적 체계에서 받은 영향까지도 포함하고 있는 실학적 경학이라고 할 수 있다. 그 근본적인 목적은 현실에서 직면하는 문제를 해결하고 성인의 도道를 실천으로 옮기는 데에 있다.

2) 상수象數와 의리義理에 대한 통합적인 인식

역학사로 보면 역학의 발전은 크게 상수역象數易과 의리역義理易 두 가지로 나눌 수 있다. 그러나 이러한 관점은 상수와 의리를 명확하게 구별해 놓는 듯하지만 사실은 양자는 명확하게 나눠지는 것이 아니라 긴밀하게 연결되어 있다. 『주역』의 성서成書에만 있어서도 양자가 분립되면 안 된다는 사실을 알 수 있다. 상수는 『주역』성립의 근본이니 상수 부호가 있은 다음에 의리를 내표하는 괘효사가 생긴 것이다. 다시 말하면 괘효사가 상수에 근거하여 만들어진 것이다. 그러므로 의리와 상수의 관계는 형식과 내용의 관계로 볼 수 있어 상수에서 의리가 들어가 있고 의리는 상수를 떠나서 존재할 수 없는 것이다. 양자는 서로 표表와 리裏가 되는 것이다.[55]

상수와 의리의 이러한 표리관계로 인해 현재까지 한국 학계에서 정약용 역학이 상수역인지 의리역인지에 대한 다양한 평가가 있어서 급히 정론을 내리기가 어렵다. 우선 학계에서 기존의 대표적인 관점을 살펴보겠다.

김왕연은 "정약용 역학의 특징을 상리학象理學이라고 정의하였다. 상리학이라고 칭하는 이유는 소강절의 수리역數理易, 정이천의 의리역義理易과 대비적인 관점을 지니고 있기 때문이다."[56]라고 하였고

---

55) 林忠軍, 『易學源流與現代詮釋』, 上海古籍出版社, 2012, p.247.

"정약용 역학은 상수학과도 거리가 있고, 의리역으로도 간주할 수 없다."[57]고 하였다. 또한 김왕연은 정약용이 오행五行을 제외시키고 상수적 입장을 취하였으며, 점복서의 기능을 회복하고, 한편 의미해석으로는 천인합일에 근거한 천명의 실현을 성誠으로써 밝혀 보임으로써 도덕기준의 정당성을 부여하고자 했다고 판단하였으며, 당시 성리학자들의 의리역 입장 역시 긍정하고 있다고 평하였다. 공자이후 한漢, 당唐 유학의 상수적인 역학관과 송宋, 명明 유학의 의리역적 역해석을 비판적으로 검토하여 역해석에 있어 양면성을 자신의 철학체계로 종합 수용하고자 하였다고 했다.[58]

방인은 정약용 역학이 상수와 역리의 측면을 모두 가지고 있지만, 다산역학은 복서에 기인하고, 괘의 기호記號를 떠나서는 해석할 수 없으며, 『주역』해석의 궁극적 목적이 주역의 생활세계를 복원하는 데 있다고 하였다.[59] 장정욱은 박사학위논문 『주역의 구성체계와 역상易象의 상징체계 - 다산역학을 중심으로』에서 "역상을 위주로 한 다산역의 이해"를 논하였다.[60] 서정근은 역리사법, 「독역요지」, 「역론」, 「춘추관점보주」 등을 연구해 다산역학이 상수역이라고 분석하였다.[61] 박주병은 "상일원론象一元論"으로 설명하고, 정약용 역학의 근본정신은 선물후상先物後象이라고 하였다.[62] 황병기는 정약용

56) 김왕연, 「丁若鏞의 『邵子先天論』비판」, 『철학』제42집, 1994, p.6.

57) 同上, p.28-29.

58) 김왕연, 「茶山易學研究1 - 『易學緒言』의 「李鼎祚集解論」을 중심으로」, 『철학논집』제1집, 1989, p.522.

59) 방인, 「茶山易의 기호론적 세계관」, 『대동철학』제21집, 2003, p.76.

60) 장정욱, 『주역의 구성체계와 易象의 상징체계 - 茶山易學을 중심으로』, 경북대학교 박사학위논문, 2009.

61) 서근식, 「茶山丁若鏞은 象數易學者인가」, 『한국철학논집』제36권, 2013, p.94.

의 역학을 역상학易象學으로 정의하여, 정약용이 『주역』을 은말주초殷末周初의 한정적 시공간 속 문화 텍스트로 읽으려 하였다고 보았고, "정약용은 『주역』해석의 목적을 『주역』저작 당시의 인문세계를 복원하는 데 두었다."고 했다.[63]

수많은 연구들을 정리하면, 대부분의 연구자들은 정약용 역학이 "상수象數"와 "역상易象"을 중심으로 『주역』을 분석하고 있다고 본다. 필자는 김왕연의 관점에 동조하며, 다산의 『주역』해석이 의리역과 상수역을 통합하는 경향이 있다고 주장한다. 다산은 작역作易의 목적과 취지에 있어서는 의리적인 것이라고 생각하였지만 『주역』을 해석하는 데에 있어서는 철저히 상수적 입장을 견지하였으므로, 다산이 상수역학가인지 의리역학가인지를 분명하게 구별할 필요가 없다고 생각한다. 따라서 다산 역학 체계의 특징은 객관성과 비판성에 있고, 또한 주자와 같은 집대성적인 특징, 즉 상수象數, 수리數理와 의리義理를 하나로 합치는 데에 있다고 본다. 그러므로 상수, 수리와 의리 삼자의 관계에 있어서 확실하게 무엇에 속하는지를 말하기가 어렵고 단지 어느 쪽에 훨씬 더 기울이는지만 판단할 수 있다. 다음으로 필자의 관점을 구체적으로 설명하겠다.

주희의 경우에는 『주역』의 본의를 탐구하는 데 주목하고 『주역』에서 점복占卜을 목적으로 하는 상수적 의미를 찾고자 한다. 그러므로 한대 상수역학 이론을 활용하여 『주역』을 해석하는 것에 대해 비교적 적극적인 입장을 갖고 있었다. 이에 주희는 『주역』이 본래 점서占

62) 박주병, 「주역의 괘에 관한 연구 - 정약용역학을 중심으로」, 영남대학교대학원 박사학위논문, 2002, p.291.
63) 황병기, 『茶山 丁若鏞의 易象學』, 연세대학교대학원 박사학위논문, 2004.

書라고 주장하여 상수에 입각하여 의리역의 핵심으로서의『역전』의 내용을 해석하였다. 이 점에 있어, 다산은 주희와 같으면서 다르다. 왜냐하면 역학체계로 보면 정약용은 표면적으로는 주희의 역학을 계승한다고 선언하였지만, 래지덕來知德의 중효론中爻論과 모기령毛奇齡의 이역론移易論 등을 수용하여 호체론互體論, 추이론推移論으로 새롭게 체계화하고 이에 덧붙여 효변론爻變論을 완성하여 기존의 해석과 구별되는 일관성 있고 체계 있는 새로운『주역』해석을 이루어냈다.

또한 주희의 실제 해석에서는 중정中正, 비응比應 등 정이程頤의 의리적 해석 방법을 따라 해석하는 경우도 많았다. 그러므로 주희의 역학, 특히『역학계몽易學啓蒙』의 특징에 대해 이선경은 두 가지로 정리한 바 있다. "첫째, 도가道家에서 유래하였다는 선천학을 유가적 관점에서 재구성함으로써 한대 역학과 도교의 상수역학, 왕필, 공영달 이래의 의리역학을 종합하여 새로운 유가의 체계로 정리하였다. 둘째, 주자에게 있어 하락河洛은 천지자연의 상수이며, 동시에 성인의 상수이다. 이러한 전제 아래 주자는 하도와 낙서를 대연지수大衍之數와의 관계성 속에서 논의하고, 소옹의 수리론 및 염계 태극도의 리학과 일원적으로 파악함으로써, 象·수數·리理가 일체가 되는 거대한 체계를 구성하였다."[64] 이러한 점에서 다산은 주자의 역학을 계승했다고 해도 과언이 아니라고 본다. 다산 역학은 일반의 의리역학자나 상수역학자와는 달리, 象을 통하여『주역』의 의미를 밝혀야 한다는 상수역학의 해석 전통을 계승하고 깊이 있게 발전시켰고,

---

64) 李善慶,「『易學啓蒙』에 나타난 朱子易學의 특징 - 邵康節 易學의 受容과 變容을 중심으로」,『韓國哲學論集』 28, 2010, p.396-397.

상수적 해석을 통해『주역』괘효사에 담긴 철학적 의미까지 파악하여 괘효사에 대한 완전한 이해가 가능하다고 보았다. 그러므로 다산역학을 평가할 때, 단순히 일반적인 의리역학과 상수역학의 기준으로 구분하면 적합하지 않을 것이다. 구체적으로 다음과 같은 두 가지 측면에서 다산역의 이러한 특징을 분석하겠다.

첫째, 전체적으로『역학서언』을 보면, 정약용은 의리역학적『주역』해석과 상수적 해석을 모두 비판하고 있다. 특히,『주역』의 우주관에 대한 중요 개념인 태극에 대한 주해에 있어 리理 혹은 무無로 해석하는 학자와 이론에 강력하게 비판하고 있다.

둘째,『설괘전』을 중심으로 하는 물상에 대한 태도이다. 다산은 역사易詞가 철저히 물상과 연계되어 있다고 보았고, 역사易詞의 해석은 철저히 괘상과 괘의를 설명하는『설괘전』에 의거해서 이루어져야 한다고 주장한다. 그리고 자의적 해석을 배제하기 위해서는 "괘상 – 물상"의 연관관계를 규정하는 명확한 규칙체계가 반드시 필요하다. 이러한 해석규칙을 제공해 줄 수 있는 것이 바로 팔괘가 상징하는 사물 혹은 물상을 기록해 놓은 문헌인『설괘전』이다.65) 따라서『설괘전』에 의거하여 어떤 괘상이 어떤 물상을 상징하는지를 파악한 다음에야 괘효사의 해석이 가능한 것이다. 이렇게 물상을 도구로 보고 괘효사에 담겨 있는 철리를 추구하는 데에 최종 목표를 두는 것은 다산이 의리역학자인지 상수역학자인지의 판단을 애매하게 만들었다. 다만 확실한 것은 다산의 입장에서『주역』의 최종 도달처는 의리를 추구하는 것이다. 이에 대하여 제4장의 제1절에서 더 자세하게 검토하겠다.

---

65) 방인, 『다산 정약용의 「주역사전」, 기호학으로 읽다』, 예문서원, 2015, p.429 참조.

정리하자면 『주역』은 성인사도聖人四道(사辭, 변變, 상象, 점占)[66]를 모두 포함하는 것인데, 즉 상리象理, 수리數理와 의리義理를 동시에 포함하고 있고, 역상론易象論과 복서卜筮만을 중시할 뿐만 아니라, 내 표된 깊은 의리도 강조한다. 다산이 『주역』의 이러한 본질을 객관적으로 직면하고 상수와 의리에 대한 통합적인 인식을 선택하였다. 이 것은 다산 역학의 또 하나의 특징이라고 할 수 있다. 이러한 입장에서 보면, 정약용 역학은 유학의 근원적 사유와 실천에 근본을 두는 이론체계라고 할 수 있을 것이다.

3) 역학사에서 제가諸家 『주역』해석에 대한 비판적 수용

다산 역학의 기본 입장에 있어 주희와 일치한다고 본다. 주희는 성리학의 집대성자이지만 『주역』의 본의를 탐구하기 위해 당시의 주류인 의리를 중시하는 정이역程頤易과 달리 한대 상수학을 중시하여 『역학계몽』을 지었다. 『역학계몽』에서 주희가 상수를 중심으로 서법筮法, 역리易理 그리고 천지의 운동과 변화를 표현하였다. 또한 주희가 상수에 입각하여 의리역의 핵심인 『역전』을 해석하였는데, 상象, 수數와 리理가 일체가 되는 역학체계를 구축하였다. 다산도 마찬가지로 기존의 학설을 비판적으로 계승하면서 상象, 수數와 리理를 동시에 중요시하는 입장을 채택하였다. 이러한 입장에 입각하면 상象과 만數만 중시하는 상수역자의 관점과 의리義理만 중시하는 의리역자의 관점을 비판할 수밖에 없었을 것이다.

---

66) 『繫辭上傳』제10장: 易有聖人之道四焉, 以言者尚其辭, 以動者尚其變, 以製器者尚其象, 以卜筮者尚其占.

앞에 정약용의 역학 체계라는 절에서 『역학서언』을 소개한 바와 같이 다산이 괘변, 효변, 호체, 복체, 교역, 변역, 반합 등을 중심으로 광범위한 시대와 학자를 직접 비판하였다. 뿐만 아니라 다산 역학의 또 하나의 핵심인 『주역사전』에서 64괘의 괘효사를 해석할 때도 역대 역학자에 대한 태도를 드러냈다. 여기서 64괘의 괘효사 해석을 중심으로 살펴보고자 한다.

우선 다산이 역대 역학자의 관점을 적극적으로 수용하는 예를 들겠다.

　　한유漢儒들은 모두 "대야 관盥"자와 "강신제 관祼"자가 통한다고 말한다.【마융馬融과 정현鄭玄과 우번虞翻과 순상荀爽의 설이 모두 동일하다.】 이 "강신제 관祼"자는 "옥이름 관瓘"자와 "물댈 관灌"자와 더불어 또한 서로 통하는데【『교특생郊特牲』에서는 "관瓘"자로 썼고 『논어』에서는 "관灌"자로 썼다.】 주자의 『주역본의』에 이르러 비로소 손을 씻는 것이라는 해석이 나왔다. 또한 한유漢儒의 설에는 혹 조회朝會라고 해석하기도 하였고【『주례』에 따르면, 대종백은 제후가 처음 도착할 때, 울창주를 따라 준다고 함 ○『예기』「예기禮器」에 이르기를 제후들이 서로 회합함에 울창주를 따라 준다고 함】 혹은 선비를 천거하는 것으로 해석하였으며【관괘觀卦의 육사효의 뜻에 의거함】 혹은 제사를 지내는 것으로 해석하기도 하였는데【마융과 왕숙과 왕필 등】 지금 공자의 『단전』을 읽어보면 이미 "신도설교神道設敎"라고 말씀하고 있으니, 제사의 뜻으로 풀이하는 것이 올바르겠다.[67]

67) 方仁·張正郁 譯, 『譯註 周易四箋』(3卷), 昭明出版, 2007, p.176-177, 觀卦 爻辭: 案漢儒並云'盥與祼通'.【馬融·鄭玄·虞翻·荀爽説, 皆同】祼與瓘·灌, 又

멸蔑은 하찮음을 뜻한다.【양웅揚雄이 말하기를, "일월을 보면 뭇별의 하찮음을 안다."라고 하였다.】 왕필이 말하기를, "멸蔑은 깎음[削]과 같다"라고 하였다.【육덕명陸德明이 말하기를, "초楚나라 속어에 '삭멸削蔑'이라는 말이 있다."】 또한 이 "멸蔑"은 "멸滅"자와도 그 뜻이 통하는데【『시경』「대아」「판板」에서 "상란멸자喪亂蔑資", 즉 "상실과 혼란으로 생활물자가 없어짐에"라고 말함】 순구가는 "멸蔑"자를 "멸滅"자로 썼다.[68]

관괘觀卦 괘사에서의 "관盥"자를 해석할 때, 다산이 마융과 정현과 우번과 순상이 동일하게 여기는 "대야 관盥"자와 "강신제 관祼"자가 통한다는 주자의 손을 씻는 것이라는 해석과 한유들의 조회朝會, 제사를 지내는 것 등의 관점을 열거하였는데 공자의 『단전』을 의거해서 제사의 뜻을 푸는 것이 올바른 해석이라고 주장하였다. 여기서는 다산이 한유들의 여러 관점에서 맞다고 생각하는 관점을 채택하여 분명한 태도를 보여주었다. 박괘剝卦 초육효사에서의 "멸蔑"자를 해석할 때도 다산이 "멸蔑은 하찮음을 뜻한다", "멸蔑은 깎음[削]과 같다", "멸蔑은 멸滅자와 그 뜻이 통한다" 등 역학자들의 관점을 열거하여 적극적으로 수용하는 태도를 취하였다. 다만 여기서는 어떠한 해석이 맞는 것인지를 분명히 입장을 밝히지 않았고 포용성 있게 넓

相通.【『郊特牲』作瓘,『論語』作灌】至朱子『本義』, 始有潔手之解. ○又案漢儒之說, 或作朝會,【『周禮』: "大宗伯, 諸侯始至, 祼以鬯酒." ○『禮器』云: "諸侯相朝, 祼用鬱鬯."】 或作貢士,【以六四】 或作祭祀.【馬融 · 王肅 · 王弼等】 今讀孔子之「傳」, 旣謂之神道設敎, 則祭祀之義爲正.

68) 方仁 · 張正郁 譯, 『譯註 周易四箋』(3卷), 昭明出版, 2007, p.280, 剝卦 初六: ○又案 蔑者, 微也.【揚子曰: "覜日月, 而知衆星之蔑."】 王弼云: "蔑, 猶削也."【陸德明云: "楚俗有削蔑之言."】 又與滅通.【『詩』所云'喪亂蔑資'】 荀九家, 蔑作滅.

히 여러 관점을 받아들이고 있다.

적극적으로 역대 관점을 수용하기도 하지만, 예리하게 비판하는 경우도 많이 있다. 다음과 같은 예를 들 수 있다.

> 한유들이 이 효사를 해석하면서, 모두 임금의 첩들이 자기 차례가 돌아옴에 그 잠자리 시중을 드는 것으로 풀이하였는데【후비后妃가 1인, 부인夫人이 3인, 빈賓이 9인, 세부世婦가 27인, 어처御妻가 81인】마치 물고기를 쭉 꿰어 둔 것처럼 차례대로 엮어진 차서처럼 보았다. … 아마도 물고기가 꿰어짐에, 그 머리가 모두 위를 향하고, 그 형세도 서로 순응하는 모습에 의거한 설명이겠는데, 지극 손巽의 왕비가 위에 자리하고, 여러 음陰이 줄줄이 늘어서서, 나머지 첩신들이 순종하고 따른 상象이 있기는 한다. 그러나 만일 그렇게 해석한다면, "이궁입총以宮入寵"이라는 구절을 어떻게 해석하려는가?[69]

> 구본舊本에서는 "호弧"자가 "호壺"로 나온다.【경방京房, 마융馬融, 정현鄭玄, 왕숙王肅, 적자현翟子玄, 우번虞翻, 이정조의 책이 모두 동일하다】우중상虞仲翔이 말하기를, "태兌의 입과 리離의 배로 구성된 괘인데, 감坎의 술이 그 가운데 있으니, 호리병[壺]의 상象이다."라고 하였다. 한유들을 종주로 삼을 수 없는 것이 이와 같은 이유 때문이다. [70]

---

69) 方仁·張正郁 譯, 『譯註 周易四箋』(3卷), 昭明出版, 2007, p.293, 剝卦 六五: ○案漢儒釋此, 皆以妾御當夕,【一后, 三夫人, 九嬪, 二十七世婦, 八十一御妻】爲魚貫之序.【後漢梁皇后曰: "願陛下, 思雲雨之均澤, 識貫魚之次序."】蓋以魚之旣貫, 頭皆向上, 其勢相順. 而今巽后在上, 衆陰纍纍, 有妾御順附之象也. 然以宮人寵, 當作何解?

70) 方仁·張正郁 譯, 『譯註 周易四箋』(5卷), 昭明出版, 2007, p.84, 睽卦 上九:

자서字書에는 “전戔”자가 겹쳐서 쌓아 올린 모양을 뜻한다고 하였는데, 이런 풀이는 한유들이 문구를 오해한 것에 근거한 것으로서, 그 오류를 계속 되풀이하고 고치지 않은 것이다. “전戔”자는 얇고 작은 것을 의미한다. 물이 얇고 적으면 “천淺”이 되고, 쇠붙이가 얇고 적으면 “전錢”이 되고, 실이 가늘고 미세하면, “선綫”이 되고, 재물이 적으면 “천賤”이 되고, 사람이 왜소하면, “천俴”이 되니【이런 사례는 많아서 모두 지적할 수가 없음】 그것이 “얇고 작음殘薄”의 의미가 됨을 잘 살펴야 한다. 『자하역전子夏易傳』에는 “전戔”자가 “잔殘”자로 되어 있다.71)

이상으로 다산이 64괘 괘효사를 해석하는 과정에서 한유들의 관점을 받아들이지 않는 예들이다. 앞에 역대 역학자, 특히 한유들의 관점을 적극적으로 수용하는 것과 같이 보면 다산이 기존 학설에 대하여 객관적이고 변증적인 태도를 취하는 것임을 알 수 있다. 또한 다산의 이러한 태도는 어떤 시기의 역학 사상이나 어떤 학파의 학설에서만 보이는 것이 아니라 특정한 한 명의 역학자의 학설에 대해서도 적용된다. 다음으로 우번虞翻 학설에 대한 입장을 통해서 살펴보겠다.

○又按 舊本, 弧作壺.【京房·馬融·鄭玄·王肅·翟子玄·虞翻·李鼎祚本皆同】 虞仲翔云: “兌口离腹, 坎酒在中, 壺之象也.” 漢儒之不可宗, 如此.

71) 方仁·張正郁 譯, 『譯註 周易四箋』(3卷), 昭明出版, 2007, p.263, 賁卦 六五: ○案 字書云: “戔, 委積貌.” 此因漢儒誤解此文, 而承訛不改也. 戔者, 薄小也. 水薄小則爲淺, 金薄小則爲錢, 絲薄小則爲綫, 財薄小則爲賤, 人薄小則爲俴,【多不能悉指】 其爲殘薄之意, 審矣.『子夏傳』, 戔作殘.

"선갑先甲", "후갑後甲"의 뜻에 대해 선유들이 해석한 것은 동일하지 않다. 마융馬融이 말하기를, "간艮은 동북쪽에 자리 하는 것이니 '선갑先甲'이 되고, 손巽은 동남쪽에 자리하는 것이니 '후갑後甲'이 된다."라고 설명하였는데【"갑甲"이 동쪽이라는 것】 그렇다면 "삼일三日"을 해석할 수 없다. 정현鄭玄은 말하였다. "영갑令甲에 앞서서, 반드시 시행령을 내리기 이전 3일 동안, 그리고 시행령을 내린 이후 3일 동안 두루 공시함으로써 믿음을 얻는 것이다."【또 "이전의 3일은 '신辛'일日이 되니, 갱신更新의 뜻을 취함이고, 이후 3일은 '정丁'일日이 되니, 정녕丁寧의 뜻을 취한 것이다."】 … 이 이후 더욱 번잡한 이론이 전개되었는데 호병문胡炳文은 또한 선천방위에 따라【리離가 동쪽이고 감坎이 서쪽】 간艮과 손巽의 자리를 설명하였으니 문왕의 역이 소강절의 선천도를 추종하지는 않았을 것이다. 다만 우중상만이 말하기를 "하괘는 건乾을 변화시켜 성립된 것이니, 전삼갑前三甲이 되고【하괘가 본래 건乾】 상괘는 곤坤을 변화시켜 성립된 것이니, 후삼갑後三甲이 된다."라고 하였으니【상괘가 본래 곤坤】 이 것이 본뜻에 가깝다.72)

---

72) 方仁·張正郁 譯, 『譯註 周易四箋』(3卷), 昭明出版, 2007, p.123-124, 蠱卦卦辭: ○案 先甲·後甲之義, 先儒解之不同. 馬融云: "艮在東北爲先甲, 巽在東南爲後甲."【甲, 東方】 若然, 三日不可解也. 鄭玄云: "令甲之首, 必先令三日, 後令三日, 以示取信."【又云: "前三用辛, 取更新之義. 後三用丁, 取丁寧之義."】 漢儒皆主納甲之說,【此緯書邪說】 而王弼以先甲·後甲爲漢制甲乙之令. 然令甲之名, 起於漢,【漢武帝, 冬至, 立泰畤于甘泉, 詔曰: "先甲三日, 後甲三日, 朕念年歲未咸登, 飭躬齊戒, 丁酉, 拜況于郊."】 未必《周易》用漢制也. 自此以降, 益復紛紜. 胡炳文又以先天方位【离東而坎西】 說艮·巽之位, 未必文王之《易》, 下遵邵子之圖也. ○唯虞仲翔之言曰: "下卦變乾, 爲前三甲.【下本乾】 上卦變坤, 爲後三甲.【上本坤】" 此爲近之.

우중상이 "리離는 그물이 된다."라고 하였으나, 잘못된 주장이다. 리離가 이미 새인데 다시 그물도 된다면, 이것은 천하의 새가 그물에 뛰어든 새가 되지 않음이 없게 될 터이니, 어찌 옳겠는가? 두 개의 리離가 합쳐져서 그물의 뜻이 나오는 것은 바로 손巽의 줄이 있기 때문이니【제3위와 제4위의 강剛이 있는 것은 그 소과괘小過卦의 경우와 같음】 팔괘의 리離가 어찌 그물이 될 수 있겠는가?[73]

첫 번째 인용문에서 다산은 한유들이 "선갑先甲, 후갑後甲"에 대한 여러 주석을 열거하였는데 제설諸說을 다 부정하고 다만 우번의 설이 『역易』에 원래 뜻에 가깝다고 평가하였다. 반대로 두 번째 인용문에서 소과괘小過卦 초육 효사 중의 "조鳥"를 해석할 때 다산이 확실하게 우번의 관점이 잘못된 주장이라고 하였다. 이로써 다산이 우번에 대한 태도는 인정하면서 부정하는 것임을 알 수 있다.

다산이 『역학서언』에서 역대 역학자 학설에 대한 비판과 64괘의 괘효사 해석의 태도로 보면, 그의 『주역』해석 방법은 어떠한 역학자의 관점이나 어떠한 학파의 학설을 전반적으로 받아들이는 것이 아니라 비판적인 태도를 가지고 적당하한 부분만 수용하는 것이다. 다시 말하면 다산이 역대 역학자의 관점을 전반적으로 수용하거나 부정하는 것이 아니라 자기의 입장을 뒤받아줄 수 있는 관점을 받아들이는 것이다. 다산의 이러한 개방적이고 포용성 있는 태도는 그의 역

---

73) 方仁·張正郁 譯, 『譯註 周易四箋』(7卷), 昭明出版, 2007, p.70, 小過卦 初六: ○案 虞仲翔云'离爲網罟', 非矣. 离既爲鳥, 又爲網罟, 則是天下之鳥無非投羅之雀, 惡可乎哉? 重离之爲網罟, 正以其巽繩,【三四剛, 與小過同】八卦之离, 安得爲網罟哉?

학체계에서 종縦적으로는 역대 역학자의 학설에 대한 적극적 비판과 수용에서 드러나고 횡橫적으로는 그가 상수역과 의리역을 겸해서 논의하는 데에서 드러난다.

제3장
역리사법易理四法을 중심으로 하는 『주역』해석

1_ 추이법推移法

1) 추이법推移法의 전개 및 주자의 괘변설卦變說

추이推移는 역학사에서 통상적으로 괘변卦變이라고 하는 것을 가리킨다. 괘변은 또한 변괘變卦라고 하는데 음양효陰陽爻의 호변互變, 효爻의 위치의 변화와 상하괘체上下卦體의 변화 등을 포함한다. 즉 하나의 괘에서 음효陰爻과 양효陽爻의 위치 변화로 괘 전체의 변화를 일으켜 다른 하나의 괘로 변화되는 것이다. 예를 들면, 태괘泰卦에서 3효와 4효의 위치가 바뀌어서 귀매괘歸妹卦가 되는 것과 비괘否卦에서 초효과 상효가 바뀌어서 수괘隨卦가 되는 것이다. 괘변설의 역사가 유구하고 『단전象傳』에 뿌리를 둔 것은 통설이다. "유柔가 강剛으로 변한다柔變剛", "강剛이 밖으로부터 와서 안에서 주인이 된다剛自外來而主於內", "위로부터 아래로 내려온다自上下下" 등[1] 괘변 사상이 처음으로 『단전』에서 등장하였기 때문이다. 그러나 『단전』에서 괘변

사상을 서술할 때 개념들이 그다지 명확하지 않으니 어떤 역학자, 예
들 들면 정현鄭玄, 왕필王弼, 공영달孔穎達, 이광지李光地 등은 『단전』
에서 괘변 사상이 없다고 주장한 바도 있다.2) 『단전』에서 괘변 사상
이 있는지에 대하여 학자들마다 다른 관점을 가지고 있더라도 역학

---

1) 『단전』에서 이러한 문구들이 총 17례이다.
　訟: 剛來而得中(강이 와서 중을 얻는다)
　隨: 剛來而下柔(강이 와서 유위 아래로 간다)
　蠱: 剛上而柔下(강이 위로 가고, 유는 아래로 간다)
　噬嗑: 剛柔分 … 的, 柔得中而上行(강과 유가 나뉘어 … 유가 중의 자라를 얻
　　어 위로 간다)
　賁: 柔來而文剛 … 分剛上而文柔(유가 와서 강을 문체내며 … 강을 분리하여
　　상승시켜 유를 꾸민다)
　無妄: 剛在外來而爲主於內(강이 밖으로부터 와서 안에서 주가 된다)
　大畜: 剛上而尚賢(강이 위로 가서 어진 이를 높인다)
　咸: 柔上而剛下(유가 위로 가고, 강이 아래로 내려온다)
　恒: 剛上而柔下(유가 위로 가고, 강이 아래로 내려온다)
　晉: 柔進而上行(유가 나아가 위로 간다)
　睽: 柔進而上行(유가 나아가 위로 간다)
　蹇: 往得中也(가서 중을 얻는다)
　解: 往得眾也, … 乃得中也.. … 往有功也(가서 무리를 얻는다. … 이에 곧 중을
　　얻는다. … 가서 공을 세운다)
　升: 柔以時升(유가 때에 따라 상승한다)
　鼎: 柔進而上行(유가 나아가 위로 간다)
　漸: 進得位 … 剛得中也(나아가 지위를 얻는다. … 강이 중을 얻는다)
　渙: 剛來而不 … 柔得位乎外(강이 와서 막히지 않는다. … 유가 밖에 자리를
　　얻는다)
　주희가 『주역본의』에서 태泰와 비否를 포함한 총 19개의 괘에서 괘변을 적용했
　다고 주장한다. 왜냐하면 주희가 태괘泰卦의 "소왕대래小往大來"와 비괘否卦의
　"대왕소래大往小來"를 괘변의 사례로 봤기 때문이다. 그러나 정약용에 의하면
　이것은 오히려 삼역지의三易之義에서의 교역交易을 적용한 사례로 본다.
2) 林忠军, 『象数易学发展史』 권1, 齐鲁书社, 1994, p.177.

발전과정에서 괘변의 중요한 지위와 역학을 부정할 수는 없다. 한대에 들어와서 초연수焦延壽, 경방京房, 순상荀爽, 우번虞翻 등은『주역』의 경문을 주석하면서 모두 괘변을 한 걸음 더 발전시켜 우번에 의해 집대성하여 완비시켰다.3) 우번의 괘변설에 의하면 만물이 천지부터 시작한 것이니『주역』에 있어서 건곤乾坤을 근본으로 삼아야 하고 이러한 기초에서야 괘변이 가능하다고 주장하였다. 또한 우번이 건곤乾坤의 음양상장陰陽相長을 소식消息이라고 하여 십이소식괘十二消息卦를 괘변설의 근본으로 삼았다. 그러므로 변괘설을 이해하려면 십이소식괘에 대한 고찰이 소홀할 수 없는 부분이다.

『역전』에서 "군자가 사그러지고 불어나고 차고 비는 이치를 따르다君子尚消息盈虛"(『박剝』「단전」)고 하고 "천지가 차고 비는 것도 때와 더불어 사그러지고 살아난다天地盈虛, 與時消息"(『풍豐』「단전」)고 하였으니 소식消息이라는 개념은 일찍 전국 시대부터 생긴 것이다. 그러나 실제로 소식 사상을『주역』에 적용하여 십이소식괘를 제기한 것은 한대 상수역의 특수 공헌인데 그 창시자는 맹희孟喜이다.

이른바 소식은 사그러지고 살아나며, 굽히고 펴서 변화하는 것을 의미한다. 한대 역학자들이 이러한 소식 사상을 12개의 괘를 통해서 표현하였는데 십이소식괘十二消息卦4)라고 한다. 구체적으로 말하면

---

3) 『역한학易漢學』권8에서 청유清儒 혜동惠棟이 지적하기를: "卦變之說本於『彖傳』, 荀慈明、虞仲翔、姚元直及蜀才、盧氏侯果等之注詳矣, 而仲翔之說尤備."고 하였다.

4) 한대 상수역에서 12벽괘는 구체적으로 말하면 복괘復卦, 임괘臨卦, 태괘泰卦, 대장괘大壯卦, 쾌괘夬卦, 건괘乾卦와 구괘姤卦, 둔괘遯卦. 비괘否卦, 관괘觀卦, 박괘剝卦, 곤괘坤卦이다. 이 가운데 앞의 6괘는 식괘息卦이고 뒤의 6괘는 소괘消卦이다. 십이벽괘는 구체적으로 다음과 같다. 一陽生 ䷗ 復(十一(子)月卦), 二陽長 ䷒ 臨(十二(醜)月卦), 三陽長 ䷊ 泰(正(寅)月卦), 四陽長 ䷡ 大壯(二

64괘에서 12괘를 뽑아서 음양의 추이 변화를 근거하여 규칙적으로
조합하며 1년 사 계절에서의 12개월의 변화 특징을 상징하는 것이다.
다시 말하자면 십이소식괘는 건곤乾坤의 음양이 서로 통하고 교감함
로써 생긴 규칙이 있는 변화를 드러내고 사물이 숨어지다가 드러나
고, 작다고 커지는 발전 과정과 물극필반物極必反의 순환 규칙을 반
영하였다.[5] 한 마디로 말하면 십이소식괘는 한대역학이 천문역법과
결합한 산물로 사람들이 자연에서의 음양 변화에 대한 인식이다.

   십이소식괘를 언급하면 괘기설卦氣說도 피할 수 없이 논해야 하는
것이다. 괘기설은 서한西漢시대의 맹희가 제기한 것으로 십이소식괘
와 마찬가지로 괘상을 역법曆法에 배합하여 『주역』의 괘효를 사시四
時, 십이월十二月, 이십사절기二十四節氣, 칠십이후七十二候와 유기적
으로 결합함으로써 『주역』에서의 음양소장陰陽消長 변화가 절기節氣
변화와 일치하다는 것을 밝혔고 역학이 자연과학과 결합한 산물이
다. 나중에 경방이 맹희의 이러한 괘기설을 받아들이면서 맹희의 괘
기설과 다른 괘기 이론을 제기하였다. 여러 이론 중의 하나는 십이소
식괘를 십이벽괘十二辟卦로 나머지 괘들을 잡괘雜卦로 일컫는 것이
다. 바꿔서 말하면 벽괘辟卦라는 명칭은 최초로 서한西漢 말기의 경
방(BC77-BC37)부터 시작한 것이다.[6] 다시 거슬러서 벽괘의 기원을 정
리하면 맹희가 소식괘 즉 음양소식설을 가장 먼저 전개하였고 순상

(卯)月卦), 五陽長 ䷪ 夬(三(辰)月卦), 六陽成 ䷀ 乾(四(巳)月卦), 一陰生
䷫ 姤(五(午)月卦), 二陰長 ䷠ 遯(六(未)月卦), 三陰長 ䷋ 否(七(申)月卦),
四陰長 ䷓ 觀(八(酉)月卦), 五陰長 ䷖ 剝(九(戌)月卦), 六陰成 ䷁ 坤(十(亥)
月卦).

5) 林忠軍, 『象数易学发展史』권1, 齐鲁书社, 1994, p.194.

6) 자세한 내용은 林忠軍『象数易学发展史』(권1, 齐鲁书社, 1994, p.102-104)를
   참조한다.

은 맹희에 의해 전개된 십이소식설을 계승하여 괘변설과 결합된 형태의 이론을 전개하였으며, 우번은 순상에 의해 전개하니 소식괘변설을 더욱 정밀하게 발전시켰다. 그러나 정약용이 벽괘에 대해서 "벽괘라는 명칭은 예로부터 있었으며 여러 괘들을 통합하는데, 초공焦贛과 경방 등이 쓸데없이 견강부회하여 공公·후侯·경卿·대부大夫의 설說을 만들었을 뿐이다."[7]라고 하였고 벽괘라는 명칭이 경방이 벽괘설을 창안하기 이전부터 사용되어 왔고 다른 괘들을 통섭하는 괘를 가리켰다. 다시 말하면 벽괘는 초공과 경방 등이 만들어낸 것이 아니라 단지 공·후·경·대부 등의 군더더기 같은 설을 덧붙였을 뿐이었다는 것이다. 다산은 기존의 관점을 깨트렸지만 아쉬운 점은 자기의 주장을 지지하는 전거를 제시하지 못하였다.

송대에 들어와서 도서역학圖書易學이 역학의 주류가 되어 주자가 대표자로 의리에 지나치게 기울이는 것을 반대하여 한대 상수역에서의 여러 학설에 대하여 호감을 드러냈다. 대표적인 것은 선현들의 괘변설을 참조하고 여러 가지 장점을 받아들이면서 자기의 괘변 이론과 「괘변도」를 제기하였다. 이 「괘변도」는 『주역본의』권수卷首에 나타났는데 구체적으로 다음과 같다.

---

7) 『定本 與猶堂全書』17, 『易學緖言』권2 「唐書卦氣傳」: 辟卦之名, 自古有之, 以統諸卦, 而焦贛, 京房之等, 添出贅疣, 爲公, 侯, 卿, 大夫之說耳.

卦變圖

彖傳或以卦變為說今作此圖以明之蓋易中之一義非畫卦作易之本指也

凡一陰一陽之卦各六皆自復姤而來

剝　比　師　復
謙　豫

夬　大有　同人　小畜
履

凡二陰二陽之卦各十有五皆自臨遯而來

觀　晉　萃
坎　蒙　屯　震
明夷　頤　升

大過　睽　革　家人　无妄
中孚

比　師　謙　豫

凡三陰三陽之卦各二十皆自泰否而來

大壯
需　父
革　睽
蹇　豐
既濟　賁
蠱　隨
恒

損　節
歸妹
泰

蠱　萃　隨　恒　井　困　咸　否　漸　旅　渙　未濟　晉

益

困　否

恒

未濟　漸

否

凡四陰四陽之卦各十有五皆自大壯觀而來

泰　歸妹
節　豐
既濟
損
中孚
天　大有
需
夬
大壯
蠱
革

易學本義圖

94

위의 「괘변도」로 보면 주자는 일음일양지괘一陰一陽之卦, 이음이양지괘二陰二陽之卦, 삼음삼양지괘三陰三陽之卦, 사음사양지괘四陰四陽之卦, 오음오양지괘五陰五陽之卦 다섯 부분으로 구분하여 괘변의 규칙에 따라 12벽괘에서 64괘로의 형성과정을 보여주었다. 또한 "무릇 하나의 음과 하나의 양이 있는 괘는 모두 복復와 구姤에서 온다凡一陰一陽之卦皆自復、姤而來", "무릇 두 개의 음과 두 개의 양이 있는 괘는 각각 15괘가 있는데 모두 임臨와 둔遯에서 온다凡二陰二陽之卦各十有五, 皆自臨、遯而來", "무릇 세 개의 음과 세 개의 양이 있는 괘는 각각 20괘가 있는데 모두 태泰와 비否에서 온다凡三陰三陽之卦各二十, 皆自泰、否而來", "무릇 네 개의 음과 네 개의 양이 있는 괘는 각각 15괘가 있는데 모두 대장大壯과 관觀에서 온다凡四陰四陽之卦各十又五, 皆自大壯、觀而來", "무릇 다섯 개의 음과 다섯 개의 양이 있는 괘는 모두 쾌夬와 박剝에서 온다凡五陰五陽之卦各六, 皆自夬、剝而來"고 하여 이 다섯 가지 경우에 나타날 수 있는 괘의 분모괘分母卦, 즉 어떤 괘부터 나왔는지를 밝혔다. 그리고 주자가 추가하여 일음일양지괘一陰一陽之卦과 오음오양지괘五陰五陽之卦, 이음이양지괘二陰二陽之卦와 사음사양지괘四陰四陽之卦는 도圖가 다르지만 괘卦가 같다고 말하였다. 그러므로 「괘변도」를 근거로 하여 괘를 해석할 때, 구체적인 상황에 맞춰서 해석할 필요성이 있다. 예를 들면, 항괘恒卦는 삼음삼양지괘인데 "태괘에서 온다自泰卦而來"라는 그룹에서 나왔고 "비괘에서 온다自否卦而來"라는 그룹에서도 나왔다. "자태괘이래自泰卦而來"로 보면 항괘 왼쪽에 있는 것은 풍괘豐卦라 항괘는 풍괘에서 나왔다(풍괘의 초구가 구이로 올라간다). 또한 "자비괘이래自否卦而來"로 보면 항괘의 왼쪽 있는 것은 정괘井卦라 항괘는 정괘에서 나왔다(정괘의 육사가 육오로 올라간다). 위와 같은 두 가지의 가능성은 대등한 것이니 항괘가 풍괘에서 올 수도 있고 정괘에서 올 수도 있는데 구체적으로 어느 괘에서 나왔는지는 『단전』에 의거하여 결정해야 한다. 그러므로 만약 『단전』에서 "유상강하柔上剛下"라고 하면 풍괘에서 나온 것이고 『단전』에서 "강상유하剛上柔下"라고 하면 정괘에서 나온 것이다. 실제로는 항괘 『단전』을 보면 "강상이유하剛上而柔下"라고 하는 것이니 항이 풍괘로부터 나왔음을 판단할 수 있다. 그리고 『주역본의』에서 "강상이유하剛上而柔下"에 대하여 주자가 주석하기를 "괘변으로써 '강상유하剛上柔下'의 뜻을 말하기를 '항恒이 풍괘로부터 와서 강剛이 올라가 이二에 거하고 유柔가 내려와 초初에 거했다.'"8)고 하였다. 다시 예를 들면, 고괘蠱卦이다. 고괘도 삼음삼양지괘인데 분賁,

---

8) 『周易本義』恒卦: 以卦變言剛上柔下之義, 曰恒自豐來, 剛上居二, 柔下居初也.

정괘井卦에서 오기도 하고 려괘旅卦에서도 온다. 『단전』에서 "강상이 유하剛上而柔下"라고 하였고 『주역본의』에서 주석하기를 "강剛이 위에 있고 유柔가 아래에 있다는 것은 괘변이 분괘로부터 온 것은 초初가 올라가고 이二가 내려왔고, 정괘로부터 온 것은 오五가 올라가고 상上이 내려왔으며, 기제旣濟로부터 온 것은 겸했는데 또한 강剛이 올라가고 유柔가 아래로 내려왔으니 모두 고蠱가 된 연유이다."[9]고 하였다. 이상의 예를 통해서 주자의 괘변설의 내용을 더 쉽게 다가갈 수 있고 주자가 변괘설을 『단전』의 주석에서 활용한 것을 확인할 수 있다.

괘변에 대하여 주자가 『주역본의』권수卷首의 「괘변도」에서 "『단전』에 혹은 괘변으로써 설명한 것이 있으므로 지금 이 그림을 만들어 밝혔다. 『주역』가운데 한 가지의 뜻이고, 괘를 긋고 역을 지은 본뜻은 아니다."[10]고 하였다. 이것은 주자가 괘변에 대한 인식과 평가인데 괘변이 『주역』의 본의가 아니라 『단전』에서만 사용되었을 뿐이라고 주장하였다. 앞에 논한 바와 같이 주자 자신도 괘변을 그다지 중요시하지 않은 바람에 주자의 『주역』에 관한 저술인 『역학계몽』(권4「변점도變占圖」)와 『주역본의』(권수卷首「괘변도」)에서 괘변에 대한 학설은 서로 모순되는 경우가 많이 있다. 그의 괘변설은 『단괘』에서의 강유변동剛柔變動을 설명하기 위해 설정한 것이기 때문이라고 본다.

주자의 「괘변도」를 살펴보면 다음과 같은 두 가지의 특징이 있다.

---

9) 『周易本義』蠱卦: 剛上柔下, 謂卦變自賁來者, 初上二下. 自井來者, 五上上下. 自旣濟來者兼之, 亦剛上而柔下, 皆所以爲蠱也.

10) 『周易本義』「卦變圖」: 『象傳』或以卦變爲說, 今作此圖以明之. 蓋『易』中之一義, 非畫卦作『易』之本指也.

첫째, 음양효의 수량이 같은 각 괘에서 모두 호변互變할 수 있어 소식괘消息卦나 팔순괘八純卦에 한정하는 것보다 더 자연스럽다. 둘째, 괘변의 경우에 이효지일차왕래二爻之一次往來를 사용하기도 하고 사효지이차왕래四爻之二次往來도 사용하고, 또한 하나의 괘는 여러 괘에서 올 수 있다. 그리고 주자에 의하면 이러한 괘변은 송訟, 태泰, 비否, 수隨, 고蠱, 서합噬嗑, 분賁, 무망無妄, 대축大畜, 함咸, 항恒, 진晉, 규睽, 건蹇, 해解, 승升, 정鼎, 점漸, 환渙 등 19괘에 적용된다.11) 부정할 수 없는 주자의 괘변 사상은 시대적 의미가 있지만 그 이론 자체가 많은 비판을 초래하였다. 황종희는 주자가 「괘변도」에서 말하는 64괘의 생성과정을 반대하여 『주역본의』에서 언급한 괘변이 모두 양효호환兩爻互換12)이라 "무릇 하나의 음과 하나의 양이 있는 괘는 모

---

11) 이는 다산이 태泰와 비否를 제외한 17괘에만 적용되는 것과 다르다.

12) 黄宗羲, 文淵閣『四庫全書』, 『易學象數論』: 本朱子虽为此图, 亦自知其决不可用, 所释十九卦象辞, 尽舍主变之卦, 以两爻相比者互换为变. 讼则自遁(二三相换), 泰则自归妹(三四相换), 否则自渐(三四相换), 随则自困(初二相换)、自噬嗑(五上相换)、自未济(初与二, 五与上相换), 蛊则自贲(初二相换)、自井(五上相换)、自既济(初与二, 五与上相换), 无妄则自讼(初二相换), 大畜则自需(五上相换), 咸则自旅(五上相换), 恒则自丰(初二相换), 晋则自观(四五相换), 睽则自离(二三相换)、自中孚(四五相换)、自家人(二与三, 四与五相换), 蹇则自小过(四五相换), 解则自升、升则自解(皆三四相换), 鼎则自巽(四五相换), 渐则自涣(二三相换)、自旅(四五相换), 涣则自渐(二三相换), 凡十九卦而主变者二十有七, 或来自一卦, 或来自两卦三卦, 多寡不伦, 绝无义例. 就以其法推之, 此十九卦中, 朱子所举者亦有未尽. 讼之自无妄(初二相换)、自巽(三四相换), 随之自既济(三四相换) …… 复得二十九卦, 而兼之者不与焉. 此二十九卦者以为有用乎? 则为象辞之所不及; 以为无用乎? 不应同一卦变, 在一卦中其可以附会象辞者从而取之, 其不可以附会象辞者从而置之. 朱子云"某之说却觉得有自然气象"者安在也? …… 宜乎其说之不能归一也.

98

두 복復와 구姤에서 온다凡一陰一陽之卦皆自復、姤而來", "무릇 두 개의 음과 두 개의 양이 있는 괘는 각각 15괘가 있는데 모두 임臨와 둔遯 에서 온다凡二陰二陽之卦各十有五, 皆自臨、遯而來", "무릇 세 개의 음과 세 개의 양이 있는 괘는 각각 20괘가 있는데 모두 태泰와 비否에서 온다凡三陰三陽之卦各二十, 皆自泰、否而來", "무릇 네 개의 음과 네 개 의 양이 있는 괘는 각각 15괘가 있는데 모두 대장大壯과 관觀에서 온 다凡四陰四陽之卦各十又五, 皆自大壯、觀而來", "무릇 다섯 개의 음과 다 섯 개의 양이 있는 괘는 각각 6괘인데 모두 쾌夬와 박剝에서 온다凡 五陰五陽之卦各六, 皆自夬、剝而來"라는 규칙에 부합하지 않다고 비판 하였다. 황종희뿐만 아니라 모기령도 마찬가지로 주자가 『주역본의』 에서 「괘변도」를 이론적 근거로 삼지 않았고, 그리고 「괘변도」에서 의 일음일양지괘와 오음오양지괘, 이음이양지괘와 사음사양지괘는 반복해서 나타난 것이고 "마땅히 합치할 때 합치하지 않宜合不合고 마땅히 나누질 때 나누지 않宜分不分으며 수數와 리理가 통하지 않 다"고 비판하였다.13) 이로써 주자는 아직 괘변에 대한 완벽하고 체 계적인 학설 체계를 세우지 못하였음을 알 수 있다. 그러나 조선 말 기의 다산은 마침 주자 역학의 이러한 단점을 보완하여 괘변설을 크 게 발전시켰다.

---

13) 毛奇齡, 文淵閣『四庫全書』, 『推易始末』: "一陰一陽即五陰五陽, 二陰二陽 即四陰四陽, 猶是此卦, 而兩下分屬, 終屬不合. 若三陰三陽竟可以泰否截 然兩分, 如蠱、井、旣濟、賁、歸妹、節、損九卦自當屬泰, 若屬否則離位矣. 噬嗑、隨、益、渙、困、未濟、漸、旅、鹹九卦自當屬否, 若屬泰則脫胚胎矣. 而彼此溷列, 靑黃糅雜, 所謂宜合不合, 宜分不分者, 此文公所以旣爲此圖 而每卦所注仍不用也."고 하였고, 또한 "『本義』凡一十九卦, 惟訟、晉二卦與 圖相同, 而餘即多立變法, 全與圖異."고 하였다.

2) 다산의 추이법推移法

연역계사演易繫辭의 원리로서의 추이推移는 다산 역학의 핵심인 역리사법易理四法 중에 하나다. 이에 대해서 다산이 "주자의 「괘변도」는 곧 이 법法이다"[14], "추이의 의미는 한유漢儒라도 모두 말할 수 있었던 것이니, 주자의 「괘변도」는 곧 그런 이론을 이어받은 것이다."[15]라고 하였는데 다산은 분명히 주자의 괘변이 바로 추이라고 주장하고 있음을 알 수 있다. 그 이유는 다산이 말하는 추이가 주자의 「괘변도」와 같이 모두 벽괘辟卦에서 연괘衍卦로의 변화를 설명한 것이기 때문이라고 본다. 그러나 다산이 괘변을 안 쓰고 굳이 추이로 하는 이유가 무엇인가라는 의문이 생겼다. 이에 대하여 방인은 모기령의 『중씨역仲氏易』의 영향이 있었을 것으로 추정하였는데, 『중씨역』의 서序에서 이역移易에 대해 설명하면서 "추이推移"라는 말을 쓰고 있고 『추역시말推易始末』에서도 괘변과 같은 의미로 "추이推移"라는 용어를 사용하고 있기 때문이라고 주장한다.[16]

---

14) 『定本 與猶堂全書』15, 『周易四箋』권1 「四箋小引」: 朱子「卦變圖」, 卽此法也.
15) 『定本 與猶堂全書』15, 『周易四箋』권1 「推移表直說」: 推移之義, 漢儒皆能言之, 朱子「卦變圖」卽其遺也.
16) 방인, 『다산 정약용의 「주역사전」, 기호학으로 읽다』, 예문서원, 2015, p.354. 추이는 모기령의 오역설五易說을 구성하는 한 부분인데 이른바 오역五易은 변역變易 · 교역交易 · 반역反易 · 대역對易 · 이역移易이다. 모기령이 괘변卦變이라는 전통적 술어 대신에 "이역移易"이란 술어를 사용한 데에는 자신의 이론이 전통적 학설과는 그 체제를 달리한다는 것을 내세우려는 의도가 강하게 작용하고 있다. 왜냐하면, 불역괘不易卦 · 취괘聚卦 · 반취괘半聚卦 · 자모역괘子母易卦 · 분역괘分易卦 등의 형식은 전통적 역학에 없는 모기령 역학의 독특한 방법이기 때문이다. 마찬가지로 정약용도 자신의 추이설이 전통적인 괘변설과는 다른 것으로 내세우려고 한다.

그러면 다산의 관점에 있어서 추이가 무엇인가? 왜 추이가 필요한가? 다산이 「여윤외심與尹畏心 - 영희永僖」와 「괄례표括例表」에서 명확히 정의하고 있다.

> 무엇을 추이라 하는가 하면 64괘 중에 이른바 12벽괘[벽괘는 한유漢儒들이 만든 이름이다]를 열두 달에 배속시키는 것이니, 이것이 바로 역전에 이른바 "변통變通이 사시四時보다 큰 것이 없다."고 한 것입니다. 복復은 일양一陽이 되살아난 것인데, 이를 자월子月[음력 11월]에 배속합니다. 이리하여 임臨이 되고 태泰가 되고 대장大壯이 되고 쾌夬가 되고 건乾(건乾은 4월)이 되며, 구姤는 일음一陰이 처음으로 생겨난 것인데, 이를 오월午月(5월)에 배속합니다. 이리하여 둔遯이 되고 비否가 되고 관觀이 되고 박剝이 되고 곤坤(곤坤은 10월)이 됩니다. 또 중부中孚와 소과小過로써 윤달을 계산하는데, 이것이 바로 역전에 이른바 "5년마다 두 번의 윤달이 있다."고 한 것입니다. 이 14괘가 군주가 되고 나머지 50괘는 이 14괘가 변해 부연되어 괘가 되는 것이니, 이것이 바로 역전에 이른바 "대연大衍의 수數가 50이다大衍之數五十"고 한 것입니다. 주자의 「괘변도」 속에 그 승강왕래의 법을 이미 자세히 나열하였으니, 한번 상고하면 알 수 있을 것이므로 번거롭게 말하지 않겠습니다. 그러나 주자도 중부와 소과는 채용하지 않았습니다.[17]

---

17) 『定本 與猶堂全書』4, 『文集』권19 「與尹畏心 - 永僖」: 何謂推移? 六十四卦之中, 有所謂十二辟卦.[辟卦者, 漢儒之所立名] 以配於十二月, 此『易傳』所謂‘變通莫大乎四時’也. 復, 一陽之反生, 以配子月. 於是乎爲臨爲泰爲大壯爲夬爲乾.[乾, 四月] 姤, 一陰之始生, 以配午月, 於是乎爲遯爲否爲觀爲剝爲坤.【坤, 十月】 又以中孚 · 小過爲閏月之卦, 此『易傳』所謂‘五歲而再閏’也. 此十

추이란 무엇인가? 동지冬至에 양 하나가 비로소 처음 생겨
나는데, 그 괘는 복괘에 해당된다.(즉 천근天根) 이것이 임괘
로 되고 태괘로 되어 (그리고 대장이 되고, 쾌가 되어) 건괘에
이르게 되면 여섯 양이 이에 완결된다. 또한 하지夏至에 음 하
나가 처음 생겨 나옴에, 그 괘로는 구괘에 해당하는데(즉 월
굴月窟) 이것이 둔괘로 되고 비괘로 되어 (또한 관괘로 박괘
로 됨) 곤괘에 이르게 되면 여섯 괘의 음이 이에 연결된다. 이
상 12괘가 이른바 "사시지괘四時之卦"이다.(한 괘가 한 달에
배당된다) 소과괘는 대감大坎이며(겸획하면 감坎) 중부괘는
대리大離이다.(겸획하면 리離) 감坎은 월月이고, 리離는 일日인
데(모두 『설괘전』에 나오는 글) 그 나머지를 모아서 윤달이
되는 것이다.(월月과 일日을 모으고, 나누어 윤달이 된다) 이
것이 이른바 "재윤괘再閏卦"이다. (건乾·곤坤이 포함된) 사시
괘四時卦를 경방은 "12벽괘"라 했는데, 여기서는 건乾·곤坤 2
개 괘를 12벽괘에서 제외하고 별도로 재윤괘를 취하여 12개
의 벽괘로 충당하고자 한다. 12벽괘가 그 (각각 따로 뭉쳐 있
던) 양강이나 음유를 나누어, 끼리끼리 모여 있던 그것을 풀
어 펼치면 50개의 연괘가 된다. 이것이 소위 "대연지수오십大
衍之數五十"인 것이다. 이상의 것을 (즉 이렇게 벽괘에서 연괘
가 생성되는 것을) 추이라고 말하는 것이다.[18]

四卦, 爲之君主, 而餘五十卦, 皆於此乎受變, 衍之成卦, 此『易傳』所謂'大衍
之數五十'也. 朱子「卦變圖」中, 已詳列其升降往來之法, 一按可知, 不要煩
絮. 特中孚·小過, 未見採用耳.

[18] 『定本 與猶堂全書』15, 『周易四箋』권1 「括例表」: 推移者何也? 冬至一陽始
生, 其卦爲復(卽天根), 爲臨爲泰(爲大壯爲夬), 以至於乾, 則六陽乃成. 夏
至一陰始生, 其卦爲姤(卽月窟). 爲遯爲否(又爲觀爲剝), 以至於坤, 則六陰

이상은 다산이 추이법에 대한 자세한 설명이다. 우선 총괄적으로 말하면, 다산의 추이법은 한대 상수역에서의 십이소식괘에 기초를 둔 것으로 괘상을 중심으로 64괘를 사시지괘四時之卦, 재윤지괘再閏之卦, 그리고 연괘衍卦라는 세부분으로 나누고, 계절의 순환현상에 따라 64괘를 주主·종從의 관계로 연결시켜 일관성 있게 이해하려는 다산의 역해석 방법이며 64괘를 유기적인 관계 속에서 총체적으로 질서화하고 있는 것이다.[19] 설명방법에 있어서는 추이법은 괘효의 오르고 내림升降 혹은 오고 감往來을 설명하는 해석방법인데 이러한 승升·강降·왕往·래來로 괘상의 길吉·흉凶·회悔·린吝을 만들어 낸다. 구체적으로 말하면 다산의 이런 해석방법에서 벽괘, 재윤지괘와 오십연괘라는 세 가지 개념이 나왔고 삼자의 관계를 설명함으로써 64괘를 다른 유형으로 구별해서 설명하고자 한다. 즉 벽괘 내부의 변화, 벽괘에서 50衍卦로의 변화와 재윤지괘라는 특수상황을 통해서 변화의 도道를 밝히는 『주역』을 설명하려는 것이다. 다음으로 다산이 벽괘, 재윤지괘와 오십연괘에 대한 입장을 살펴보겠다.

다산에 의하면 십이벽괘의 순환이 상징하는 것은 사시四時, 즉 천도天道의 순환운동이다.[20] 그러므로 십이소식괘라고도 하는 십이벽괘가 사시지괘라고도 한다. 십이벽괘는 다산이 상수학에서의 괘변설과 결합된 소식설을 계승해서 발전시킨 이론이다. 다산이 12벽괘에

乃成. 此所謂四時之卦也(一卦配一月). 小過者大坎也(兼畫坎). 中孚者大離也(兼畫離). 坎月離日(說卦文), 積奇爲閏(月與日, 取積分, 以爲閏). 此所謂再閏之卦也. 四時之卦, 京房謂之十二辟卦, 今擬除乾坤二卦, 別取再閏, 以充十二辟卦. 十二辟卦, 分其剛柔, 衍之爲五十衍卦(卽羣分之卦), 此所謂大衍之數五十. 此之謂推移也.

19) 金麟哲,『茶山의「周易」解釋體系』, 景仁文化社, 2003년, p.52-62 참조.

20)『定本 與猶堂全書』15,『周易四箋』권3 觀卦: 十二辟卦, 本配四時.

대해서 팔괘와 연결시켜서 "12벽괘의 진퇴와 소장은 그 근본이 이미 팔괘의 소장에서 나타나 있다. 감坎, 리離를 뺀 나머지 6괘 하나하나가 각각 2개월에 해당하니, 이 역시 사시四時이다."[21]고 하였고 팔괘, 십이벽괘와 사시의 관계를 밝혔다. 또한, 위에 인용문에서 추이에 대한 정의로 보면, 다산의 괘변설, 즉 추이설에서 전통적 괘변설과 다른 점이 있는데 즉 경방의 12벽괘에 소과·중부의 두 괘를 추가하여 14벽괘설을 주장했다는 것과 64괘 가운데 14벽괘를 제외한 나머지 50괘들을 연괘라고 부른다는 것이다. 그러므로 정약용이 12벽괘 이외에 별도로 소과, 중부를 벽괘로 채택한 것은 우번이나 주자의 괘변설에 비해 정약용 추이설의 독창적인 특징이다.[22] 이에 대하여 정약전丁若銓이 평가하기를 "대저 그대는 역학에 있어 긴 밤의 샛별이라하겠거니와, 특히 소과괘와 중부괘의 의미를 밝혀낸 것은 그 공이 더욱 크다. 내가 그대의 형인 것이 또한 만족스럽다."[23]고 하였고, 소과괘와 중부괘를 한대에 말하는 전통의미에서의 12벽괘와 같이 14괘로 만드는 것은 다산역의 큰 공로로 볼 수 있다고 주장하였다. 다산은 소과괘는 양이 가운데 있는 감괘를 근본으로 삼고 중부괘는 음이 가운데 있는 리괘를 근본으로 삼는다. 이렇게 소과괘와 중부괘를 각각 감괘, 리괘(겹쳐서 삼획으로 봄)와 연결시키는 이유는 14벽괘에서 오직 소과괘와 중부괘만은 소장하지 않으며, 8괘 가운데 오직 감괘와

---

21) 『定本 與猶堂全書』15, 『周易四箋』권1 「括例表」: 十二辟卦之進退消長, 其本已著於八卦. 每以一卦當二月, 亦四時.

22) 다산이 말하는 12벽괘는 실제적으로 14괘이다. 이런한 경우에는 건·곤 2개괘를 12벽괘에서 제외하고 별도로 재윤괘(소과괘와 중부괘)를 취하여 12개의 벽괘로 충당하고자 한다.

23) 『定本 與猶堂全書』17, 『易學緒言』권4 「玆山易見」: 大抵君之於易, 可謂長夜曙星, 而至於發出小過中孚之義者, 其功尤大矣. 吾爲君之兄亦足矣.

리괘가 소장하지 않기 때문이다. 또한 감괘와 리괘의 형태가 대체로 치우침이 없이 바르고 따로 근거하는 바가 없어, 사시에 해당하는 바가 없어 오세재윤五歲再閏에 해당한다. 그러므로 다산은 윤월을 상징하는 소과괘와 중부괘를 재윤지괘再閏之卦 혹은 양윤지괘兩閏之卦라고 부른다.24)

이외에 다산은 소과괘와 중부괘를 벽괘에 속하게 하는 이유에 대해서도 자세히 설명하였다.

> 중부괘와 소과괘는 삼역三易25)으로 괘를 이루고 있다.【중부는 양음양, 소과는 음양음으로 구성되어 있다】 비록 12벽괘와 다른 듯하지만, 둘씩 서로 모여 괘의 형태가 단정하니 초연히 그 자체로 50연괘와 구별된다. 50연괘는 그 형태와 성향이 모두 어지럽고 기울어져 있어 여러 괘들의 모체가 될 수 없다. 그러나 중부괘와 소과괘는 홀연히 우뚝 서서 더러워지지 않고 깨끗하니, 결코 일반적인 것들과 함께 나열할 수 있는 괘가 아니다. 또한 2음 2양의 괘는 모두 둔遯·대장大壯【이것이 2음이다】·임臨·관觀【이것이 2양이다】으로부터 나온다.【모두 「추이표」에

---

24) 『定本 與猶堂全書』15, 『周易四箋』권1 「括例表」: 十四辟卦之中, 唯小過·中孚, 不受消長. 八卦之中, 唯坎·離, 不受消長. 蓋其卦形中正, 無所始終, 其於四時之序, 無所當焉. 『大傳』所雲'五歲再閏'者, 小過·中孚, 以坎·離爲本也.

25) 삼역三易은 교역交易, 반역反易, 변역變易을 말하는데, 교역이란 상괘와 하괘를 교차시켜 새롭게 만들어진 괘와 본괘와의 관계를 가리키고, 반역은 괘를 전도 시켜 만든 괘와 본래의 괘 사이의 관계를 말하며, 변역은 괘를 전부 변화시켜 음을 양으로, 양을 음으로 변하게 하여 만들어진 괘와 본괘와의 관계를 말한다. 중부괘와 소과괘는 삼역 중 변역의 관계에 있다.

보인다】 오직 이 중부라는 괘는 둔遯으로부터 나오지 않으며,
【아래의 4개의 획은 둔괘와 완전히 상반된다】 관觀으로부터 나오지
않는다.【위의 4개의 획은 관괘와 완전히 상반된다】 또 이 소과라는
괘는 임臨으로부터 나오지 않으며【아래의 4개의 획은 임괘와 완전
히 상반된다】 관觀으로부터 나오지 않는다.【위의 4개의 획은 관괘
와 완전히 상반된다】 대체로 삼역의 괘로 끝내 12벽괘의 아래에
서 머리 숙여 기꺼이 변화를 받지 않고 우뚝 서니, 어찌 여러
괘들의 모체이고 벽괘에 속하는 것이 아니겠는가? 게다가 2
음의 여러 괘들은 중부에서 파생派生하지 않고,【규睽나 가인家人
과 같은 것】 하나의 괘에서 파생할 뿐이다.【규睽는 大壯에서 파생할
뿐이다. ○가인家人은 둔遯에서 파생할 뿐이다】 ○어떤 것들은 두 개
의 괘에서 파생하고,【리離·대과大過·정鼎·혁革과 같은 부류들은 둔
遯에서 나오기도 하고 대장大壯에서 나오기도 한다】 어떤 것들은 하
나의 괘에서 파생하니,【규睽·가인家人 등을 가리킨다】 또한 삐뚤
어져 부정不正하지 않는가? 2양과 소과의 관계도 그렇다. 이
것이 중부와 소과가 부득불 벽괘가 되는 이유이다. 중부와 소
과는 벽괘에 속하니 위아래를 잘 연관 짓고 그 중심을 운용하
면 2음, 2양은 모두 이 두 괘에 의해서 변화한다.【모두 「추이표」
에 보인다】 이것은 거의 천지의 수數로, 사람이 안배하여 펼쳐
놓는 것에 의지하지 않는 것이다.[26]

---

26)『定本 與猶堂全書』17,『易學緖言』권4「茶山問答: 中孚·小過, 三易成卦.
【中孚, 陽陰陽. 小過, 陰陽陰】雖若與十二辟不同, 然兩兩相聚, 卦形端正, 超然
自別於五十衍卦之外. 五十衍卦, 其形象氣味, 皆散亂偏畸, 不能爲諸卦之
母. 而中孚·小過, 孑然特立, 皭然自潔, 斷斷非尋常等列之卦也. 且況二陰
二陽之卦, 皆自遯·大壯【此二陰】·臨·觀【此二陽】而來.【並見『推移表』】 獨此
中孚爲卦, 不自遯來,【下四畫, 全與遯卦相反】不自大壯來,【上四畫, 全與大壯相

소과와 중부괘는 비록 12벽괘와 다른 듯하지만, 둘씩 서로 모여 괘의 형태가 단정하니 초연히 그 자체로 50연괘와 구별된다. 또한 2음 2양의 괘인 소과와 중부는 모두 둔遯·대장大壯·임臨·관觀으로부터 나오지 않으니 십이벽괘에 의해 파생한 것이 아니고, 오히려 위아래를 잘 연관 짓고 그 중심을 운용하는 중요한 역할을 하니 2음, 2양은 모두 이 두 괘에 의해서 변화할 수 있다. 이러한 매락에서 다산이 소과괘와 중부괘가 벽괘에 속해야 한다고 주장한다.

또한 소과와 중부에 대하여 다산은 예외적 규칙으로 허용되는 경우로서 재윤지괘가 있다고 하였다. 즉 정약용은 중부가 리離로부터 추이되어 변하고 소과가 감坎으로부터 추이되어 변한다고 하였으나 이는 추이법의 일반원칙에 적용되지 않아 두 괘를 "특특비상지례特特非常之例"[27]에 속한다고 주장한다.

다산『주역』해석법의 핵심 중의 하나인 추이법의 두 번째 유형은 벽괘로부터 변화되는 연괘이다. 연괘라는 명칭은『계사상전』제9장에서 "대연지수오십大衍之數五十"이라고 한 것에서 유래한다. 정약용의 입장에서는 대연지괘가 즉 14벽괘 이외의 50괘를 가리킨다. 정약용

反】又此小過爲卦, 不自臨來,【下四畫, 全與臨卦相反】不自觀來,【上四畫, 全與觀卦相反】夫以三易之卦, 而終不肯屈首受變於十二辟之下, 亭亭然高自標峙者, 豈非諸卦之母而參之爲辟者乎? 況二陰諸卦, 不受衍於中孚,【如離·家人等】則受衍於一卦而止矣.【睽不過受衍於大壯○家人不過受衍於遯】○或受衍於二卦,【如離·大過·鼎·革之類, 旣自遯來, 又自大壯來】或受衍於一卦,【謂睽·家人等】不亦喝戾而不正乎? 二陽之於小過, 亦然. 此中孚·小過之不得不爲辟卦者也. 中孚·小過, 參爲辟卦, 則承上接下, 運其樞要, 而二陰二陽之卦, 均均焉受變於二卦.【並見〈推移表〉】此殆天地自然之數, 不假人安排鋪置者也.

27)『定本 與猶堂全書』17,『易學緖言』권2「朱子本義發微」: 至於中孚之以離變, 小過之以坎變, 此特特非常之例, 其精義妙旨, 不可以言傳也.

이 "대연지수오십"의 의미를 벽괘설과 연관시켜 설명한 것은 매우 탁월한 견해라고 하겠다. 벽괘와 연괘의 관계에 있어, 벽괘는 진퇴소장의 변화를 반영하는 것으로 벽괘에서 오십연괘로의 연변은 벽괘의 승升, 강降, 왕往, 래來를 통해 새로운 괘를 만들어내는 과정이다.

형태상의 차이로 다산은 14벽괘와 50연괘의 특징을 『계사전』에 나오는 "방위에 따라 종류별로 모이고, 사물에 따라 무리별로 나뉜다方以類聚, 物以群分"라는 용어와 연결시켜 각각 방이류취괘方以類聚卦와 물이군분괘物以群分卦라고 명명하였다. 이에 대하여 다산이 말하였다.

> 류취類聚라고 한 것은 복復·임臨·대泰·대장大壯·쾌夬,【곤坤에서 변한 것】구姤·둔遯·비否·관觀·박剝,【건乾에서 변한 것】중부中孚·소과小過【리괘와 감괘가 변한 것】등 12벽괘를 말하는 것이다. 양획과 양획이 모여 있어, 음획이 그 사이에 끼지 못하고, 음획과 음획이 모여 있어 양획이 그 사이에 끼지 못하니【예컨대 쾌괘의 5개의 양에는 음이 그 사이에 끼어 있지 않고, 관괘의 4개의 음에는 양이 끼어 있지 않다】이것을 류취類聚라고 하는 것이다.【중부와 소과괘는 가운데로 모인 괘가 된다】군분群分이라고 한 것은 12벽괘에서 그 종류별로 모여 있던 것이 나뉘면서 50가지의 괘로 파생되어 가는 것을 말한다.【건괘, 곤괘와 12벽괘를 제외하면, 그 나머지 괘는 50개가 된다】하나가 상승하면 곧 다른 하나는 하강하며, 하나가 가면 다른 하나가 와서, 음과 양이 서로 섞이고 강과 유가 서로 교섭하니, 이것을 일러 군분群分이라고 하는 것이다.【자세한 것은 「추이표」에 나온다】그런 "나뉨"과 "모임"에 따리 길吉, 흉凶의 정황이 생겨나는 것이다.[28]

대체로 "방향은 부류로써 모인다"[29]라는 것은 『역』안에서 전용專用되고 있는 건乾·곤坤과 같고, "사물은 무리로써 나누어진다"[30]의 이후는 감坎·리離의 형태가 아니면, 괘를 이룰 수 없다. 이 12개의 괘를 제외하고 감과 리의 형태가 없는 괘는 하나도 없다. 그렇다면 건乾과 곤坤은 "방향을 모음聚方"을 위주로 하고, 감坎과 리離는 "사물을 나눔分物"을 위주로 하여, 권한에 치우침이 없고, 형세에 서로 뒤처짐도 없어 차등이 전혀 없다. 이 어찌 『역』의 대의大意가 아니겠는가?[31]

정약용에 따르면 역의 구조는 벽괘와 연괘 두 부분으로 구성된다. 그리고 곤괘에서 변해온 복·임·태·대장·쾌, 건괘에서 변해온 구·둔·비·관·박, 그리고 감괘와 리괘에서 변해온 중부·소과는 합쳐서 방이류취괘方以類聚卦라고 불리고, 이유는 음양의 세력이 분화되지 않고, 음은 음끼리, 양은 양끼리 뭉쳐서 있기 때문이다.[32] 반면에 14

---

28) 『定本 與猶堂全書』16, 『周易四箋』권8 「系辭上傳」: 類聚者, 復·臨·泰·大壯·夬【坤所變】·姤·遯·否·觀·剝【乾所變】·中孚·小過【坎·離之所變】 等十二卦之謂也. 陽與陽聚, 不以陰而間之, 陰與陰聚, 不以陽而間之.【如復五陽, 不以陰介之, 觀四陰, 不以陽介之】此之謂類聚也.【中孚·小過爲中聚之卦】群分者, 十二卦分其所聚, 衍之爲五十卦之謂也.【除乾坤及十二卦, 則餘卦爲五十】一升則一降, 一往則一來, 陰與陽而相錯, 剛與柔而相濟, 此之謂群分也.【詳見『推移表』】以其分聚之故, 而吉凶之情生焉.

29) 『繫辭傳上』.

30) 『繫辭傳上』.

31) 『定本 與猶堂全書』17, 『易學緖言』권4 「玆山易柬」: 夫此方以類聚者, 有乾·坤之專用事於易中, 而及夫物以群分之後, 則若非坎·離之形, 不能成卦, 除此十二卦, 則無一卦無坎·離之形者, 然則乾·坤主於聚方, 坎·離主於分物, 權無偏重, 勢不相下, 了無差等矣, 此豈非一部『易』之大意耶?

32) 12벽괘의 변화의 근거가 건·곤이라면, 소과·중부는 감·리에 해당된다. 정약용

벽괘에서 변해온 50연괘에는 음과 양이 상착相錯하고 상제相濟하니 물이군분괘物以群分卦라고 불린다. 이러한 분화되고 뭉치는 까닭으로 길흉의 변화가 생긴다.33) 그러나 복·임·태·대장·쾌·구·둔·부·관·박는 건괘와 곤괘에서 변한다고 말하는 것은 건괘와 곤괘가 모든 괘의 근원에 해당된다고 쉽게 생각할 수 있다. 실은 다산은 건괘, 곤괘 두 괘에 다른 여러 괘의 근원괘라는 특별한 지위를 부여하고 있지 않다. 이유는 구체적으로 다음과 같다. 『계사전』에서 "건과 곤은 역의 쌓임인져! 건과 곤이 열列을 이룸에 역이 그 가운데 서니, 건과 곤이 훼손되면 역을 볼 수 없고, 역을 볼 수 없으면 건과 곤이 혹 거의 쉴 것이다."34), "건·곤은 역의 문이져! 건은 양의 물건이고 곤은

의 역학체계에서 건·곤·감·리는 사정괘四正卦에 해당되니, 자연의 네 가지 구성요소인 천天·지地·수水·화火에 상응한다. 그러나 맹희에 의하면 각각 북쪽, 동쪽, 남쪽, 서쪽에 거하는 감, 진, 리, 태는 사정괘로 1년의 사 계절을 주관하고, 괘마다 여섯 개의 효가 있어 네 괘가 합쳐서 총 24개의 효인데 각각 일년의 24 절기를 주관한다. 이 사정괘의 근거는 『說卦傳』에서 "萬物出乎震. 震, 東方也. … 離也者, 明也. 物皆相見, 南方之卦也. … 兌, 正秋也, 萬物之所說也. … 坎者, 水也. 正北方之卦也."고 하는 데에 있다.

33) 방인, 『다산 정약용의 「주역사전」, 기호학으로 읽다』, 예문서원, 2015, p.364 참조. "移易, 謂審其分類, 計其往來, 而推移而上下之."(『中國古代易學叢書 36』『仲氏易』, 中國書店, 1998, p.182.) 모기령은 『추역절중도推易折中圖』에서 64괘를 불역괘不易卦·취괘聚卦·반취괘半聚卦(환취괘環聚卦)·자모취괘子母聚卦(자모역괘子母易卦)·분괘分卦(분추괘分推卦 혹 분역괘分易卦) 등으로 분류하고 있다. 정약용이 모기령의 괘변설에 대해 혹독하게 비판했음에도 불구하고, 양자의 괘변설 사이에는 공통점도 많다는 것이 사실이다. 모기령의 취괘·반취괘(환취괘)·분괘는 각각 정약용의 벽괘, 재윤지괘, 연괘에 해당된다. 그런데 차이점도 있다. 모기령은 건·곤을 불역괘로 정의하고, 모든 괘의 근원에 해당된다. 그는 이 두 괘를 방이류취괘로 분류한 것은 아니었으나, 괘형으로 볼 때 방이유취괘에 속한다고 보아야 한다.

34) 『繫辭上傳』 제12장: 乾坤, 其易之縕耶. 乾坤成列, 而易立乎其中矣. 乾坤毀

110

음의 물건이니, 음양이 덕德을 합해서 강하고 부드러운 것이 체가 있다."[35]고 하였고, 다산이 『주역사전』「추이표직설」에서 "건괘와 곤괘이 모든 괘의 부모이다乾坤者, 父母之卦也"라고 하여 건괘와 곤괘를 역의 근본으로 보고 있지만, 다산이 『주역사전』「추이표직설」에서 또한 "건과 곤이 비록 모든 괘의 부모라고는 해도, 그 (추이의)변화를 말할 것 같으면, 건은 곤에서 변한 것이며, 건에 앞서는 것이 쾌괘이다. (이 의미는 건괘의 단사에 자세하다) 곤은 건에서 변한 것이며, 곤에 앞서는 것이 박괘이다.(그 뜻은 곤괘의 단사에 자세히 나온다)"[36]라고도 하였으니 다산은 곤괘와 건괘가 64괘에서의 우월한 지위를 인정하기도 하지만, 벽괘로서 연괘로 변할 때 오히려 그 중요성이 떨어지고 14벽괘에서 건괘와 곤괘를 제외한 나머지 12괘가 실질적으로 추이를 주도하는 경향이 있는 것이다.

벽괘와 연괘의 관계에 있어서 다산은 『역학서언』「주자본의발미」에서 명확한 언급이 있다. 우선 "벽괘는 네 계절[四時]에 해당하고, 연괘는 만물에 해당한다. 만물은 네 계절로부터 기氣를 받지만 네 계절은 만물에 의지하지 않는다."[37]라고 하였는데, 벽괘는 연괘보다 존재론적으로 선생하고 우월하니 14벽괘는 50연괘보다 상위에 존재하며 50연괘의 변화양상을 지배하지만 사시四時, 즉 14벽괘는 만물(즉

則無以見易, 易不可見, 則乾坤或幾乎息矣.

35) 『繫辭下傳』 제6장: 乾坤, 其易之門邪? 乾, 陽物也, 坤, 陰物也. 陰陽合德而剛柔有體.

36) 『定本 與猶堂全書』15, 『周易四箋』권1 「括例表」: 乾坤, 雖爲諸卦之父母, 語其變, 則乾由坤變, 先乎乾者, 夬也.(義詳乾之象) 坤由乾變, 先乎坤者, 剝也.(義詳坤之象)

37) 『定本 與猶堂全書』17, 『易學緒言』권2 「朱子本義發微」: 辟卦者, 四時也. 衍卦者, 萬物也. 萬物受氣於四時, 而四時無賴乎萬物也.

50연괘)에 의뢰하지 않는다. 또한 "연괘가 벽괘로부터 변화를 지배받는 것은 마치 어린 아이들이 부모로부터 생명을 받는 것과 같다. 지금 어떤 사람이 있어 말하기를 을乙을 갑甲의 아들이라고 하고 또 조금 이따가 말하기를 갑甲은 을乙의 아들이라고 한다면, 천하에 이러한 윤리란 있을 수 없는 일이다."[38]라고 하였고 벽괘 – 연괘의 존재론적 위계가 역전될 수 없다는 것을 부모 – 자식의 관계에 비유하였다. 주희의 경우에는 정약용이 벽괘와 연괘를 대비시키고 양자 사이에 존재론적 위계의 차별을 부여한 것과 달라 벽괘로부터 연괘로 변하는 것을 허용할 뿐만 아니라 연괘로부터 벽괘로 변하는 것도 역시 허용하였다.

이상으로는 다산 추이법에서의 14벽괘와 50연괘의 관계를 살펴보았는데 방인은 14벽괘, 50연괘와 재윤지괘 세가지의 괘의 관계도 밝혀냈다. 방인에 따르면 정약용의 역학에서 세계의 존재론적 위계는 모두 삼층으로 구성된다. 구체적으로는 제1층에 만물이 있는데 50연괘와 상응하고 제2층은 천도天道 즉 자연의 질서가 자리하고 있는데 14벽괘와 상응하며, 제3층은 상제가 있어 아래의 천도와 만물을 다스리는 것이다. 다시 말하면 1층, 2층은 각각 14벽괘와 50벽괘로 이루어져 있다. 이것은 실제로 천도 – 만물이라는 구조로 실제세계의 "천도 – 만물"의 질서를 반영하였다.[39]

다음으로 다산의 추이표推移表를 살펴보겠다.

---

38) 『定本 與猶堂全書』17, 『易學緖言』권2 「朱子本義發微」: 衍卦之受變於辟卦, 如兒女之受生於父母, 今人有曰, 乙爲甲子, 又從而爲之說曰, 甲爲乙子, 天下無此倫也."

39) 방인, 『다산 정약용의 「주역사전」, 기호학으로 읽다』, 예문서원, 2015, p.253. 참조

一陽之卦推移表	一陰之卦推移表
復 ䷗　　䷖ 剝	姤 ䷫　　䷪ 夬
一之二, ䷆ 上之二, 爲師.	一之二, 上之二, 爲同人.
一之三, ䷞ 上之三, 爲謙.	一之三, 上之三, 爲履.
一之四, ䷏ 上之四, 爲豫.	一之四, 上之四, 爲小畜.
一之五, ䷇ 上之五, 爲比.	一之五, 上之五, 爲大有.

二陽之卦推移表	二陽表　下
臨 ䷒　　䷽ 小過	觀 ䷓　　䷽ 小過
一之三, 四之二, 爲升.	上之四, 三之五, 爲萃.
一之四, 三之二, 爲解.	上之三, 四之五, 爲蹇.
一之五, 爲坎.	上之二, 爲坎.
一之上, 爲蒙.	上之一, 爲屯.
二之三, 四之一, 爲明夷.	五之四, 三之上, 爲晉.
二之四, 三之一, 爲震.	五之三, 四之上, 爲艮.
二之五, 爲屯.	五之二, 爲蒙.
二之上, 爲頤.	五之一, 爲頤.

二陰之卦推移表	二陰表　下
遯 ䷠　　䷼ 中孚	大壯 ䷡　　䷼ 中孚
一之三, 四之二, 爲无妄.	上之四, 三之五, 爲大畜
一之四, 三之二, 爲家人.	上之三, 四之五, 爲睽.
一之五, 爲離.	上之二, 爲離.
一之上, 爲革.	上之一, 爲鼎.
二之三, 四之一, 爲訟.	五之四, 三之上, 爲需.
二之四, 三之一, 爲巽.	五之三, 四之上, 爲兌.
二之五, 爲鼎.	五之二, 爲革.
二之上, 爲大過.	五之一, 爲大過.

泰 ䷊ 三陽之卦推移表	否 ䷋ 三陰之卦推移表
一之四, 爲恒.【初往四來】	一之四, 爲益.【初往四來】
一之五, 爲井.【初往五來】	一之五, 爲噬嗑.【初往五來】
一之上, 爲蠱.【初往上來】	一之上, 爲隨.【初往上來】
二之四, 爲豐.【二往四來】	二之四, 爲渙.【二往四來】
二之五, 爲既濟.【二往五來】	二之五, 爲未濟.【二往五來】
二之上, 爲賁.【二往上來】	二之上, 爲困.【二往上來】
三之四, 爲歸妹.【三往四來】	三之四, 爲漸.【三往四來】
三之五, 爲節.【三往五來】	三之五, 爲旅.【三往五來】
三之上, 爲損.【三往上來】	三之上, 爲咸.【三往上來】

앞에 살펴보았던 주자의 「괘변도」와 비교해 보면 다산의 추이표가 더욱 간결하고 명확하다. 다산은 모기령이 주자의 「괘변도」에서 일음일양지괘와 오음오양지괘, 이음이양지괘와 사음사양지괘가 반복해서 나타났고 "마땅히 합치할 때 합치하지 않고宜合不合 마땅히 나누질 때 나누지 않宜分不分으며 수數와 리理가 통하지 않는다는 비판40)을 계승한 듯하다. 그러므로 정약용은 주희 괘변설의 문제점을 엄격하게 지적하고 네 가지로 분류하였다. 첫째, 주희의 「괘변도」는 동일한 괘가 두 번씩 중복된다. 둘째, 「괘변도」는 괘의 잘못된 명명命名의 방식으로 혼란을 초래한다.陽卦多陰, 陰卦多陽 셋째, 「괘변도」에는 중부괘, 소과괘가 벽괘가 아닌 이음이양지괘에 편입되어 있다. 넷째, 괘변법에는 일왕일래一往一來를 원칙으로 하는데, 주희의 「괘변도」는 이러한 원칙이 지켜지지 않고 있다.41) 「괘변도」에 대한 깊은 인식에 기초하여 다산은 64괘를 일음일양지괘, 이음이양지괘, 삼음삼양지괘 세 부분으로 나누었다. 또한 주자의 "무릇 하나의 음과 하나의 양이 있는 괘는 모두 복復와 구姤에서 온다凡一陰一陽之卦皆自復、姤而來", "무릇 두 개의 음과 두 개의 양이 있는 괘는 각각 15괘가 있는데 모두 임臨와 둔遯에서 온다凡二陰二陽之卦各十有五, 皆自臨、遯而來", "무릇 세 개의 음과 세 개의 양이 있는 괘는 각각 20괘가 있는데 모두 태泰와 비否에서 온다凡三陰三陽之卦各二十, 皆自泰、否而來", "무릇 네 개의 음과 네 개의 양이 있는 괘는 각각 15괘가 있는데 모두 대장大壯과 관觀에서 온다凡四陰四陽之卦各十又五, 皆自大壯、觀而來",

40) 毛奇齡, 文淵閣『四庫全書』, 『推易始末』.
41) 李蘭淑, 『茶山 丁若鏞의 中國易學批判 -「易學緖言」을 中心으로』, 강원대학교 박사학위논문, 2014, p.21-22.

"무릇 다섯 개의 음과 다섯 개의 양이 있는 괘는 모두 쾌夬와 박剝에 서 온다凡五陰五陽之卦各六, 皆自夬、剝而來"라는 주장과 달리, 다산의 추이표에서 일양지괘一陽之卦는 복復과 박剝에서 오고, 일음지괘一陰 之卦는 구姤와 쾌夬에서 오며, 이양지괘二陽之卦는 임臨, 관觀과 소과 小過에서 오고 이음지괘二陰之卦는 둔遯, 대장大壯과 준부中孚에서 온 다고 주장하고, 그러나 삼양지괘三陽之卦와 삼음지괘三陰之卦에 대해 서 주자와 같이 태泰와 비否에서 온다고 주장한다. 다산의 추이설은 주희의 괘변설과 확실한 차이가 존재함을 알 수 있다. 자세히 보면, 이러한 차이가 나타나는 이유는 다산은 재윤지괘인 중부와 소과를 중시하고 벽괘에 귀속시키는 데 있다고 볼 수 있을 것이다.42) 다산의 추이표와 주자의 「괘변도」사이에는 차이가 있더라도 긴밀한 관련성

---

42) 다산이 『역학서언』「제모대가자모역괘도설題毛大可子母易卦图说」에서 말하기 를 "추이설은 한漢나라 학자들도 다 말하였고, 또 우중상虞仲翔·순자명荀慈明 ·후과侯果·촉재蜀才 등이 모두 명확하게 지적한 일이었다. 다만 그 학설이 한편 으로 치중하여 완벽하지 못하였었는데, 주자의 괘변도에 이르러서야 그 대의와 대례가 비로소 사람의 눈에 드러나게 되었다. 다만 중부괘와 소과괘가 12벽괘 가운데 수록되지 않았다. 그러나 오르내리고 오가는 자취와 옮아가고 변통하는 묘리는 마침내 추구할 수가 있다.(推移之說, 漢儒皆能言之, 又如虞仲翔, 荀 慈明, 侯果, 蜀才之倫, 皆有確指, 但其說偏畸不完, 至朱子卦變之圖, 而其 大義大例, 始章顯人目矣. 唯中孚、小過, 不見收於辟卦之列. 然, 升降往來 之跡, 推移變通之妙, 邃亦可推.)"고 하였고, 또한 『역학서언』「주자본의발미」 에서 "주자의 「괘변도」는 추이의 바른 방법이다. 12벽괘는 추이의 원본이 되어 이로부터 50연괘가 모두 나누어져서 변화된다. 「괘변도」는 대개 주희가 만년에 그린 것으로서 더 이상 구본 『본의』가 아니다. 하지만, 중부괘와 소과괘를 벽괘 에 넣지 않은 것은 보편타당성을 결여한 것이다. (朱子卦變圖者, 推移之正法 也. 十二辟卦, 爲之原本, 而五十衍卦, 皆受分化, 此蓋晩年所得, 非復本義 之舊也. 但中孚小過, 不入辟卦之列, 爲欠典也.)"고 하였는데 기존의 괘변설 에서 소과괘와 중부괘가 없는 것에 의문하여 양자를 벽괘에 추가시켜야 함을 주장하였다.

이 있는 것이 틀림없는 것이다. 한 마디로 말하면 다산의 추이표는 주자의 「괘변도」를 기초로 하고 중부와 소과에서 어떻게 변하는지라는 내용을 추가한 것이다.

위에서 다산 추이법의 내용을 자세히 살펴보았는데, 그러면 왜 추이법이 필요한가? 왜 추이를 역리사법 중의 하나로 삼는가? 다산이 「여윤외심서」에서 말하였다.

> 64괘가 이처럼 변동하지 않음이 없는 것은 어째서인가 하면 무릇 천지 사이의 만물이 무리를 모아 보고 만사萬事의 정세를 종합해 보면 대개 승강升降·왕래往來·굴신屈伸·소장消長하지 않는 것이 없어 천만 가지로 변화하여 이동移動이 끝이 없으니, 만약 일각이라도 그침이 있다면 이른바 천지의 운화運化가 아니기 때문입니다. 『주역』의 글은 바로 만물의 정情(내용)을 다 말하고 만물의 문文(외형)을 구체적으로 나타낸 것이기 때문에 이 승강·왕래·진퇴·소장·부침浮沈·굴신의 상象을 설정하여 만물의 변동에 응대하여 경계하고 점을 보게 한 것입니다. 그런데 가령 괘가 추이하지 않고 효爻가 변동하지 않은 채 육획六劃만을 배열하여 한 괘를 이룰 뿐이라면 『주역』은 이미 사문死文이 되었을 것입니다. …… 그런데 지금 추이 변동의 법을 버리고서 역의 도道를 찾고자 한다면 평생 동안 사색하여도 그 일반一斑도 볼 수 없을 것입니다.[43]

---

43) 『定本 與猶堂全書』4, 『文集』권19, 「與尹畏心-永僖」: 於是乎六十四卦, 無不變動, 若是者何也?大凡天地之間, 粉綸萬物之彙, 錯綜萬事之情, 蓋莫不升降·往來·屈伸·消長, 千變萬化, 移動不窮, 苟有一刻之停息, 非所謂天地之運化也. 『易』之爲書, 卽所以竭萬物之情而體萬物之文者, 故設爲是升

군자가 『주역』을 좋아하는 것은 어째서입니까? 바로 승강왕래. 진퇴소장의 상象을 완미하고 경계할 수 있기 때문입니다. 그런데 만약 괘가 추이하지 않고 효가 변동하지 않는다면 성인께서 어떻게 만물의 정情을 체득하여 그 출처진퇴의 의리를 살펴 흉을 피하고 길로 나아갈 수 있겠습니까.[44]

『주역』의 근본적 원리는 변화인데 승, 강, 왕, 래을 통해서 실현되는 추이법은 『주역』의 이 근본적 정신을 드러낼 수 있고 천지의 운화運化와 만사만물의 법칙에 부합한다. 이런한 해석 방법으로 『주역』을 해석해야 『주역』의 도道을 구할 수 있고 출처진퇴의 의리를 살펴 흉을 피하고 길로 나아갈 수 있다. 그러므로 추이법은 단지 『주역』의 해석 방법에 그치는 것이 아니라 군자가 승, 강, 왕, 래을 살펴봄으로써 길, 흉, 회, 린을 알게 되는 출처진퇴를 위한 수신법修身法이 된다.

다산이 이와 같이 추이을 중시하니 『주역』에 대한 해석에서 널리 적용하였다. 『주역사전』에서 추이법을 적용한 사례는 구체적으로 다음과 같다.

　　1) 『周易四箋』訟卦: 卦自中孚來,【四之一】 移之爲訟, 亦以离孚,【二四互】 是有孚也. ○又自遯來,【二之三】 遯之時, 离位虛中,【一·二·三】 上畏天命,【互巽命】 其心惕也. 移之爲訟,

---

降·往來·進退·消長·浮沈·屈伸之象, 令其應萬物之變動, 而爲之戒爲之占. 苟使之卦不推移, 爻不變動, 排比六畫, 以成一卦而止, 則『易』已死矣. … 今欲捨推移變動之法, 而求『易』之蘄乎道, 亦終年思索而不得其一斑矣.
44) 『定本 與猶堂全書』4, 『文集』권19, 「與尹畏心 - 永僖」: 君子之喜易也何哉? 亦唯是升降往來進退消長之象, 是玩是戒耳. 卦不推移, 爻不變動, 聖人將何所體萬物之情而自審其出處進退之義, 以之避凶而趨吉哉?

【二之三】則坎剛中實,【下今坎】敬以直內,【敬天命】窒惕中也.
【坎爲穴, 其中剛爲窒】窒者, 實也, 實心以敬天, 其占吉也. …
○遯之時, 乾君在上,【〈說卦〉, 乾爲君】是大人也. 柔自下升
【二之三】相見乎离,【下互离】遂得巽命,【上互巽】利見大人也.
○中孚之時, 震舟兌澤,【下兌而互震】其象利涉,【中孚之卦詞】
移之爲訟, 則柔自上墜,【四之一】入于澤底,【下本兌】遂爲坎
水,【下今坎】不利涉大川也.【舟中之民, 墜入于舟下】45)

2) 『周易四箋』隨卦: 隨者, 墮也, 落也.【與隋通】卦自否來, 乾
之上剛,【否上乾】本自至高之位, 墮落至卑之地,【上之一】所
以名隨也. 又墮者, 壞也, 毁也. 否之時, 乾坤整頓, 移之
爲隨, 則兩體俱壞,【乾·坤毁】與蠱無異, 所以名隨, 所以云
无故也. 又隨者, 從也. 自上落下曰隨, 自前落後, 亦曰隨
也. 否之上剛,【最上畫】最在人前,【乾爲人】旣而曰: "不如在
後而從人也." 於是, 退而在後,【今初剛】隨人以動,【震爲動】
此之謂隨也. 遂成兌悅,【上今兌】所謂以喜而隨人也.【〈序
卦〉文】卦自否來.【一之上】自姤至否, 以陰逐陽,【否三陽】今
一陽反于初,【上之一】善補過也.【又陽得陽位】故曰无咎.

3) 『周易四箋』蠱卦: 卦自泰來,【一之上】震德方進,【自復臨】善
之長也. 移之爲蠱,【一之上】又成嘉會,【上大离】二·五相應,
【本相應】君道之亨也. 不言利貞者, 剛往柔來,【一六交】皆
失其位,【陽居六而陰居一】非其正也. 隨則反是,【柔往剛來, 皆
得位】故四德全備. …. ○卦自泰來.【一之上】泰有互震,【三五
互】居卦中央,【間於上下卦】所謂甲也.【東方爲甲乙】

4) 『周易四箋』噬嗑卦: 卦自否來, 天發其陽,【五之剛】電耀於

---

45) 遯 ䷠ → ䷅ 爲訟 (二之三). ䷼ 中孚 → ䷅ 爲訟 (四之一).

118

上,【上今离】而雷已擊下,【下今震】此王者用刑之象也.【李舜臣云: "天地生物, 有爲造物之梗者, 必用雷電擊之."】离·震旣合, 又成一离,【初四夾】合而章也. ○卦自否來, 柔乃上行,【一之五】得彼五位,【上之中】柔得中也. ○本不當位,【初位陽】移亦不當.【五亦陽】然柔道得中, 遂成离明, 利用獄也.

5) 『周易四箋』賁卦: 泰之時, 下乾太剛, 上坤太柔.【地天泰】今一陰來而成离,【上之二】此柔來而文剛也.【离爲文】一陽升【二之上】而成离,【三六夾】此分剛上而文柔也.

6) 『周易四箋』無妄卦: 卦自遯來. 二陰纏生, 四陽外逃, 妄之至也.【女逃而亡, 爲妄也. 遯以巽女而亡】今也挽其一陽, 而爲主於內,【下今震】曰'无妄往矣', 此之謂无妄. 无妄者, 勿遯也.【逃亡之謂妄】又无妄者, 至誠也. 卦自中孚來, 中孚者, 至誠也.【大离之虛中】移之爲卦, 至誠猶舊,【下大离】此之謂无妄也. 上有乾巽【三五巽】下有震艮,【二四艮】或動或止,【艮以止】一聽天命,【巽爲命】所以爲无妄也.【案, 『史記』雖作无望, 馬融·鄭玄·王肅本, 皆作无妄】

7) 『周易四箋』大畜卦: 卦自大壯來,【上之四】說言乎兌,【兼畫兌】義之和也. 於坎之位,【四·五·六】艮以畜之,【畜乾剛】利於貞也.【利正事】○卦又自中孚來,【三之五】中孚之時, 离垣之內,【本大离】震夫·巽妻,【本互震】兌食相對,【上·下兌】家食之象也. 移之大畜, 則卦無巽妻, 而震君子之兌食,【下互兌】出於乾君,【下今乾】不家食也. 不家食者, 食君祿之謂也. ○大壯者, 大澤也.【本兼兌】移之大畜, 則震舟穩涉,【四之上】登彼艮岸,【上今艮】利涉大川也.

8) 『周易四箋』咸卦: 卦自否來,【三之上】柔上而剛下也.【上之三】陽降成男,【下今艮】陰升成女,【上今兌】男下女也. 婚姻之禮, 男先於女,【下卦先】 故壻爲婦御車授綏,《士昏禮》 "男下女" 之義也. ○乾坤相交, 男女乃生,【艮兌生】 天地感而萬物化生也. 乾君降德,【上之三】 坎心乃格,【今大坎】 坤之萬民, 遂以兌悅,【坤升而爲兌】 聖人感人心而天下和平也.【乾下, 坤爲兌】

9) 『周易四箋』恒卦: 卦自泰來, 泰以復進,【一而三】 震道自强, 爲臨爲泰, 移之爲恒, 則又以此道行之及物.【上今震】 自初至究,【一至三】 唯道是遵,【震三積】 由內達外,【一之四】 唯道是行,【上今震】 常之至也. 泰之乾剛, 移不失乾,【今互乾】 常以震足履此乾德,【自泰然】 常之至也. 彰厥有常, 德之吉也. 【見『尙書』】 此之謂恒也.

10) 『周易四箋』晉卦: 卦自觀來. 巽, 一陰之始生者,【觀上巽】 夏至也.【八卦, 巽爲姤】 又自小過來. 震一陽之始生者,【小過上震】 冬至也.【八卦震爲復】 以此巽·震, 移之爲离日,【上今离】 此兩至之日也. 七曜之中, 太陽爲主, 而太陽之行, 極於夏至,【日極長】 蘇於冬至.【日始長】 凡天地之間, 晝夜晦明之候, 寒暑溫凉之變, 草木百穀之榮華凋落, 禽獸昆蟲之胎孷伏蟄, 莫不以此而變效. 故『周易』最重姤·復.【卽月窟·天根】 是卦之得晉名, 亦所以貴之也. 〈序卦〉謂之進也者, 自觀來之象也.【四之五】

11) 『周易四箋』睽卦: 卦自小過來,【四之五】 小過之時, 卦有兩震,【下倒震】 兩足俱完,【無反對, 故取倒象】 移之爲蹇, 則坎疾在足,【上今坎】 一足偏廢,【下倒震】 此之謂蹇也. 又自觀來, 昔之巽股, 今受坎疾,【巽爲坎】 亦其所以爲蹇也. 蹇之反, 解也. 解亦自小過來,【三之二】 一足受病,【解下坎】 與此不殊.

12) 『周易四箋』蹇卦: 蹇者, 跛也, 一足偏廢也.【『說文』云】卦
自小過來,【四之五】小過之時, 卦有兩震,【下倒震】兩足俱
完,【無反對, 故取倒象】移之爲蹇, 則坎疾在足,【上今坎】一
足偏廢,【下倒震】此之謂蹇也. 又自觀來, 昔之巽股, 今受
坎疾,【巽爲坎】亦其所以爲蹇也. 蹇之反, 解也. 解亦自小
過來,【三之二】一足受病,【解下坎】與此不殊. 故歸妹之解,
【初九爻】曰"跛能履", 斯又明驗也. 孔子之『傳』, 訓之爲
難者, 六爻之義也.

13) 『周易四箋』解卦: 卦自臨來, 二陰初凝,【下二陽】川壅爲
澤.【『左傳』云】臨者, 凝滯不流之卦也. 移之爲解, 則坎川
流通,【上·下坎】無所凝滯, 此之謂解也.【如氷解之解】又自
小過來, 小過之時, 坎罪中聚,【二五夾】兩巽之繩,【上互則
倒巽】上下牢結,【艮手以結之】移之爲解, 則巽繩都解,【今無
巽】坎眚分釋, 此之謂解也.【如解紛之解】險在前則爲蹇,
【彼上坎】險已過則爲解,【今下坎】此解嚴也. 雷在下則爲
屯,【此交易之義】雨已降則爲解,【屯上坎】此解甲也.【草木甲
坼也】此卦之所以名解也.

14) 『周易四箋』升卦: 卦自臨來, 二陽旣長, 理應爲泰.【宜三
陽】果然一剛又來, 以居三位,【三今剛】是眞三陽之爲泰
乎? 反顧其後, 斯乃初一剛之升者也.【一之三】此之謂升
也. 又自小過來,【四之二】大坎之堂,【兼畫坎】坤臣未合,【四
陰分】半在堂上, 半在堂下,【不成坤】移之爲升, 則一陰遽
升,【二之四】坤朋畢躋,【上今坤】此之謂升也. 又凡升堂之
禮, 讓而後乃升也. 卦以巽讓,【下今巽】所由升也. 萃合之
卦非一, 而獨以名萃者, 澤與地密附也. 升上之卦非一,
而獨以名升者, 地中生木, 其勢必升也.

15) 『周易四箋』鼎卦: 卦自大壯來. 震帝在上,【帝出震】乾王主祭, 不可無烹飪也. 又自遯來, 乾賓在上, 巽主致養, 不可無烹飪也.【遯互巽】 移之爲鼎, 則巽以潔之,【下今巽】离以成禮,【上今离】此制器之義也. 卦形似鼎, 此名卦之義也. 鼎字象目在股上, 卽离巽之合也.【巽爲股】

16) 『周易四箋』漸卦: 卦自否來. 否之時, 君子道消,【陽外遯】乾王之德, 坤民不霑,【上下不相交】移之爲漸, 則剛反乎内,【四之三】 而文治賁然,【三五离】 如水漸漬,【二四坎】 坤民歸化,【坎歸而离化】 此之謂漸也.【『大象傳』發之】 又漸·潛通.【『左傳』, 文五年: "沈漸剛克."】 否之時, 君子隱潛,【姤·遯·否皆巽】 今一剛先歸,【四之三】 二剛在外,【五與六】 巽讓而不肯進,【此卦以反内爲進】 此漸進之義也.

17) 『周易四箋』渙卦: 卦自否來. 否之時, 北方嚴寒,【乾在上】乾氷凝固,【見〈說卦〉】 移之爲渙, 則一片乾氷,【四之二】 入于坤溫之中,【『左傳』, 坤爲溫】 而巽風柔順,【上今巽】坎水流動,【下今坎】 此所謂渙然氷釋也.【乾氷散】 以互體, 則旣終乎艮,【三五互】 震以反生,【二四互】 於時春也. 春風吹水,【上今巽】 有不渙乎? 此所謂東風解凍也.【『月令』文】 乾之堅凝, 於是乎離散, 故曰"渙者, 離也".

2 _ 물상론物象論

1) 『주역』의 창조와 물상物象의 중요성

『주역』은 성인이 오랫동안 하늘을 우러러보고 구부려 땅을 관찰한 결과인데 천지음양을 본받아 이루어진 것이고, 음양을 관찰하여 완성된 것이며 강유剛柔를 발휘하여 괘를 세운 것이며 상象을 의거하여 사辭를 달린 것이다. 구체적으로 말하면 팔괘는 세 개의 음양효陰陽爻로 겹쳐서 만들어진 것이고, 64괘는 두 개의 삼효괘가 겹치는 것이며, 괘효사는 64괘와 384효를 해석하는 것인데 괘상과 괘효사를 합치면 『주역』으로 구성된다. 이것은 바로 후세에서 말하는 『역경』이다.

『주역』은 『논어』나 『맹자』등 유가儒家적 경전과 달리 "상象"을 중심으로 전개된 것이다. 『계사전』에서 "성인이 천하의 잡난한 것을 봐서 그 형용을 견주어보며, 물건의 마땅함을 형성했기 때문에 상象이라고 말한다."[46], "옛날에 복희씨가 천하에 왕 노릇 할 때, 우러러 하늘의 상을 보고 구부려 땅의 법을 보며, 새와 짐승의 무늬와 땅의 마땅함을 보며, 가깝게는 몸에서 취하고 멀게는 물건에서 취해서, 비로소 팔괘를 만들어 신령스럽고 밝은 덕德을 통하며 만물의 정情을 분류한다."[47]라고 하였는데 성인이 우러러 하늘을 보고 구부려 땅을 보며, 멀리 있거나 가깝게 있는 실재의 모습, 즉 다양한 자연현상과 사회적 삶의 형태들을 본떠서 실재와 비슷하거나 닮은 모습을 모방하여 괘를 그렸다. 이런 괘의 기호적 이미지를 상象이라고 부른다. 또한 『계사전』에서 "나타나는 것을 상象이라 말한다見乃謂之象", "역은 상象이다易者, 象也", "상象이라 함은 이것을 형상한다는 것이다象也者, 像也"라고 하였으니 상象이란 천지만물을 모방하여 부호화한

---

46) 『繫辭傳上』 제8장: 聖人有以見天下之賾, 而擬諸形象, 象其物宜, 是故謂之象.

47) 『繫辭傳下』 제2장: 古者, 包義氏之王天下也, 仰則觀象於天, 俯則觀法於地, 觀鳥獸之文, 與地之宜, 近取諸身, 遠取諸物, 於是始作八卦, 以通神明之德, 以類萬物之情.

것으로 상황이나 여러 의미를 표현할 수 있고 "상像"은 바로 이런 기호적 상징을 만들기 위해서 대상의 모습을 가장 그럴듯하게 묘사하는 행위를 가리킨다.[48] 개괄하여 말하면 『주역』에서 담겨 있는 우주의 생성, 자연의 변화, 올바른 예법 등 철학적 도리와 사상 체계는 괘상과 괘효 부호를 통해서 드러난다. 물상은 『설괘전』에서 말하는 팔괘의 상징으로 그것이 지시하는 대상과 실제적 사물과 등통하지 않고 단지 어떤 유사성이 있어서 임의로 연결시키는 높은 의미를 담기지 않은 것일 뿐이다.

도道는 『주역』의 최고 범주인데, 이른바 도道는 한번 음陰하고 한번 양陽하는 것一陰一陽之謂道이다. 그리고 음양과 대응하는 속성은 강유剛柔이다. 『계사전상』에서 "강강剛(양陽)과 유유柔(음陰)가 서로 밀쳐서 변화를 낳는다.剛柔相推而生變化"고 하였는데 역도易道의 "변해 움직이고 거처해 있지 않고 상하사방에 두루 흘러서 오르고 내림에 항상함이 없다變動不居, 周流六虛, 上下無常"는 특징을 드러냈다. 또한 『계사전상』에서 "형상해서 위에 있는 것을 도道라 하고, 형상해서 아래에 있는 것을 그릇이라 한다."[49]라고 하였다. 이른바 기器란 기용器用이고 도道는 근본성과 정체성이 있는 활동 본체인데 형이상의 도道가 형이하의 구체적인 사물에 담겨 있어야 존재할 수 있다. 즉 『주역』에서 담겨 있는 추상적인 역도易道가 필연히 현상으로 드러나니 양자는 서로 나눌 수 없다. 그리고 고성인이 괘상을 설정하는 목적은 "상象을 세워서 뜻을 다 밝힌다立象以盡意"하는 데에 있다고 하였는데 물상은 『주역』을 객관적인 사물과 연결시키는 가교 역할을

---

48) 방인, 『다산 정약용의 「주역사전」, 기호학으로 읽다』, 예문서원, 2015, p.193-196.
49) 『繫辭傳上』 제12장: 形而上者謂之道, 形而下者謂之器.

하고 있음을 알 수 있다. 물상은 무한성이 있어서 물상들을 『주역』에 적용하여야 『주역』의 신비성과 권위를 드러낼 수 있기 때문이다. 그러므로 『주역』에서 64괘 밖에 없지만, 이 중에 수많은 물상들이 포함되어 있어서 만물을 감응할 수 있고 만사에 적용될 수 있다. 즉 하나의 상象은 수많은 같은 유형의 상황과 이치를 대표하니, 실제 상황에 따라 의거할 수 있는 상象을 이해하면 된다. 이는 『주역』이 상象과 텍스트로 공통으로 구성되는 특수한 체계가 갖추는 장점과 특징이 있다.

마치 『계사전』에서 "글로는 말을 다할 수 없으며 말로는 뜻을 다할 수 없다書不盡言, 言不盡意"라고 하는 것처럼, 언어로 표현하면 말하는 사람의 뜻을 완전하게 다 드러나지 못하고 어떤 특정한 상황에 고정될 가능성이 크다. 이런 점에서 상象이 의심할 필요 없이 큰 장점이 있고 언어의 단점을 보완할 것이다. 『주역』은 최초에 점서占筮의 책으로서 모든 것이 끊임없이 변화하고 예측할 수 없는 현실 생활에서 사람들에게 행동 방향을 가르쳐주는 역할을 담당하였다. 그러나 64괘 384효의 괘효사는 이해하기가 어렵고 만사를 다 포함할 수 없어 사람들의 요구를 만족하지 못하기 때문에 괘의 여러 괘상을 분석함으로써 괘효사를 해석하고 그 담겨 있는 뜻을 끌어내야 한다. 결국은 『주역』을 제대로 이해하는 데 고성인이 뜻을 밝히려고 형상화, 구체화한 상象을 어떤 한정에 빠지지 않게 살펴보고, 그 다음에 성인이 이 상象을 살펴서 달린 괘효사를 이해하야 한다. 어떤 한정에 빠지면 안 된다고 하는 이유는 바로 언어로 뜻을 표현하는 것의 단점에서 출발한 것이다. 예를 들면, "호랑이 꼬리를 밟더라도 사람을 물지 않음이라 형통하다履虎尾, 不咥人, 亨", 예괘豫卦의 괘사인 "제후를 세우고 군사를 행함이 이롭다豫, 利建侯行師", "형통하니 형법과 옥사獄事를 쓰는 데 이롭다噬嗑, 亨, 利用獄", "진晉은 나라를 평안히 하고 잘 다스리는 제후에게 말을 주는 것을 많이 하고, 하룻날에 세 번 접대한다晉, 康侯用錫馬蕃庶, 晝日三接", "쾌夬는 왕의 뜰에서 드날림이니, 성심으로 호령해서 위태로운 듯 조심하니라. 읍으로부터 고하고, 군사를 쓰는 것은 이롭지 아니하며, 나아가는 것이 이롭다夬, 揚於王庭, 孚號, 有厲告自邑, 不利即戎, 利有攸往" 등 괘사는 하나의 구체적인 상황을 가지고 붙였지만, 이 괘는 여기서 나오는 상황에만 적용되는 의미가 절대로 아니다. 이 때 처하는 구체적인 상황을 고려하여 괘에 담겨 있는 풍부한 물상을 빌어서 분석하여야 한다.

괘상들은 융통성있게 해석하여야 하지만 상상력에 의해 임의적으로 창조되는 것이 아니라 실재에 대해 맺는 관계에 의해 규정되는 것이라고 하고, 그 의미도 궁극적으로는 사실적 세계로 환원된다. 이에, 주자가 『주역』에서의 상象은 모두 가탁설假托說, 포함설包含說이라는 것을 주의해야 한다고 한다. 다시 말하면 『주역』에서 말하는 일과 사물은 어떤 구체적인 사물이 아니라는 것이다. 예를 들면, 건괘에서 말하는 "잠룡潛龍" 등은 실제적인 용龍이 아니고 성인이 효상爻象이 처하는 시時와 위位를 관찰하여 가탁假托하여 설정한 것이다.[50] 그러므로 효사에서 말하는 상象은 성인이 효爻의 시時와 위位를 현실에 있는 현상에 비유한 것이기 때문에 진실한 것이 아니라 허설虛說이다.[51] 또한 주자가 말하기를 "대개 비록 문왕이 정한 상象이 있으며

---

50) 『朱子語類』권67: 孔子說作"龍德而隱, 不易乎世, 不成乎名", 便是就事上指殺說來. 然會看底, 雖孔子說也活, 也無不通.不會看底, 雖文王周公說底, 也死了. 須知得他是假託說, 是包含說. 假託, 謂不惹著那事. 包含, 是說箇影象在這裏, 無所不包.

51) 唐琳, 「朱熹易學詮釋的兩個特色」, 『東亞易學國際研討會論文集』, 2016, p.281.

정한 사辭가 있으나 모두 허설虛說이니 이것에는 마땅히 이같이 처리할 것이요 애당초 사물에 고착되어 있는 것이 아니다. 그러므로 한 괘와 한 효가 무궁한 일들을 포함할 수 있으니, 한 가지 일만을 가지고 지정하여 말해서는 안 된다. 그 안에는 한 가지 일을 가리켜 말한 대목도 있는데, "제후를 세우는 것이 이롭다利建候"와 "제사에 씀이 이롭다利用享祀"는 것과 같은 부류이고, 그 나머지는 모두 한 가지 일만을 가리켜서 말한 것이 아니다. 이것이 『역』의 쓰임은 포괄하지 않은 것이 없으며 두루 하지 않는 것이 없음을 알 수 있으니, 단지 사람들이 어떻게 쓰는가를 볼 뿐이다."[52]고 하였는데 주자가 『주역』에서의 하나의 괘와 하나의 효에서 무궁한 인人과 사事를 표함하니까 괘와 효에서의 상을 허설虛說한 것으로 봐야 한다고 주장한다. 그리고 이렇게 하여야 정이와 같이 한 명의 사람과 하나의 사물로 구체화하고 『주역』을 이에 한정하여 『주역』의 포용성包容性, 박심성博深性과 무한성無限性 등 특징을 숨기는 한정을 피할 것이다.

2) 다산의 『설괘전』에 대한 강조와 독창적인 견해

다산이 『역학서언』「자산역간玆山易柬」에서 "한권의 『주역』은 모두 상象이다."[53]고 하였고 『주역』을 만드는 근본 방식은 상象이라고 하고 『주역』과 상象의 관계를 강조하면서 상象의 『주역』에서의 중요성

---

52) 『朱子語類』권67: 蓋文王雖是有定象, 有定辭, 皆是虛說, 此個地頭, 合是如此處置, 初不黏著物上. 故一卦一爻, 足以包無窮之事, 不可只以一事指定說. 他裏面也有一事說處, 如'利建侯'、'利用祭祀'之類, 其他皆不是指一事說. 此所以見『易』之爲用, 無所不該, 無所不遍, 但看人如何用之耳.

53) 『定本 與猶堂全書』17, 『易學緖言』권4「玆山易柬」: 一部『易』都是象也.

을 드러냈다. 또한 다산이 "만약 역사易詞를 왕필의 설처럼 괘상卦象을 쓰지 않는다면 그만이지만, 그렇지 않으면, 이른바 말 소 양 돼지와 같은 것은 괘상 아닌 것이 없다. 주자는 이미 이 몇 괘에서 그 물상의 이름이 괘상에 바탕하고 있음을 논했으니, 450가지 효사爻辭 안에서 대개 여러 사물을 뒤섞고 그 기능을 갖추는 것雜物撰德은 모두 괘상 아닌 것이 없다. 주자의 생각은 특별하게 물상의 사례를 들어서 사람에게 제시하였으니, 혹은 추이推移로도 안되고, 효변爻變으로도 안되어 『설괘전』에 부합하지 못하는 것은 잠시 유보하여 의문점을 그대로 두었으니, 이것은 군자의 공정한 마음이다. 근래의 비루한 학자가 도리어 『설괘전』를 비판하여 위서僞書로 지적하는 것은 또한 지나치지 않는가?"54)고 하여 물상은 역리사법 중의 하나로 물상에 대한 정확한 이해가 없으면 추이, 효변, 호체로 역사易辭를 해석하는 데에 근거가 없게 된다고 다산이 주장하였다. 네 가지의 해석 방법의 관계에 있어, 다산은 물상이 『주역』해석의 최종점이고, 호체와 효변이 최종점에 도달하기 위한 방법이라고 본다. 이는 『주역』의 기원이 상象에 있고 괘효사가 상象을 관찰한 후에 달린 것이기라는55) 상象과 사辭에 선후관계에서 출발한 것이다. 이러한 관계는 『주역』의 성서成書 과정을 밝혔을 뿐만 아니라 상수역적 방법으로 『주역』을 해석하는 합리성을 확립하기 위해 근거를 제공해줬다.

---

54) 『定本 與猶堂全書』17, 『易學緒言』권4 「朱子本義發微」: 使易詞而不用卦象, 如王弼之說, 則已. 如其不然, 凡所謂馬牛羊豕之等, 無一非卦象也. 朱子旣於此數卦, 論其名物之本於卦象, 則四百五十繇之內, 凡雜物撰德者, 無一非卦象也. 朱子之意, 特揭例以示人, 其或不以推移, 不以爻變, 而不合於說卦者, 姑闕之以存疑, 此大君子公正之心也. 近世愚陋之學, 反欲觝排說卦, 指爲僞書, 不亦過乎.

55) 『繫辭傳上』 제2장: 聖人設卦, 觀象繫辭焉, 而明吉凶.

다산의 관점에서, 『주역』성립의 핵심적인 제작 방식은 단지 상象일 뿐이다. 근거는 다음과 같다.

> 성인이 『주역』을 만들 때 오직 상징만을 취하였으니 상징이란 본뜨는 것이며(『계사전』의 글이다. 원주) 본뜸은 비슷하게 하는 것이다. 56)
>
> 성인이 기구를 만들 적에 본뜨는 방식을 존중하였음을 살펴보면 『주역』의 도道가 "본뜨는 것"에서 벗어나지 않음을 알 수 있다.(그 비슷한 것을 취하여 상징으로 삼는 것이다. 원주)57)
>
> 대체로 역易의 도道는 상象일 뿐입니다. 그러므로 12벽괘로 4계절을 상징하고 중부中孚와 소과小過로 양윤兩閏을 상징합니다. 이에 건乾·곤坤 2괘가 하늘과 땅을 상징하고 나머지 62괘는 5년에 두 번 윤달 드는 62개월의 숫자를 상징하게 되는데 성인도 여기에 대해서 방불한 유사성만 취했을 따름이니 괘를 나누어 날짜에 맞추는 것을 어떻게 경문에서 증거할 수 있겠습니까? 역易으로 역曆을 상징하는 것이 옳습니다. 한漢·진晉 이래로 역曆으로 역易을 상징하고 있는 것은 모두 갈피를 잡을 수 없어 끝까지 따져볼 수 없을 듯한데 어떤지 모르겠습니다.58)

---

56) 『定本 與猶堂全書』17, 『易學緒言』권4「周易答客難」: 聖人作易, 唯象是取, 象也者, 像也, (大傳文) 像也者, 似也.

57) 『定本 與猶堂全書』16, 『周易四箋』권8「系辭上傳」: 觀聖人製器尚象之法, 則易之爲道, 不外乎像象也.(因其似而取爲象)

58) 『定本 與猶堂全書』4, 『文集』권20,「答申在問」: 大抵易之爲道, 象而已. 故十二辟卦, 以象四時, 中孚·小過, 以象兩閏. 於是乾坤二卦, 以象天地, 餘六十二卦, 以象五歲再閏六十二月之數. 聖人於此, 亦取其髣髴之似而已, 分卦

다산은 『주역』을 더 합리적이고 정확하게 해석하기 위해서 역리사법을 독창적으로 제기하였는데 이 가운데서 『주역』을 구성하는 기초로 여겨지는 것은 물상론이다. 다산은 물상이 『주역』해석에서의 중요성을 인정하는 입장에서 괘효사의 해석은 반드시 『설괘전』에서의 물상을 기본과 출발점으로 삼고 이에 근거하여야 한다고 주장한다.[59] 이른바 『설괘전』은 팔괘가 상징하는 사물 혹은 물상을 기록한 문헌으로 팔괘의 제작 동기와 과정을 설명하고, 팔괘가 상징하는 것을 조리화條理化, 계통화系統化하여 구체적으로 명시해 놓았다. 『설괘전』은 후세 상수역자들에게 『주역』을 해석하고 역학 체계를 구축하는 데에 중요한 자료들을 제공해주었고 아주 중요한 역할을 하였다. 정약용은 "『주역』에 『설괘전』이 있는 것은, 비유하자면 (『시경詩經』의) 풍風·아雅에 (『이아爾雅』에) 「석언釋言」이 있는 것과 같으니, 이는 어두운 거리를 밝혀 주는 하나의 등불과 같고 큰 강을 건너게 해주는 배와 같다. 만약에 『설괘전』을 버리고 역사易辭를 관찰하려고 한다면, 그것은 마치 자고새 소리 같은 남방의 방언을 말하는 오랑캐가 통역을 버리고 중국의 방언에 통하기를 구하는 것과 같으니, 어찌 가능하겠는가?"[60]고 하고, "문왕과 주공이 역사易辭를 짓고 엮을 적에 한 글자 한 글자 한 문장마다 모두 물상을 취하였으니, 『설괘전』을 버리고 『주역』을 이해하고자 함은 육율六律을 버리고 음악을 하

直日, 豈有經證耶?以易象曆, 可也. 漢·晉以降, 以曆象易, 皆似渺芒, 不可究詰, 未知如何.

59) 『定本 與猶堂全書』16, 『周易四箋』권8 「系辭上傳」: 象者, 『說卦』之物象也. 情者, 變動之所生也.

60) 『定本 與猶堂全書』4, 『文集』권19, 「與尹畏心 - 永僖」: "周易之有說卦, 猶風雅之有釋言, 此昏衢之一燈也, 大河之方舟也. 舍說卦而觀易詞, 是猶蠻夷鉤輈之舌, 舍象譯而求通中國之方言也, 惡乎可哉?

고자 하는 것과 같다."[61]고 하였는데 『설괘전』은 팔괘 각각에 대해서 괘상卦象과 괘의卦意의 관계를 규정하여 밝히는 책으로 『주역』을 이해하는 데에 필수적인 문헌으로 본다. 그리고 『설괘전』에서는 팔괘가 지칭하는 대상을 하나하나 열거하고 있는데, 이것은 기호를 통해서 그 기호가 지칭하는 의미를 탐구하는 것에 해당된다. 그러므로 괘사卦辭의 의미 파악은 결국 『설괘전』의 설명에 입각하여 괘상의 의미를 탐구하고 각각의 괘상이 어떻게 괘사와 연관되는가를 분석함으로써 이루어진다. 『설괘전』에 의존하지 않는 해석은 무모할 뿐만 아니라 자의적 해석의 위험이 내포될 것이다. 또한 만약 『설괘전』이 없다면 『주역』은 도저히 풀 수 없는 암호덩어리에 불과하다. 그러므로 다산이 『설괘전』을 엄청 중시하였다. 하지만 융통성있게 보지 않고 무조건 이 원칙을 따르면 해석이 불가능한 경우가 생긴다. 예를 들면, 건괘乾卦에 해당하는 동물은 말인데 효사에서 나타난 것은 말이 아닌 용이다. 이에 대해서 주희도 고민한 적이 있는데 "『역』의 상象은 이해할 수 없다. 예를 들어 "건乾은 말이 된다"[62]는 경우, 건乾이라는 괘는 오로지 용龍에 대해서만 이야기한다. 이와 같은 부류는 모두 통하지 않는다."[63]고 하였다. 이러한 문제에 입각하여 다산은 단순히 기존의 내용만을 받아들이는 것이 아니고, 한 걸음 더 나아가 선인의 해석의 여러 폐단을 보완하여 재해석과 확충 작업을 열심히

---

61) 『定本 與猶堂全書』4, 『文集』권20, 「書·答申在中【己卯十一月日】」: 文王·周公之撰次『易』詞, 其一字一文, 皆取物象. 舍『說卦』而求解『易』, 猶舍六律而求制樂, 此之謂物象也.

62) 『說卦傳』제8장: 乾爲馬.

63) 『朱子語類』卷66, 「易二」: 易之象理會不得, 如乾爲馬, 而乾之象卻專說龍, 如此之類, 皆不通.

했다.

　『설괘전』의 주로 공헌은 춘추 이래의 팔괘에 대한 취상取象을 정리하는 데에 있고, 또한 이를 한 걸음 더 발전시켜 역학사에서 팔괘의 취상取象에 대한 최초의 학설을 이루었고 후세 역학자들이 『주역』을 해석하는 것과 상수학 체계의 구축에 자료를 제공해주는 것이다. 그러나 『설괘전』에서의 취상取象은 또한 큰 폐단과 부족이 존재하는 것이 사실이다. 원인은 사람의 사유 수준이 『설괘전』이 만들어진 그 당시의 역사적 조건에 제한을 받고 있었고, 또한 그 당시에 『주역』을 해석하는 데에 필요하기 때문이다. 간단하게 말하면 특정한 역사적 배경이 작지 않은 영향을 끼쳤다는 것이다.

　다산의 재해석, 확충 잡업은 『설괘전』에서 물상에 대한 설명이 한정이 있어 당시의 모든 상황에 적용될 수 없는 데에 시작한 것이고, 우선 물상의 수를 확충하였다는 데에 드러났다. 그리고 이런 확충된 물상은 근거없이 마음대로 추가하는 것이 아니고 기존의 문헌에서 근거가 있는 물상들이다. 구체적으로 말하면 첫째, 『설괘전』에서 없으나 역사易辭에서 근거를 찾을 수 있는 것, 둘째, 『좌전左傳』, 『국어』에서 복사卜史가 논한 괘덕卦德, 셋째, 문제의식을 가지고 순구가荀九家에서 말하는 물상을 은미하고 그 옳고 그름을 구별하여 믿을 만한 것, 넷째, 양호괘兩互卦를 겸하여 물상을 취한 역사易辭에서의 물상 등 있다.64) 다산이 이러한 물상들에게 이름을 지어 금보今補라고 한다.

---

64) 『定本 與猶堂全書』15, 『周易四箋』권1 「說卦表直說」: 凡說卦之無正文者, 稽之易詞, 驗其例而知之. 如乾爲衣, 坤爲裳, 震爲簋, 坎爲宮之類. 雖無正文, 考之易詞, 皆有左證. 左傳國語卜史之論卦德者, 又可旁取. 如震爲旗, 離爲牛, 坤爲溫, 坎爲忠之類. 荀九家之言物象, 有正有謬, 不可全信. 如坎爲狐, 離爲飛鳥. 其可信者也, 如乾爲龍, 坤爲迷, 坎爲桎梏之類, 皆譌謬失

	一乾天	二坤地	三震雷	四巽風	五坎水	六離火	七艮山	八兌澤
	☰	☷	☳	☴	☵	☲	☶	☱
卦德	健	順	動	入	陷	麗	止	說
人倫	父	母	長男	長女	中男	中女	少男	少女
人品	賓	衆人	君子	主人	盜	武人	小人	巫
遠取	馬	牛	龍	鷄	豕	雉	狗	羊
近取	首	腹	足	股	耳	目	手	口
物色	大赤	黑	蒼	白	赤			
器物	金玉	釜	簋	繩	弓	甲冑	節	瓶
雜物	氷	布	稼	臭	血	埔	門闕	剛鹵

다산이 『주역』의 괘효사를 정확하게 해석하기 위해 기존 『설괘전』에 없었던 물상을 보충하였을 뿐만 아니라 그 당시의 사회 배경에서 『설괘전』의 저자에 대해서도 자기의 독창적 관점을 제시하였다. 다산이 말하였다.

팔괘를 처음 그릴 때 『설괘전』도 동시에 이루어진 것이다. 선유들의 이른바 『설괘전』이 공자의 저작이라는 말은 엄밀히 따져보고 하는 논의가 아니다. 물상을 취하지 않을진대, 팔괘는 원천적으로 만들 필요조차 없다.【그저 괘卦만으로는 아무런 소용도 없는 것이다】 설괘說卦라는 것은 복희가 괘卦를 처음 그릴 때, 천문天文을 살피고【감坎과 리離를 달과 해로 설정】 땅의 이치를 굽어보며【건乾과 곤坤은 말과 소로 상징】 가까이는 사물의 몸

眞, 不可不察. 竝詳說卦箋 易詞之取物象, 多有兼互二卦, 而命之爲物者. 震巽之草木而得坎之險毒者, 爲蒺藜叢棘, 坎困詞. 離之飛鳥而得巽之潔白者爲鶴, 中孚詞. 又有未滿三畫而取之爲象者. 凡陽畫爲天, 陰畫爲膚. 今不能悉指.

에서 취하여【간艮과 진震을 팔과 다리로 설정】 그 상상象을 음미하여 그것을 이름지으니, 그 이름이 신명과 부합되는 것이다. 그런데 공자를 기다려서야 그것이 나올 수 있다 하겠는가?[65]

한漢나라 사서史書에 이르기를, "진秦나라의 분서갱유焚書坑儒 이후에 『주역』도 망실되었는데, 『설괘』 세 편을 한漢나라 선제宣帝 때에 이르러 하내河內의 어떤 여인이 낡은 집을 허물다가 발견하였다."라고 하였다.【『후한서後漢書』에 보면, 방굉房宏 등은 이를 선제宣帝 태화太和 원년元年의 일이라고 여겼다.】 왕충王充의 『논형論衡』에서는 "효선제孝宣帝 때에 하내河內의 여인이 낡은 집을 허물다가 일실되었던 『역』·『예』·『상서』를 각각 한 편씩 발견하여 조정에 바쳤는데, 선제宣帝는 이를 박사들에게 내려보내보도록 하였다. 이후부터 『역』·『례』·『상서』가 각각 한 편씩 증가되었던 것이다."라고 하였다.【『수서隋書』「경적지經籍志」에서도 또한 언급되고 있다.】 그런데 그것이 혹은 세 편이라도 하고 혹은 한 편이라고도 하여 편수가 명확치 않은데, 혹은 『서괘序卦』·『잡괘雜卦』를 합하여 세 편이 된다고도 한다. 오유청吳幼淸이 말하기를, "『설괘』는 공자이전부터 있었던 글이다. 예컨대 『팔색八索』과 같은 책은 공자가 다소 다듬고 정리하여 (『설괘전』을) 만들었을 것이다."고 하였는데, 이 치로 보아 그럴 듯하다.[66]

---

65) 『定本 與猶堂全書』15, 『周易四箋』권1 「說卦表直說」: 八卦始畫之初, 『說卦』並興. 先儒謂『說卦』爲孔子所作, 非深密體究之論也. 不取物象, 則八卦元不必作.【徒卦無所用】『說卦』者, 庖·犧畫卦之初, 仰觀天文,【坎·離爲月·日】頫察地理,【艮·兌爲山·澤】遠取諸物,【乾·坤爲馬·牛】近取諸身,【艮·震爲手·足】玩其象而命之, 名以與神明約契者也. 而俟孔子哉?

66) 『定本 與猶堂全書』16, 『周易四箋』권8 「說卦傳」: 漢史云: "秦火之後, 『易』亡,

구양수歐陽修와 같은 무리들이 (『설괘전』은) 공자의 글이
아니라고 하였으니, 어찌 그 같은 망발을 부린 것인가?[67]

『주역』이라는 책은 복희가 천문天文을 살피고 땅의 이치를 굽어보
며 가까이는 사물의 몸에서 취하여 그 상象을 음미하여 그것을 이름
진 것이니 물상이 없으면 팔괘를 만들 필요가 없어지고 『주역』이 성
립되는 뿌리가 무너질 것이다. 그러므로 『설괘전』을 떠나서 역사易辭
를 이해하려는 것은 열쇠를 버리고 문을 열려는 것처럼 불가능한 것
이라 하였다. 『설괘전』을 경시하는 태도는 한유漢儒 이래로 풍조를
이루어 왕필이 『설괘』를 거부함으로써 역易의 의미를 상실하게 되었
다고 통박하고 있다. 그리고 『설괘전』의 성서成書에 대해 다산은 『설
괘전』이 공자를 기다려서야 나올 수 있겠는가라는 의문을 제기하여
공자가 지은 것이라는 통론에서 벗어나 『설괘전』의 성립은 복희가
처음으로 팔괘를 그렸을 때와 같은 시기에 이루어진 것이라는 과감
하고 독창적인 관점을 제기하였고, 선유들은 『설괘전』이 공자의 저
작이라는 말은 엄밀히 따져보고 하는 논의가 아니라고 주장한다. 또
한 자기의 관점을 합리화시키기 위해 여러 가지 논거를 밝혔다. 그러
므로 『설괘전』은 공자나 문왕보다 그 이전 시대부터 본래 있던 것
이[68]고 『설괘전』의 물상의 이름이나 괘덕卦德의 배당은 하夏·은殷시

〈說卦〉三篇, 至宣帝時, 河內女子伐老屋, 得之."【『後漢書』, 房宏等以爲宣帝泰
和元年事】王充『論衡』云: "孝宣之時, 河內女子發老屋, 得逸『易』·『禮』·『尙
書』各一篇, 奏之. 宣帝下示博士. 然後『易』·『禮』·『尙書』各益一篇."【『隋書·
經籍志』亦云】但其或三或一, 篇數不明, 或云並〈序卦〉·〈雜卦〉爲三篇. 吳幼
淸云: "〈說卦〉自昔有之, 如『八索』之書, 而夫子筆削之." 於理亦然.

67) 『定本 與猶堂全書』16, 『周易四箋』권8 「說卦傳」: 而歐陽修輩謂非夫子之書,
何其妄矣?

대부터 변함이 없는 것이[69]라고 주장한다. 한 걸음 더 나아가 다산이 『설괘전』의 저자에 대해 자기의 관점을 밝혔는데 "이 위의 장章은 대개 고문古文이고, 여기서부터는 그것을 공자가 설명한 것이다."[70]고 하였다. 즉 다산은 『설괘전』이 공자 이전에 존재하고 있었던 고문 부분과 공자의 물상에 대한 해석 부분으로 구성되어 있다고 본다. 또한 구체적으로 서문에서 "옛날 성인이 역易을 만드심에 신명神明을 유찬幽贊하여 시초蓍草를 만들어낸다昔者, 聖人之作『易』也, 幽贊於神明而生蓍"(『설괘전』1장1절)에서 "역易은 역수逆數이다『易』, 逆數也"(3장2절)까지, "만물은 진震에서 나오고萬物出乎震"(5장2절)에서부터 "만물을 이룬다旣成萬物也"까지 두 부분이 공자가 지은 것이라고 명확히 밝혔다.

3) 다산의 물상론物象論

이상으로 물상의 중요성과 다산의 『설괘전』에 대한 독창적인 견해를 살펴보았다. 아래에서는 구체적으로 다산의 물상에 대한 인식을 살펴보고자 한다.

　　무엇을 물상이라 하는가 하면 무릇 『주역』의 문사文詞에 용

---

68) 『定本 與猶堂全書』15, 『周易四箋』권1 「說卦表直說」: 說卦之書, 自前世而固有也.
69) 『定本 與猶堂全書』15, 『周易四箋』권1 「說卦表直說」: 『說卦』物象之名, 卦德之分, 夏商之所不改也.
70) 『定本 與猶堂全書』16, 『周易四箋』권8 「說卦傳」제5장: 上章蓋古文, 此以下夫子之釋義也.

龍이라 하고 말·소·양이라 한 것은 이 괘 속에 물상이 있지 않음이 없는 것이 『설괘』에서 말한 바와 같습니다. 가령 건乾이 괘가 되는 과정을 말하면 복復으로부터 시작하여 매양 하나의 진震을 얻어 일보씩 나아가는 것입니다. 그러므로 『설괘』에 "진震은 용龍이 된다震爲龍"고 하였고, 건괘의 육효를 드디어 육룡六龍이라 이름한 것입니다. 물건마다 다 그렇고 구절마다 틀리지 않으므로 양한兩漢의 설역가說易家인 경방·마융·정현·우중상·순자명 같은 이들도 모두 물상을 무시하고 『주역』을 해설하지 않았다.[71]

물상이란 무엇인가? 『설괘전』에서 건乾은 마馬의 상징이라고 하고, 곤坤을 우牛의 상징이라고 하고, 감坎은 돼지의 상징이라고 하고, 리離를 꿩의 상징이라고 한 그러한 종류를 말한다.[72]

정약용은 물상이 바로 『설괘전』에서 말하는 마馬, 우牛 등의 상징임을 확실하게 밝혔고, 양한의 설역가들이 절대로 물상을 떠나 『주역』을 논하지 않음을 말하면서 물상의 중요성을 강조하고 있다. 또한 정약전이 "괘와 문자는 만물의 표식標識이다卦與文字, 皆萬物之表識也"라고 주장한 것을 받아들여 『주역』에서의 상징의 중요성을 명

---

71) 『定本 與猶堂全書』15, 『周易四箋』권1 「括例表上」: 何謂物象? 凡易詞之曰龍曰馬曰牛曰羊, 無非是卦之中有此物象, 如說卦所雲也. 假令乾之爲卦, 由復而進, 每得一震, 以進一步. 故說卦震爲龍, 而乾卦六爻, 遂名六龍. 物物皆然, 句句不錯, 而兩漢說易之家, 若京房, 馬融, 鄭玄, 虞仲翔, 荀慈明之等, 亦未嘗外物象而說易.

72) 『定本 與猶堂全書』4, 『文集』권19 「與尹畏心－永僖」: 物象者何也? 說卦傳所雲乾馬, 坤牛, 坎豕, 離雉之類是也.

확하게 표현하고 있다. 다시 말하면, 유형有形의 사물을 빌려 무형無形의 관념을 표현한 것이다.

다산의 물상론은 『계사전』의 "상야자상야象也者, 像也"라는 간명한 정의로부터 출발한 것이다. 우선 다산이 물상과 『역』의 도道의 관계를 명확히 규명하고 있는데 "『역경』의 근본원리는 상象을 본뜨는 것 외의 다른 데 있지 않다."73)라고 하였고, 또한 "성인이 『주역』을 만들 때 오직 상징만을 취하였으니 상징이란 본뜨는 것이며(『계사전』의 글이다), 본뜸은 비슷하게 하는 것이다",74) "성인이 기구를 만들 적에 본뜨는 방식을 존중하였음을 살펴보면 『주역』의 도道가 '본뜨는 것'에서 벗어나지 않음을 알 수 있다(그 비슷한 것을 취하여 상징으로 삼는 것이다)",75) "대체로 역易의 도道는 상象일 뿐입니다. 그러므로 12벽괘로 4계절을 상징하고 중부中孚와 소과小過로 양윤兩閏을 상징합니다. 이에 건·곤 2괘가 하늘과 땅을 상징하고 나머지 62괘는 5년에 두 번 윤달 드는 62개월의 숫자를 상징하게 되는데 성인도 여기에 대해서 방불한 유사성만 취했을 따름이니 괘를 나누어 날짜에 맞추는 것을 어떻게 경문에서 증거할 수 있겠습니까?"76), "문왕과 주공이 역사易辭를 짓고 엮을 적에 한 글자 한 문장마다 모두 물상을

---

73) 『定本 與猶堂全書』16, 『周易四箋』권8 「繫辭下傳」: 易之爲道, 不外乎像象也.
74) 『定本 與猶堂全書』17, 『易學緖言』권4 「周易答客難」: 聖人作『易』, 唯象是取. 象也者, 像.【『大傳』文】像也者, 似也. 唯依似彷彿, 便以爲象.
75) 『定本 與猶堂全書』16, 『周易四箋』권8 「繫辭上傳」: 觀聖人制器尚象之法, 則易之爲道, 不外乎像象也.(因其似而取爲象) .
76) 『定本 與猶堂全書』15, 『周易四箋』권1 「括例表上」: 大抵易之爲道, 象而已. 故十二辟卦, 以象四時, 中孚·小過, 以象兩閏. 是乾坤二卦, 以象天地, 餘六十二卦, 以象五歲再閏六十二月之數. 聖人於此, 亦取其髣髴之似而已, 分卦直日, 豈有經證耶?

취하였으니 『설괘전』을 버리고 『주역』을 이해하고자 함은 육율六律을 버리고 음악을 하고자 하는 것과 같다.”[77]고 하였는데 다산은 상象을 역학체계의 기초와 뿌리로 보고 중추 역할을 하고 있다고 주장함을 알 수 있다.

물상에 대하여 주자는 “『역』은 하나의 거울과 같아서 어떤 물건이와도 모두 비출 수 있다. 예를 들어 ‘잠긴 용’은 단지 잠긴 용의 상이 있으니 천자로부터 서민에 이르기까지 어떤 사람이 오더라도 모두 교훈을 얻게 한다.”[78]고 하였고 또 “대개 이른바 상象이라는 것은 모두 많은 사람들이 공통적으로 이해하는 사물에 가탁하여 사태事態의 리理를 형용함으로써 사람들로 하여금 취하거나 버릴 바를 알게 하는 것이다.”[79]고 하였는데 상象은 고도의 함축성을 지니기 때문에 주희는 상象의 함축성을 거울에 비유하며 설명하였다. 즉 거울이 그 앞에 대상이 오더라도 비출 수 있는 것과 마찬가지로 상象도 어떤 특정한 대상에 한정되지 않고 폭넓게 적용될 수 있다. 다산은 “일반적으로 세상의 일이란 복잡하게 뒤얽혀 있고 또한 그 종류도 수없이 많다. 비록 성인의 글이라고 해도 어찌 몇 구절의 말로 천하의 만사를 포괄하고 천하의 만정을 남김없이 표현할 수 있겠으며 두루 포괄하여 적용하는 것과 세세한 것 하나하나에 부합하는 것이 모두 부절이 서로 들어맞듯이 같을 수가 있겠는가? 따라서 괘사나 효사라는 것은

---

77) 『定本 與猶堂全書』4, 『文集』권20 「書·答申在中【己卯十一月日】」: 文王·周公之撰次『易』詞, 其一字一文, 皆取物象. 舍『說卦』而求解『易』, 猶舍六律而求制樂, 此之謂物象也.

78) 『朱子語類』권67: 易如一個鏡相似, 看甚物來, 都能照得, 如所謂 “潛龍”, 只是有個潛龍之象, 自天之至於庶人, 看甚人來, 皆使得.

79) 同上.

성인이 『역』의 한 가지 사례를 들어 그 점법을 밝힌 것으로서 학자들로 하여금 하나를 거론하여 셋을 알 수 있게 하고 하나를 듣고서 열을 알 수 있도록 한 것이지 '이 괘의 상은 단지 지금 말하고 있는 이것일 뿐이다'라거나 '이 효의 뜻은 단지 여기서 제시하는 것일 뿐이다'라고 하는 뜻이 아니다."[80]고 하고 "점占은 오로지 한 가지 사건만을 지시하는 반면에, 상象은 만 가지 일에 비춘다. 사물을 끌어다가 어떤 상황을 비유함에 있어 본래 어떤 정해진 규칙이 있는 것이 아니다."[81]고 하여 주자와 같이 물상이 함축성이 있고 한 가지 사건에만 한정되지 않고 적용 범위가 넓은 특징이 있다는 관점을 가지고 있다고 볼 수 있다. 다산의 이러한 입장은 그의 64괘 괘효사 해석에서도 잘 나타나고 있다. 예를 들면, 귀매괘歸妹卦를 해석하면서 말하기를 "이 괘는 비록 귀매괘로 불리고는 있으나, 형으로써 누이를 시집보내는 것은 이 괘에 있어서는 사실은 만상 가운데 한 개의 상象에 불과할 뿐이니【추상抽象에 해당됨】 귀매가 반드시 본상으로서 주主가 되고, 다른 상象이 객客이 되어야 할 이유는 없다. 천하의 만사萬事를 점침에 있어서 모두 이러한 괘의 이치가 있는 것이니, 어찌 귀매의 상으로써 이 괘의 상으로 간주해버림으로써, 점占을 칠 것인가? 성인이 우연하게 이름을 분였을 뿐이다."[82]고 하였고 "단사象詞에서

---

80) 『定本 與猶堂全書』17, 『易學緒言』권4, 「周易答客難」: 大抵天下之事, 紛綸雜遝, 浩汗澣洋. 雖以聖人之文, 豈能以數句之詞, 括天下之萬事, 窮天下之萬情, 而氾應曲當, 皆如合契哉? 故卦詞爻詞者, 聖人所以示易例而明占法, 令學者擧一以反三, 聞一以知十, 非謂此卦之象, 只此所言, 此爻之義, 只此所揭也.

81) 『定本 與猶堂全書』15, 『周易四箋』권2 泰卦: 占者, 專指一事, 象者, 通照萬務, 引物比況, 本無定則也.

82) 『定本 與猶堂全書』16, 『周易四箋』권6 歸妹卦 序: 此卦雖以歸妹爲名, 其實

140

누이를 시집보내는 점占을 언급하지 않은 것은 누이를 시집보내는 일이 만사 가운데 한 가지 상에 불과함을 분명하게 밝힌 것이다. 귀매괘로써 행역行役의 점을 칠 수도 있으며, 전쟁과 정벌의 일을 점칠 수도 있으며, 천하의 만사를 점칠 수 있으니, 이것이 누이를 시집보내는 것을 언급하지 않은 까닭이다."[83)]고 함으로써 각괘의 적용 범위는 각괘의 괘효사에 나타나는 내용에 한정되는 것이 아니라 단지 하나의 예를 들은 것이고 범위 넓은 사건에 적용될 수 있을 밝혀내었다.

앞에서 말하였던 것처럼 괘효사는 구체적인 몇 가지 상황만 예시하였을 뿐이라서 특수성에 한정되어 버리는 부족함이 있다. 이에 다산이 지적하기를 "괘와 효는 모든 사태와 사물에 상응할 수 있는 능력을 갖추고 있으니, 그것의 특정한 효사는 모든 사태와 사물에 해당될 수가 없다."[84)]고 하였다. 다산은 상의 이런 장점을 인식하여 이것을 괘효사가 특정 상황에만 한정되는 단점을 극복하는 대안으로 여긴다. 또한 팔괘가 취하는 물상에 대하여 「자산역간玆山易柬」에서 "팔괘의 형태와 성격이 (그것이 모방하려는 대상과) 비슷한 것에 의지하여 상징으로 삼은 것이지만, 사실은 팔괘가 아니라고 해도 (다른 방식으로)『역』의 기호체계를 만들 수 있는 것이다."[85)]고 하였다. 예

以兄嫁妹, 於此卦, 不過爲萬象之中一象.【卽抽象】未必歸妹爲本象, 而他象皆客也. 筮天下之萬事, 皆有遇此卦之理, 豈得盡以歸妹之象, 占之乎?聖人偶以名之爾.【見〈要旨〉】

83) 『定本 與猶堂全書』16, 『周易四箋』권6 歸妹卦 卦辭: ○案 彖詞不言嫁妹之占者, 明嫁妹不過爲萬象之一象. 歸妹之卦, 可以筮行役, 可以筮戰伐, 可以筮天下之萬事, 此所以不言嫁妹也.

84) 『定本 與猶堂全書』15, 『周易四箋』권1 「讀易要旨」: 以卦以爻則有應萬事萬物之才, 而其緣辭則不能該萬事萬物.

를 들어서 말하면, 감괘라는 기호를 사용하지만, 반드시 그 기호를 사용해야 하는 필연적인 이유는 없다. 그러므로 다산이 괘의 기호를 취하는 것은 어느 정도 자의성恣意性이 있다고 보는 것이다. 그러나 이런 기호들과 그것을 해석하는 문자, 즉 괘사, 효사는 절대로 임의적인 방식으로 결합된 것은 아니다. 예를 들면, 감괘는 냇물[川]이 흐르는 모습의 특징, 즉 자연적 성질이나 형태를 모사하여 만들어진 것이다. 그러므로 다산의 입장에서는 『주역』의 괘는 일종의 그림문자 pictogram인 동시에 일종의 기호sign이며 일종의 수순한 상형문자 pictograph이다.[86)]

『주역』에서 관심을 갖는 것은 개별 사물의 자체에 있는 것이라기보다는 사물들 사이의 내적 연관성에 있다. 다시 말하면 특수성을 통해서 보편성을 회득하려고 하는 지향성이 있다. 다산은 "이런 것은 어떤 이유 때문인가? 한 효의 효사가 오로지 한 가지 일만을 위해 지은 것이 아님을 밝히기 위해서이다. 그리고 한 가지 일도 언급하지 않는 경우는 만사에 의하여 다함이 없도록 하고자 함인 것이다. 이는 모두 그 일반적인 것을 제시하면서 동시에 그 특수한 사례를 제시하여, 학자들로 하여금 하나를 보면 셋을 알고 하나를 들으면 열을 알아서 만사에 응하여 다함이 없도록 하고자 함인 것이다."[87)]고 하였

---

85) 『定本 與猶堂全書』17, 『易學緖言』권4 「玆山易柬」: 又以依稀仿佛於八卦之 形性者, 取象而言之, 其實, 雖非八卦, 亦可以作易也.

86) 방인, 『다산 정약용의 「주역사전」, 기호학으로 읽다』, 예문서원, 2015, p151.

87) 『定本 與猶堂全書』17, 『易學緖言』권4 「周易答客難」: 若是者何也?明一爻 之繇, 不專爲一事作也. 並一事而不言, 所以應萬事而不窮也. 則凡卦詞之 有指事者,【如需雲'利涉大川】此事之外, 皆不可以此詞占之, 與無詞等也. 爻 詞之不本卦德而不言爻變之義者,【如屯六三雲'卽鹿無虞'】其觀本卦之德, 與 爻變之義, 又當與'知臨'·'至臨'·'和兌'·'孚兌'之類, 同. 皆所以發其凡而

다. 하나의 괘나 효에서의 특정한 물상은 한 가지 일에 한정된 것 같지만 절대로 거기에만 그치는 것이 아니다. 다시 이 대표적인 실례를 제시함으로써 사람에게 만사만물의 보편성을 밝혀주기 위한 것이다.

또한 상징으로서의 물상과 천지에 실존하는 만물의 관계에 있어 다산은 모든 상징이 이와 대응되는 현실적 사물이 존재해야 한다는 원칙을 견지하고자 한다. 그러므로 각괘에서 나오는 모든 물상이 반드시 역사적으로 실존하였던 것임을 의심치 않는다. 예를 들면, 건괘에서 나오는 물상인 용龍이다. 보통 용龍은 현실에 존재하지 않는 신비로운 동물인데, 이에 다산은 어떤 태도를 가지는가? 『좌전』소공 29년(BC. 513)조에 "용현어강교龍見於絳郊"에 대한 다산의 관점을 살펴보면, "용전어야龍戰於野"가 상상력으로 만들어 낸 허구적인 이야기가 아니라 역사적 실례에 바탕을 둔 기록이라고 주장한다. 『주역사전』에서 곤괘에 대한 주석에서 "『좌전』에 '용龍이 정鄭나라 성문 앞에서 싸웠다'는 기록이 있거니와(소공 19년) 역사易詞가 상象을 취함은 모두 실리實理에 부합하는 것이다."[88]고 하였고, 『설괘전』에서의 "하늘과 땅이 자리를 정함에, 산과 못이 기운을 통하며, 우뢰와 바람이 부딪히며, 물과 불이 서로 쏘지 않아서 팔괘가 서로 섞인다天地定位, 山澤通氣, 雷風相薄, 水火相射, 八卦相錯"에 대한 주注에서 "이것은 천天, 지地, 수水, 화火, 뢰雷, 풍風, 산山, 택澤의 실리를 말하는 것이다此言 天地水火雷風山澤之實理"고 하였는데, 이것은 역시 물상이 실리에 근거를 둔 것이라고 주장하였다. 그리고 함괘 「대상전」의 "산 위에 못

起其例, 使學者擧一而反三, 聞一而知十, 以之應萬事而不窮也.

88) 『定本 與猶堂全書』 15, 『周易四箋』권1 坤卦: 案, 左傳, 龍鬥鄭門(昭十九年), 易辭取象, 皆合實理.

이 있는 것이 함괘다山上有澤, 咸"에 대한 주注로도 다산이 상象의 배치가 모두 실리에 입각해서 이루어진 것임을 주장하고 있음을 알 수 있다. 다시 말하면, 다산은 복희가 하늘을 우러러 보고 구부려 땅을 살피고仰觀於天, 俯察於地, 천지자연의 만물을 본받아서 상을 만드는 입장과 같이, 상도 실제로부터 도출된 것이고 괘상은 모두 현실적 대상에 근거를 둔 것이라고 주장한다. 여기서 다산의 위실주의爲實主義 특징을 엿볼 수 있다. 그러나 명나라 역학사상가인 래지덕來知德 (1552~1604)은 『주역집주』에서 "괘정지상卦情之象", 즉 현실에서 없는 상상력을 통해서 만든 상이 있을 수 있다는 관점을 제기하였는데, 다산의 실학적 관점과 정반대이다. 다산이 래지덕을 반박하여 말하기를, "이러한 이치가 있어서 여기에 이러한 사물이 있고, 이러한 사물이 있어서 여기에 이러한 상이 있다. 만일에 이러한 사물이 없다면 또한 상도 없을 것이며, 진실로 이러한 이치가 없다면 이러한 사물도 없을 것이다. 지금 래지덕의 말에 이르기를 비록 상이 있다고 하더라도 실제로는 이러한 사물이 없다고 하고, 또 비록 이 상이 있더라도 본래는 이러한 이치가 없다고 하니, 이 몇 마디 말들은 이미 혼탁하여 깨끗하지 않은 것이다."[89]고 하였다. 이 반박을 통해서 다산의 관점은 래지덕이 실재적인 사물이 없어서 상이 있을 수 있는 관점과 다르다는 것을 알 수 있을 뿐만 아니라 리理와 사事와 상象의 관계도 밝혔다. 즉 리가 있은 뒤에야 사가 있고, 사가 있은 뒤에야 상이 있다는 것이다. 모든 것은 동전이 정반 양쪽이 있는 것처럼 장점이 있는 동시에

---

89) 『定本 與猶堂全書』 17, 『易學緖言』 권3 「來氏易注駁」: 駁曰, 有此理, 斯有此事. 有此事, 斯有此像. 若無此事, 亦無此像. 苟無此理, 亦無此事. 今來氏之言, 曰'雖有此像, 實無此事, 雖有此像, 本無此理', 卽此數語, 已渾濁不淸矣.

물론 단점도 존재하고 있다. 다산이 모든 괘상이 상응하는 실재적인 대상이 있다는 주장은 견강부회로 빠질 가능성이 있다. 이는 다산이 실학적 시각에서 괘상, 효상을 해석하는 병폐라고 할 수 있다.

또한 다산의 물상 관점은 왕필에 대한 비판에서도 잘 드러났다. 한나라의 상수학을 맞서서 현학의 의리학을 제시하는 의리역학자인 왕필은 도가의 득의망언得意忘言 개념을 발전하여 『주역』의 해석에 있어서 득의망상得意忘象이라는 관점90)을 제기하였고 상수학파의 이론이 부실하다고 보고, 象의 역할을 소홀하려고 시도한다. 이에 대해서 주희는 왕필의 득의망상得意忘象 이론이 상의 본질적 의미를 훼손시키는 것이라고 비판한 바가 있다. 다산은 주희의 관점을 그대로 수용하여, 말하기를 "왕필은 '그 뜻이 진실로 건장함[健]에 상응한다면 어찌 반드시 곤坤만이 말[馬]이 되겠으며, 효가 참으로 유순함[順]에 부합한다면 하필 곤坤만이 곧 소[牛]가 되겠는가?'라고 하였지만, 이

---

90) 왕필 『주역』 해석의 궁극적 목적은 의意를 얻는 데에 있고 상象은 단지 의意를 얻기 위해서 사용된 수단일 뿐이다. "상에 집착하는 자는 의미를 얻지 못한다. 상을 잊어버리는 자는 의미를 얻는 자이다."(王弼, 『周易略例』: 存象者, 得意者也. 忘象者, 乃得意者也). 왕필의 득의망상설得意忘象說은 주로 『주역약례周易略例』「明象」에서의 "夫象者, 出意者也. 言者, 明象者也. 盡意莫若象, 盡象莫若言. 言生於象, …… 得意在忘象, 得象在忘言. 故立象以盡意, 而象可王也. 重畫以盡情, 而畫可忘也."라는 구절에서 보인다. 왕필의 관점으로 본다면, 상象이란 어차피 의미를 드러내기 위해 사용되는 수단에 불과하기 때문에, 그 의미만 충족시킬 수 있다면 건괘 이외의 다른 어떤 괘를 말[馬]을 상장하는 것으로 삼아도 관계없다. 왕필은 괘효사의 의意를 파악하면, 언어와 상에 더 이상 구애될 필요가 없다고 본다. 왕필은 『주역』해석의 본지가 "상을 잊음으로써 그 의미를 구하다(忘象以求其意)"에 있음에도 불구하고 한나라의 역학은 상만 남고 그 뜻은 잊어버린 '존상망의存象忘意'의 잘못을 저지렀다고 피반하고 있다.(『周易注』「附周易略例」: 一失其原, 巧喻彌甚, 從複或值, 而義無所取, 蓋存象忘義之由也.)

러한 발언의 뜻을 잘 따져 보면 곧 『주역』의 '상을 취함'이 유래한
바가 없게 되고, 단지 『시경』에서 쓰이는 비比, 흥興의 체體나 『맹자』
에 나오는 비유와 같은 것이 될 따름이다. 그렇다면 『설괘전』의 제작
이 『주역』과 무관한 것이 될 것이며, (『계사전』의) '가까이는 몸에서
취하고, 멀리는 사물에서 취한다'라는 말도 또한 쓸데없는 이야기가
될 것이다."91)고 하였다. 이 인용문에서 다산은 왕필의 이러한 득의
망상론得意忘象論이 『계사전』에서 언급한 "근취제신, 원취제물近取諸
身, 遠取諸物"이라는 취상取象의 근본원리와 어긋난다는 점을 지적하
고 있다. 그리고 『주역』의 해석에 있어서 다산은 왕필이 의리 측면에
서만 『주역』을 해석하는 관점이 역학의 본질을 크게 훼손했다고 주
장하고, 괘효사의 의미가 반드시 괘상에 의하여 해석해야 하고, 괘효
상을 통해서 괘효사를 독해하지 않으면 필연적으로 『주역』텍스트를
잘못 이해할 것이라고 주장한다.

3 _ 호체론互體論

1) 호체互體의 정의와 발전 과정

『계사전』에서 "팔괘가 열列을 이루니 상이 그 가운데 있으며, 인해
서 거듭하니 효가 그 가운데 있다."92)고 하였고 『설괘전』에서 "삼재

---

91) 『定本 與猶堂全書』16, 『周易四箋』권8 「繫辭下傳」: 朱子曰: "王弼以爲'義苟
應健, 何必乾乃爲馬, 爻苟合順, 何必坤乃爲牛'.【見『略例』】觀其意, 直以『易』
之取象, 無所自來, 但如『詩』之比·興『孟子』之譬喩而已. 如此, 則是『說卦』
之作爲無與於『易』", 而'近取諸身, 遠取諸物', 亦剩語矣."
92) 『系辭下傳』제1장: 八卦成列, 象在其中矣. 因而重之, 爻在其中矣.

三才를 겸해서 두 번 했기 때문에 역이 여섯 획으로 괘를 이룬다."[93)]
고 하였는데 보통 팔괘가 먼저 있은 후에 64괘가 있고 64괘는 삼획
괘를 중괘重卦시켜 생긴 육획괘를 가리킨다. 육획괘에서 초효와 상효
를 빼고, 중간의 네 개 효를 가지고 새로운 괘를 만드는 것을 호체
또는 호괘라고 한다. 또한 육획괘의 중간의 네 개 효를 취하기 때문
에 중효中爻라고도 한다. 이른바 호체는 구체적으로 말하면, 육획괘
의 2, 3, 4효로 새로운 괘를 만들거나 3, 4, 5효로 하나의 새로운 괘를
만들어 새롭게 상을 구성하는 것이다. 감괘를 예로 들면, 원래의 상
괘와 하괘는 모두 감상坎象인데, 호체를 통하면 2, 3, 4효가 진괘가
되고, 3, 4, 5효가 간괘가 되니 감괘에서 감坎, 진震, 간艮 3개의 물상
을 얻게 된다. 이러한 호체는 일반적으로 괘를 구성하는 원칙의 한정
을 깨트리고 한 괘에서의 여섯 효를 다시 분조分組하여 원래의 내괘
內卦와 외괘外卦와 다른 두 개의 새로운 경괘經卦를 만들 수 있다. 호
체는 상수역학자들이 내괘와 외괘를 운용해서 『주역』을 해석하기가
어려울 때 자주 사용하는 방법 중의 하나다.

호체의 기원에 있어, 호체가 가장 먼저 춘추시기의 서점筮占에서 나
타났는데, 이 가운데서 『좌전』장공22년의 "진경중지서陳敬仲之筮"[94)]는
호체를 운용하는 최초의 기록이다. 진경중이 『주역』으로 점을 쳐서
관지비觀之否를 얻었는데 주사周史가 "풍風이 토상土上에서 천天이
되었으니 산山이다風爲天於土上"로 풀었다. 이에 두예杜豫가 주석하
기를 "이효에서 사효까지는 간괘의 상이 있는데, 간艮은 산이 된

---

93) 『說卦傳』제2장: 兼三才而兩之, 故《易》六畫而成卦.
94) 『左傳』莊公22년: 陳侯使筮之, 遇觀之否, 曰"是謂'觀國之光, 利用賓於王'
　　… 坤, 土也. 巽, 天也. 風爲天於土上, 山也."

다."95)라고 하였는데 관괘와 비괘에서 모두 산의 상이 없지만 비괘에서 육이효, 육삼효와 구사효는 호체를 통해 『설괘전』에 의해 산을 상징하는 간괘를 얻었기 때문이다. 주희가 "『좌전』의 한 곳에서 관괘를 설명하면서 분명히 호체 해석법을 사용하였다."96)라고 한 것은 바로 이것을 가리킨다. 『주역』의 경문이나 『역전』에서 호체 혹은 호괘라는 말이 직접 나오지 않았지만 전국 시기의 『역전』에서 호체를 언급하였다고 주장하는 자가 있다. 『계사전』에서의 "중효中爻", "팔괘상탕八卦相蕩", "육효상잡六爻相雜", "유기시물唯其時物", "잡물찬덕雜物撰德" 등은 그 예이다. 그러나 이러한 내용들에 대한 주석으로 보면 호체가 그다지 명확하지 않다. 실제로 호체를 중시하고 호체를 널리 역에 운용하는 자는 마땅히 양한 시기의 역학자들이겠다. 특히 명확하게 호체를 논하는 자는 경방97)인데 『주역』의 괘효사를 해석할 때 빈번하게 사용하였다. 예를 들면, 곤괘困卦를 주석하기를 "감상坎象과 호체互體로 보이는 리화離火가 태금兌金에 들어간다坎象互見離火入兌金"고 하였는데 이렇게 해석하는 이유는 곤괘困卦의 이효, 삼효, 사효가 호체를 통해서 리괘를 얻게 되고 내괘와 외괘가 각각 감괘와 태괘이기 때문이다. 또한 익괘益卦를 해석할 때 "호체로 곤괘坤卦가 보이는데 곤坤의 도리는 유순함이며 또 외괘로 간괘艮卦가 보이는데 간艮은 양陽을 그친다互見坤, 坤道柔順 ; 又外見艮, 艮止陽"고 하였는데 "호견곤互見坤"는 익괘의 이효, 삼효, 사효가 호체를 통해서 곤괘를 얻음을 의미하고, "외견간外見艮"은 익괘의 삼효, 사효, 오효가 호체

---

95) 『春秋左氏傳』莊公22년: 自二至四有艮象, 艮為山是也.

96) 『朱子語類』권68: 『左傳』一處說觀卦, 分明用互體.

97) 송대의 왕응인王應麟이 『곤학기문困學記聞』에 의하면 경씨京氏는 2효에서 4효에 이르는 것을 호체라고 하였다.

148

를 통해서 간괘를 얻음을 의미하기 때문이다. 주목할 만한 것은 경방이 운용하는 호체는 아직 비교적으로 간단하고 대부분은 세 개의 효로 구성되는 경괘經卦를 사용한 것이고 사효연호四爻連互나 오효연호五爻連互을 운용하여 별괘別卦를 구성하는 것이 아니다. 동한東漢에들어와서도 호체설이 전개되어 『주역』의 해석에 운용되었다. 서한西漢의 호체설은 경방 이후에도 한대의 상수역에서 자주 사용되었지만, 세 개의 효로 구성하는 경괘를 사용하는 것과 달리 동한 시기의호체설은 서한 시기의 호체설을 기초로 하고 사효연호나 오효연호을운용하여 별괘를 구성하기도 하였다. 그 중에서도 호체를 가장 즐겨사용한 사람은 정현이었다.[98] 예를 들면, 정현이 대축괘를 주석하기를 "구삼효에서 상구효까지 이頤의 상이 있으니 밖에 거하는 것이집에서 먹지 않으면 길하고 현자를 키르는 것이다自九三至上九有頤象, 居外是不家食吉而養賢"고 하였는데 삼효, 사효, 오효가 호체를 통해서진괘를 얻고 사효, 오효, 육효가 호체를 통해서 간괘를 얻으며, 또한위에서 간괘이고 아래서 진괘가 있으니 이괘頤卦의 상이 있다. 정현뿐만 아니라 우번도 호체를 즐겨 사용하였는데, 분괘賁卦의 초구효인"그 발꿈치를 꾸밈이니 수레를 버리고 걷는다賁其趾, 舍車而徒"에 대하여 해석하기를 "호체를 취하면 진震이고, 진이 발이니 발꿈치를 꾸밈이다應在震, 震爲足, 故賁其趾"고 하였는데 "응재진應在震"이라고 하

---

98) 劉大均, 『周易槪論』, 齊魯書社, 1988, p.57-58. 참조. 유대균은 호체가 최초로 서한 시기의 경방 역학에서 나타난 것이지만, 동한과 진晉나라 시기의 역학자들이 모두 이에 대한 전승한 바가 있어서 반드시 근본이 있을 거라도 축정하였다. 그리고 이 근본은 한대의 전하田何에 있을 가능성이 크다고 주장한다. 또한 『좌전』장공 22년에서 "陳候使筮之, 遇觀之否, 曰'是謂觀國之光, 利於賓於王. … 坤, 土也. 巽, 風也. 乾, 天也. 風爲天於土上, 山也.'"라고 하니 춘추시대부터 호체로 괘를 해석하기 시작했음을 알 수 있다 주장한다.

는 이유는 구삼효, 육사효와 육오효가 호체하여 진震이 되고, 초구는 육사효와 응하고 호체를 통해 얻는 진괘에 있기 때문이다. 정리하자면 한말에 들어가면서 호체설이 갈수록 완비해져 상수역학의 집대성자인 우번이 전면적으로 서한부터 발전해왔던 호체설을 계승하고 융통성있게 운용하며, 뿐만 아니라 독창적으로 창조함으로써 호체설을 최고의 경지로 발전시켰다.[99] 그러나 위진 시기의 왕필에 들어와 호체를 배척하고 『주역』을 해석하는 데에 사용하지 않았다. 그리고 송대의 주희는 상수를 반대하지도 않고 호체를 찬성하지도 않았지만 『주역』을 해석할 때 모르는 사이에 호체법을 운용하였다. 예를 들면, 대장괘의 육오효를 해석하기를 "괘체가 태兌와 같아 양羊의 상이 있다卦體似兌, 有羊象"고 하였고 명확하게 호체를 말하지 않았지만 확실하게 호체법을 운용하였으니 호체법의 영향이 크다는 것을 알 수 있다.

호체설의 역사적 발전 상황을 살펴본 후에, 다음으로 검토하고자 하는 것은 후한 시기의 연호법連互法이다. 연호법은 다시 오획연호五劃連互와 사획연호四劃連互 두 가지로 나눈다. 이른바 오획연호는 한 괘의 초효부터 오효까지, 이효부터 육효까지를 새로운 괘체로 보는 것이다. 대축괘大畜卦로 예를 들면, 초효에서 오효까지의 다섯 효 가운데 초효에서 삼효까지는 건괘乾卦이고 삼효에서 오효까지는 진괘震卦이다. 이렇게 삼효를 두 번이나 사용하고, 호체를 취하면 대장괘大壯卦를 얻게 된다. 마찬가지로 대축괘의 이효부터 육효까지의 다섯 효에서 이효에서 사효까지는 태괘兌卦이고 사효에서 육효까지는 간괘艮卦이다. 이렇게 사효를 두 번이나 사용하고 호체를 취하면 손괘

99) 林忠军, 『象数易学发展史』권1, 齐鲁书社, 1994, p.108-109.

損卦를 얻게 된다. 그러므로 오획연호의 특징은 육획에서 순서대로 배열된 다섯 효로 다시 두 개의 새로운 괘체를 구성하는 것이다. 이 새로운 괘체를 구성할 때 다섯 효의 가운데에 있는 반복 사용된 한 획을 기준으로 삼는다. 그리고 이른바 사획연호는 육획에서 초효에서 사효까지, 이효에서 오효까지, 삼효에서 상효까지 연호하여 새로운 괘체가 형성되는 것이다. 마찬가지로 대축괘로 예를 들면, 우선, 초효에서 사효까지의 네 효 가운데 초효, 이효, 삼효가 건괘乾卦가 되고 이효, 삼효, 사효는 태괘兌卦가 된다. 이효, 삼효를 거듭 사용하고 호체를 취하면 쾌괘夬卦가 된다. 같은 방식으로, 이효에서 오효까지는 네 효 가운데 이효부터 사효까지는 태괘兌卦가 되고 삼효에서 오효까지는 진괘震卦가 된다. 삼효, 사효를 거듭 사용하고 호체를 취하면 귀매괘歸妹卦를 얻게 된다. 마지막으로 대축괘의 삼효에서 상효까지의 네 효에서 삼효부터 상효까지는 진괘震卦가 되고 사효에서 상효까지는 간괘艮卦가 된다. 이렇게 사효, 오효를 거듭 사용하고 호체를 취하면 이괘頤卦를 얻게 된다. 그러므로 사획연호의 특징은 육획에서 순서대로 배열된 네 획에서 연호를 취함으로써 세 개의 새로운 괘체를 만드는 것이다. 그리고 새롭게 괘체를 만들 때 네 획의 가운데에 있는 두 획은 반복 사용된다. 예를 들면, 초효에서 사효까지의 네 효에서 연호을 취하면 새로운 괘체를 만들 때 이효와 삼효가 반복 사용되고, 이효에서 오효까지의 네 효에서 연호을 취하면 새로운 괘체를 만들 때 삼효와 사효가 반복 사용되며, 삼효에서 상효까지의 네 효에서 연호을 취하면 새로운 괘체를 만들 때 사효와 오효가 반복 사용된다.[100] 정리하자면 오획연호는 초효에서 오효까지, 이효에

---

100) 劉大鈞, 『周易槪論』, 齊魯書社, 1988, p.58-60.

서 상효까지의 다섯 획에서 연호함으로써 두 괘만 얻을 수 있다. 사획연호는 초효에서 사효까지, 이효에서 오효까지, 삼효에서 상효까지의 네 획에서 연호함로써 세 괘를 얻을 수 있다.

2) 다산의 호체론互體論

앞에 언급하였듯이 호체는 또한 호괘라고도 하는데, 이효, 삼효, 사효로 구성하는 하괘와 삼효, 사효, 오효로 구성하는 상괘로 다시 만들어진 새로운 괘체를 가리킨다. 다산의 호체론을 탐구하기 위해 주자가 호체에 대한 태도와 다산이 주자의 관점에 대한 태도를 먼저 살펴보고자 한다. 우선, 주자가 호체에 대한 태도는 제자와의 대화에서 잘 드러났다.

> 임학리 : "사물을 섞고 덕德을 갖추고 옳은 것과 그른 것을 분변하는 것은 그 가운데 효가 아니면 갖추지 못한다는 것입니까?"
> 주희 : "이런 곳은 이해하지 못하면 나는 항상 궐문闕文이 있는가 의심한다. 선유들은 주로 호체로 생각하였으니 둔괘屯卦의 진괘震卦가 아래에 있고 감괘坎卦가 위에 있는 것과 같아 중간의 네 효를 가지고 관찰해보면 두 번째 효에서 네 번째 효까지는 곤괘坤卦이고, 셋째 효에서 다섯째 효까지는 간괘艮卦이므로 '그 가운데 효가 아니면 갖추지 못한다'라 하였다. 호체의 설은 한유가 많이 썼다. 『좌전』 중 점을 쳐서 괘를 살피는 것을 말한 한 곳에서도 또한 분명히 들었다. 보아하니 이 설 또한 버릴 수 없다."〈임학리〉[101]

152

호체는 이미 『좌씨전』에 언급되어 있으며 또한 도리가 있다.102) 다만 지금 추론하면 합당하지 못한 곳이 많다.〈정가학〉103)

---

101) 『朱子語類』권76: 問: "雜物撰德, 辨是與非, 則非其中爻不備". 曰: "這樣處曉不得, 某常疑有闕文. 先儒解此多以爲互體, 如屯卦震下坎上, 就中間四爻觀之, 自二至四則爲坤, 自三至五則爲艮, 故曰'非其中爻不備'. 互體說, 漢儒多用之. 左傳中一處說占得觀卦處亦擧得分明. 看來此說亦不可廢."

102) 호체는 도리가 있다는 것을 증명하기 위해 『춘추좌전』 장공22년의 예를 들겠다. 진陳나라 려공厲公은 채蔡나라 여자가 낳았다. 채蔡나라 사람이 오부五父를 죽이고 그를 군주로 세우니, 려공이 경중敬仲을 낳았다. 경중이 어렸을 때, 주왕조의 대사大史가 『주역』으로 점을 쳐주겠다고 진나라 군주를 만났다. 진나라 군주가 그에게 점을 치게 하니, 관괘觀卦(☶☷)가 비괘否卦(☰☷)로 변한다는 점괘가 나왔다. 그 점괘를 풀어서 말했다. "나라의 빛나는 것을 보고 천자의 빈객이 되기에 이롭다고 할 수 있습니다. 이 분은 진나라 군주를 대신해 나라를 가지게 될텐데 그 일은 이 나라가 아니라 다른 나라에서 있을 것이고, 이 분 자신이 아니고 그 자손에게 있을 것입니다. 빛은 멀리 다른 곳에서 빛날 것입니다. 곤坤는 흙이고, 손巽은 바람이며, 건乾은 하늘입니다. 바람이 하늘로 변하여 흙위에 산이 있는 형상입니다. 산에는 재목이 있고 하늘이 빛으로 그것을 비춥니다. 흙위에 있어 하늘의 빛을 받음으로 나라의 빛남을 보고 천자의 빈객이 되기에 이롭습니다. 제후가 천자를 뵈러 가서 뜰 안에 바칠 온갖 물건을 늘어놓고 옥백玉帛으로 받들어 천지의 아름다움이 갖추어지는 격입니다. 이에 천자의 빈객되기에 이롭다고 말하는 것이고 나라의 빛남을 볼 수 있는 모습입니다. 후손에 가서 있다는 것은 바람이 불어 흙에 닿는다는 것이고, 다른 나라에서 그렇다는 것입니다. 만약 다른 나라에서 그렇다면 반드시 강씨 성의 나라일 것입니다. 강씨는 큰 산의 후손입니다. 산악山嶽은 하늘과 짝하는 것이니, 만물 가운데 이 두 가지 보다 큰 것은 없습니다. 진나라가 약해지면 이 분의 자손이 창성할 것입니다."(陳厲公, 蔡出也, 故蔡人殺五父而立之. 生敬仲. 其少也, 周史有以周易見陳侯者, 陳侯使筮之, 遇觀☶☷之否☰☷, 曰, "是謂'觀國之光, 利用賓于王.' 此其代陳有國乎? 不在此, 其在異國; 非此其身, 在其子孫. 光, 遠而自他有耀者也. 坤, 土也; 巽, 風也; 乾, 天也; 風爲天; 於土上, 山也. 有山之材, 而照之以天光, 於是乎居土上, 故曰, '觀國之光, 利用賓于王'. 庭實旅百, 奉之以玉帛, 天地之美具焉, 故曰'利用賓于王'. 猶有觀焉, 故曰其在後乎! 風行而著於土, 故曰其在異國乎! 若在異國, 必

주자가 호괘법은 『좌전』, 『국어』부터 존재하였고, 한대 역학자들이 『주역』을 해석하는 데에 자주 사용하는 방법임을 인정하지만, 마땅하지 않은 부분이 많이 있다고 주장한다. 그럼에도 불구하고 주자는 호체법은 버릴 수 없다고 주장한다. 또 말하였다.

반시거 : 『역』의 호체설에 대해, 공부共父는 "물건을 뒤섞음과 덕德을 잡음과 옳고 그름을 분변함 같은 것은 가운데 효(중효中爻: 호체)가 아니면 구비하지 못하는" 것이라 여겼는데, 이것이 호체를 설명하는 말인지요?

주희 : 지금 사람들이 말하는 호체라는 것은 모두 이것이지만, 역시 취할 수 없는 부분도 있으니, 예를 들어 이괘頤卦·대과괘大過卦 같은 부류이다. 왕보사王輔嗣는 또 "납갑비복納甲飛伏"이라 하였는데, 더욱 이해하기 어렵다. 납갑은 진震을 경庚에 배당하고, 손巽은 신辛에 배당하는 것과 같은 부류이고, 비복은 감복리坎伏離, 리복감離伏坎, 간복태艮伏兌, 태복간兌伏艮과 같은 부류이다. 이런 것들은 모두 지엽적인 이론이니 꼭 깊이 파고들 필요는 없다.〈반시거〉104)

<hr />

姜姓也. 姜, 大嶽之後也. 山嶽則配天. 物莫能兩大. 陳衰, 此其昌乎!") 이의철李宜哲은 "진경중의 점에 관괘가 비괘로 변하는 괘가 나온 것은 바람이 하늘로 변하여 흙 위에 산이 있는 형상을 말하는데 관괘의 삼·사·오효는 간괘가 되니 곧 산이다. 임씨의 주에 '이것은 호체다'라고 말했다. 살펴보건대 이것은 본래 간괘이다. 또 이효에서 사효까지가 곧 곤坤이 되니, 무릇 한 괘에 각각 두 괘가 있어 서로 괘가 되므로 호체라고 하는 것이다."라고 하였다.(『朱子語類考文解義』上, 민족문화문고, p.567-568.)

103) 『朱子語類』권67: 互體自左氏已言, 亦有道理, 只是今推不合處多.

104) 『朱子語類』권67: 問: "易中'互體'之說, 共父以爲'雜物撰德, 辨是與非, 則非其中爻不備', 此是說互體." 先生曰: "今人言互體者, 皆以此爲說, 但亦

주자는 사람들이 "물건을 뒤섞음과 덕德을 잡음과 옳고 그름을 분변한 것과 같은 것은 가운데 효(중효中爻: 호체)가 아니면 구비하지 못하는" 것이라 여기는 것을 인정하지만, 취하면 안 된다는 바도 있다고 주장하고, 그리고 왕필이 말하는 납갑비복법納甲飛伏法은 모두 이해하기 어렵고 지엽으로서 깊게 따질 필요가 없다고 하였다.

다시 말하면, 주자는 『좌전』에서 분명히 호체를 사용하는 용례가 있기에 폐지할 수 없는 호체불가폐론互體不可廢論을 전개하였지만, 추이법(괘변법)과 마찬가지로 실제로 『주역』경문을 해석할 때 적극적으로 사용하지 않았다. 대장괘의 육오를 해석할 때 언급한 "괘체가 태兌와 같아 양羊의 상이 있다卦體似兌, 有羊象"라는 것 이외에, 실은 주자가 호체를 취한 사례는 없는 셈이다. 다산이 『주역서언』「주자본의발미」에서 주자가 호체에 대한 관점을 논의하였는데 그가 말하기를 "호체설은 한나라 이후로 사승관계가 단절되지 않았다. 주자는 『본의』에서 이것을 사용한 적이 없지만, 그가 평상시 논의한 것이 이와 같으니, 오히려 이상하지 않은가?"[105]고 하였다. 다산은 주자가 『본의』에서 호체를 사용한 적이 없지만 주자가 호체에 대한 기본 입장을 인정하고 있음을 알 수 있다. 뿐만 아니라 주자와 달리 다산은 호체법을 『주역』의 해석에서 아주 빈번하게 사용하였다. 다산이 호체에 대한 구체적인 주장은 다음과 같다.

有取不得處也, 如頤卦大過之類是也. 王輔嗣又言'納甲飛伏', 尤更難理會. 納甲是震納庚, 巽納辛之類, 飛伏是坎伏離, 離伏坎, 艮伏兌, 兌伏艮之類也. 此等皆支蔓, 不必深泥."

[105] 『定本 與猶堂全書』17, 『易學緖言』권2「朱子本義發微」: 互體之說, 自漢以來, 師承不絶. 朱子於《本義》中, 雖無所用, 其平日所論如此, 尙有異義乎?

무엇을 호체라고 하느냐 하면 대체로 한 괘 속에 팔괘 중의 네 괘를 포함하고 있는 것을 말합니다. 가령 하진下震, 상감上坎을 둔屯이라 하는데, 이 둔괘屯卦 가운데 이효와 사효가 공적이 같으므로 호곤互坤이라 하고, 삼효와 오효가 공적이 같으므로 호간互艮이라 합니다. 이 한 괘 안에 곤괘坤卦와 간괘艮卦가 함께 있는데, 세상 사람들은 다만 진괘震卦와 감괘坎卦만이 있는 줄 압니다. 주자는 "호체의 설은 폐할 수 없다"고 하였는데, 호운봉胡雲峰·홍용재洪容齋·오임천吳臨川 같은 여러 분들의 논증이 있습니다. 『계사하전』의 잡물찬덕雜物撰德 밑에 보인다.106) 『춘추』에 실려 있는 관점官占의 법法은 모두 호체를 취하여 묘용을 이루었으니, 진실로 마음을 텅 비우고서 완색하면 저절로 풀릴 것입니다.107)

호체란 무엇인가? 중괘重卦가 만들어지면 여섯 획이 연속되어, 제2획에서 제4획까지, 제3획에서 제5획까지 각각 하나

---

106) 『定本 與猶堂全書』16, 『周易四箋』권8 「繫辭下傳」: 中爻者, 二·三·四·五之變也. 至於中爻, 則正體互體, 卦象交錯, 又或兩互成卦, 物情屢遷.【泰之兩互爲歸妹, 否之兩互爲漸】諸變悉起, 八卦相盪, 故《易》之妙用, 非中爻不備也. 朱子曰: "先儒解此, 多以爲互體." 又曰: "互體說, 漢儒多用之, 亦不可廢."【胡炳文·洪邁·吳澄, 並解之爲互體】○案 九家諸《易》, 皆論互體, 王弼獨起而廢之, 蓋以當時, 鐘會著《無互卦論》, 以譏漢儒, 而王弼儳倁, 遂遽信從耳. 苟非朱子重闡斯文, 互體之說, 幾乎熄矣. 雖然此節乃指中四爻之變動, 非專論互體也. ○或曰: "中爻卽兩互作卦之謂."【如泰之六四爲歸妹之九四】

107) 『定本 與猶堂全書』4, 『文集』권19, 「與尹畏心·永僖」: 何謂互體? 大凡一卦之中, 包函八卦之四. 假令下震·上坎曰屯, 而此屯卦之中, 二與四而同功, 則名曰互坤, 三與五而同功, 則名曰互艮. 卽此一卦之中, 坤·艮俱存, 而世人第知有震·坎而已. 朱子曰: "互體之說不可廢." 胡雲峯·洪容齋·吳臨川諸公, 並有論證.【見『繫辭下傳』'雜物撰德'下】若『春秋』官占之法, 皆取互體以成妙用, 苟虛心一玩, 自當迎刃而解矣.

의 괘가 성립되니, 이를 일러 호체라 하는 것이다. (이는 우선 간략히 말한 것이고, 모두 아래의 표에 상세히 나와 있다)[108]

互體表		
屯 ䷂	下互坤, 上互艮.	
蒙 ䷃	下互震, 上互坤.	
需 ䷄	下互兌, 上互離.	
訟 ䷅	下互離, 上互巽.	
師 ䷆	下互震, 上互坤.	
比 ䷇	下互坤, 上互艮.	

위의 논의를 통해서 한대 상수역에서 많이 사용된 호체는 다산도 적극적으로 취하고 있는 것을 알 수 있다. 그러나 다산은 단순히 계승하는 데에 머무르지 않고 이를 기초로 하고 독특한 양호작괘법을 제기하였다. 괘의 형성에 있어, 삼획으로 구성된 소성괘小成卦를 중괘重卦시키면 육획괘인 대성괘大成卦가 형성된다. 이렇게 상괘와 하괘를 중합시켜 형성된 대성괘의 중간에서 상을 취해 새로운 괘를 형성해 내는 것을 호괘 혹은 호괘라고 부른다. 호괘는 또한 제2효에서 제4효에 이르는 2, 3, 4위에 있는 호괘와 제3효에서 5효에 이르는 3, 4, 5위에 있는 호괘로 구별된다. 전자는 하호下互라고 하고, 후자는 상호上互라고 한다. 다산이 제기한 양호작괘법은 즉 2, 3, 4위의 하호괘와 3, 4, 5위의 상호괘를 연결시켜 원래 없는 괘를 새롭게 만들어서 괘를 해석하는 것이다. 양호로써 만들어지는 양호괘는 16괘에 그친데 즉 건乾, 곤坤, 대과大過, 이頤, 복復, 박剝, 구姤, 쾌夬, 해解, 건蹇, 가인家人,

---

108) 『定本 與猶堂全書』15, 『周易四箋』권1 「括例表」: 互體者何也? 重卦旣作, 六體相連, 自二至四, 自三至五, 各成一卦. 此之謂互體也.(姑略之, 竝詳 下表)

규睽, 귀매歸妹, 점漸, 기제既濟, 미제未濟 등 16괘이다. 16괘는 각각 4괘씩을 포섭하여 그 4괘에 있어 양호괘가 된다.[109) 양호작괘법에 대하여 다산은 구체적으로 다음과 같은 양호작괘표를 만들었다.

兩互作卦表		兩互表【下】	
乾 ䷀	乾·大過·姤·夬之兩互.	解 ䷧	謙·艮·明夷·賁之兩互.
坤 ䷁	坤·頤·復·剝之兩互.	蹇 ䷦	豫·震·晉·噬嗑之兩互.
大過 ䷛	離·小過·豐·旅之兩互.	家人 ䷤	訟·履·困·兌之兩互.
頤 ䷚	坎·中孚·渙·節之兩互.	睽 ䷥	需·小畜·井·巽之兩互.
復 ䷗	蒙·師·臨·損之兩互.	歸妹 ䷵	泰·蠱·大畜·升之兩互.
剝 ䷖	屯·比·觀·益之兩互.	漸 ䷴	否·隨·無妄·萃之兩互.
姤 ䷫	同人·遯·革·鹹之兩互.	既濟 ䷾	解·睽·歸妹·未濟之兩互.
夬 ䷪	大有·大壯·鼎·恒之兩互.	未濟 ䷿	蹇·家人·漸·既濟之兩互.
兩互作卦, 只此十六.		右十六卦, 各攝四卦.	

물론 호체를 취하는 방법은 그 기본 방식 외에도 여러 가지가 있다. 첫째, 대호大互이다. 이른바 대호는 또한 대체大體라고도 하는데 호체를 확대한 것으로, 오직 감坎과 리離만 취한다.[110) 다산은 대호표를 그려서 설명하였다.

互體表	
巽 ䷸	一至四爲大坎.
鼎 ䷱	一至五爲大坎.
大過 ䷛	一至上爲大坎.
震 ䷲	一至四爲大離.
屯 ䷂	一至五爲大離.
頤 ䷚	一至上爲大離.

---

109) 『定本 與猶堂全書』15, 『周易四箋』권1 「兩互作卦表」.
110) 『定本 與猶堂全書』15, 『周易四箋』권1 「互體表直說」: 大體者, 互體之大者也, 唯坎離取焉.

위의 표로 살펴보면 대호는 몇 획으로 구성되는지와 상관없이 모두 양강陽剛이 가운데에 자리해 있는 감坎과 음허陰虛가 가운데에 자리해 있는 리離를 이룬다.[111]

둘째, 겸호兼互이다. "이른바 겸호라는 것은 한 괘를 통틀어 호체를 취하는 것이다. 중괘重卦가 이미 성립되면, 그 자리를 세 등급으로 나눌 수 있는데(위에서부터 둘씩 묶어, 천天·인人·지地의 자리) 세 자리를 각각 겹쳐 두 개씩 묶은 것이 8개의 괘가 여기에 해당된다."[112] 구체적으로는 다음의 표와 같다.

兼互表【只八卦】	
乾 ☰	爲兼畫之大乾.
坤 ☷	爲兼畫之大坤.
臨 ䷒	爲兼畫之大震.
遯 ䷠	爲兼畫之大巽.
小過 ䷽	爲兼畫之大坎.
中孚 ䷼	爲兼畫之大離.
觀 ䷓	爲兼畫之大艮.
大壯 ䷡	爲兼畫之大兌.

셋째, 도호倒互이다. 도호가 왜 필요한지에 대해 다산은 "괘재卦才가 모두 발현되도록 하고자 하기 때문이다."[113]고 하였고, 또한 "정체正體

---

111) 『定本 與猶堂全書』15, 『周易四箋』권1 「互體表直說」: 仲氏曰: "『易』有二觀, 一曰類聚, 二曰群分." 十二辟卦, 其聚者也, 故其本體之內, 皆有乾·坤.【無坎·離】 五十衍卦, 其分者也, 故其本體之內, 皆有坎·離.【無一卦無坎·離者】 兩柔爲之翼, 而實其中, 則坎也.【謂大坎】 兩剛爲之局, 而虛其中, 則離也.【謂大離】 何必三畫者, 爲坎·離乎?

112) 『定本 與猶堂全書』15, 『周易四箋』권1 「互體表直說」: 兼體者, 通一卦而取互者也. 重卦既成, 位分三等,【天·人·地】 兼三位而兩之, 亦八卦也.

113) 『定本 與猶堂全書』15, 『周易四箋』권1 「互體表直說」: 倒互, 卦才欲全用也.

만 취하게 된다면, 그 괘가 함유하고 있는 잠재적 괘재를 씀에 미진한
것이 있게 된다. 따라서 성인이 그것을 전도顚倒하여 상을 취하였다.
대저 그 괘의 형태는 거꾸로 뒤집어져 있더라도 본상本象이 아닌 것이
없으니, 그 도체倒體를 취하는 것이 이치에 합당한 것이 된다."[114]고
설명하였다. 도체倒體를 적용할 수 있는 6괘는 다음의 표와 같다.

倒互表【只六卦】	
乾 ䷀	無反對, 亦無互體.
坤 ䷁	無反對, 亦無互體.
坎 ䷜	【二三四】倒艮【三四五】倒震
離 ䷝	【二三四】倒兌【三四五】倒巽
大過 ䷛	下顚兌 上顚巽
頤 ䷚	下顚艮 上顚震
小過 ䷽	下顚震 上顚艮
中孚 ䷼	下顚巽 上顚兌

　　이상으로 정약용의 호체론을 살펴보았다. 호체론은 다산『주역』해
석의 핵심 방법론 중의 하나로 여러 가지 장점이 있다. 호체설이 나
타나기 전에, 원래 괘에서 없었던 물상이 괘효사에서 나타날 때 물상
을 통해서 괘효사를 해석할 수 없었는데, 그러나 정약용은『설괘전』
에서의 한정있는 물상을 기초로 하고, 순구가가『설괘전』에서 없는
내용에 대한 보충과 발전을 비판적으로 계승함으로써, 틀린 부분[115]
을 삭제하고 한 걸음 더 나아가 보완하여 그가 제기한 호체를 통해

---

114) 『定本 與猶堂全書』15,『周易四箋』권1「互體表直說」: 只取正體, 則其卦才
之用, 有所未盡, 故聖人使之顚倒而取象. 蓋其卦形, 顚之倒之, 無非本象,
則其取倒體, 於理爲允也.

115) 『定本 與猶堂全書』15,『周易四箋』권1「互體表直說」: 荀九家之言物象, 有
正有謬, 不可全信. 如坎爲狐 · 離爲飛鳥, 其可信者也. 如乾爲龍 · 坤爲迷
· 坎爲桎梏之類, 皆譌謬失眞, 不可不察.

상을 취하는 범위, 즉 한 괘에서 나타날 수 있는 물상의 범위를 넓히고 물상을 통해 괘효사를 합리적으로 해석하는 것을 가능하게 만들었다. 바꿔서 말하면 호괘를 취하면 상괘와 하괘 이외에 또 호괘의 괘덕을 추가로 취할 수 있어 더 많은 종류의 괘덕을 갖출 수 있어 훨씬 더 많은 상황에 정확하게 적용될 수 있게 된다. 예들 들면, 혼인을 앞둔 집안에서 시초점을 쳤는데 태괘泰卦가 나왔다면, 거기에는 혼인의 상이 없어, 백성들이 쓰기에 불편하게 된다. 그러나 양호괘로 새로 괘를 만들면, 곧 귀매괘가 되어, 백성들이 그것을 사용함에 통하게 되는 것이다. 또 한편, 만일 바르지 못한 일로 점을 쳤는데 좋은 괘가 나왔다면, 양호괘로 새로운 괘를 만들어 불길한 징조를 보여줄 수 있게 되는 것이다. 예를 들면 무망괘의 단사에 "그 옳지 않은 일을 할 경우에는 재앙이 생길 것이다(其匪正, 有眚)"라고 하였는데 재앙이 있다는 말이 나오는 것은 무망괘로부터 양호작괘를 취하여 점괘漸卦가 되기 때문이다.[116] 오유청吳幼淸도 태괘泰卦에서 양호괘를 취하면 귀매괘가 되기 때문에 태괘와 귀매괘 양괘의 효사에서 각각 "제을귀매帝乙歸妹"라는 괘사가 있는 것이라고 하였다.[117] 또한 송대에 금金나라 왕王인 완안량完顔亮이 도적의 무리에 들어가, 점을 치니 수괘隨卦를 얻었는데, 점쟁이가 말하기를 "양호를 취하면 점괘漸卦가 된다"고 하는 것도 호체법을 취하는 것이다.[118]

---

116) 『定本 與猶堂全書』15, 『周易四箋』권1「互體表直說」: 假如婚姻之家, 筮遇泰卦, 未有交媾之象, 民用不便. 而兩互作卦, 卽成歸妹, 則民用以通也. 又如不正之事, 筮遇吉卦, 則兩互作卦, 看取不吉之象. 故無妄之彖曰'其匪正, 有眚',【兩互, 漸】謂兩互有眚也. 民志其有邪乎?諸卦取兩互爲象, 蓋以是也.

117) 『定本 與猶堂全書』15, 『周易四箋』권1「互體表直說」: 吳幼淸雲: "泰之兩互爲歸妹, 故六五曰帝乙歸妹."【見『大全』】

정리하자면 앞에서 논술한 바와 같이 주희는 호체의 폐지에는 반대하면서도 그것을 적극적으로 활용하지도 않는 호체불가폐론이라는 신중한 입장을 취하였지만 다산은 『주역』을 해석하는 데 양호작괘법을 상당히 빈번하게 사용하였고, 필요하고 효과적이라고 적극적으로 평가하고 있다.[119] 그러므로 다산은 역리사법이 "주자지본의朱子之本義"라고 하였지만 실제로는 양자의 해석방법은 상당히 큰 차이가 있다. 마지막으로 다산이 『주역』64괘 해석에서 호체론을 활용하는 구체적인 예를 정리하겠다.

1) 屯六二: 屯如邅如, 乘馬班如, 匪寇婚媾, 女子, 貞, 不字, 十年乃字. [茶山注] 此, 屯之節也. … <u>兩互爲頤</u>【節兩互】自艮至震, 又重始之【八卦方位之序】周而復始, 厥數滿十【艮至震, 二年. 又巽至震, 八年】"十年乃字"也.

2) 屯六三: 卽鹿无虞, 惟入于林中. 君子幾, 不如舍, 往吝. [茶山注] 此屯之旣濟也. … <u>屯之兩互, 其卦剝也</u>.【下坤而上艮】剝之六三, 是爲重艮.

3) 比象辭: 比吉. 原筮, 元永貞, 无咎. 不寧方來. 後夫凶. [茶山注] 此, 比之不變者也. ○<u>比之兩互, 其卦剝也</u>. 比匪其匹,【艮之配, 兌也.】後夫凶也.

4) 小畜九三: 輿說輻 夫妻反目. [茶山注] 此, 小畜之中孚也. … <u>小畜之卦, 兩互成睽</u>.

---

118) 『定本 與猶堂全書』15, 『周易四箋』권1「互體表直說」: 宋時金主完顔亮入寇, 筮之遇隨卦, 占者曰"兩互爲漸", 亦此法也.

119) 『定本 與猶堂全書』15, 『周易四箋』권1「互體表直說」: 兩互作卦者, 旣取互體, 自然成卦, 非苟爲是工巧也.

5) 小畜六四: 有孚血,【句】去惕出, 无咎. [茶山注] 此, 小畜之乾 也. … 兩互作卦, 其卦爲睽.

6) 小畜九五: 有孚攣如, 富以其鄰. [茶山注] 此, 小畜之大畜 也. … 小畜兩互, 其卦睽也. 睽之五爻, 其卦履也.

7) 履六三: 眇能視, 跛能履. 履虎尾, 咥人, 凶, 武人爲于大君. [茶山注] 此, 履之乾也. 履之兩互, 卽成家人.

8) 泰「象傳」: "泰, 小往大來, 吉, 亨", 則是天地交而萬物通也, 上下交而其志同也. [茶山注] 此, "上下交而其志同也".【兩互, 歸妹也, 坎離爲志.】

9) 泰九三: 无平不陂, 无往不復. 艱貞, 无咎, 勿恤其孚,【句】于 食有福. [茶山注] 此, 泰之臨也. … 泰之兩互, 卽成歸妹.

10) 泰六四: 翩翩,【句】不富以其鄰, 不戒以孚. [茶山注] 此, 泰之 大壯也. 兩互作卦, 是成歸妹.

11) 泰六五: 帝乙歸妹, 以祉, 元吉. [茶山注] 此, 泰之需也. 兩互, 歸妹也.

12) 否九四: 有命, 无咎, 疇離祉. [茶山注] 此, 否之觀也. ○兩互 爲漸, 離於福也.【漸互离】時當否塞, 旣以巽退, 惟有治田爲農, 可以受福也. 於四言之者, 四爲漸主也.

13) 謙六五: 不富以其鄰, 利用侵伐, 无不利. [茶山注] 此, 謙之 蹇也. 謙之兩互, 其卦爲解.【下水而上雷】解五之動,

14) 隨九五: 孚于嘉, 吉. [茶山注] 此, 隨之震也. 隨之兩互, 卽成漸 卦.

15) 蠱九三: 幹父之蠱, 小有悔, 无大咎. [茶山注] 此, 蠱之蒙也. 蠱之兩互, 卽成歸妹.

16) 賁九三: 賁如濡如, 永貞, 吉. [茶山注] 此, 賁之頤也. … 頤

<u>之兩互, 卽成兩坤.</u>

17) 賁六四: 賁如皤如, 白馬翰如, 匪寇婚媾. [茶山注] 此, 賁之
離也. ○學圃云, "<u>離之兩互, 寔爲大過. 故有再婚之象</u>".

18) 无妄 象辭: 无妄, 元亨, 利貞, 其匪正, 有眚, 不利有攸往.
[茶山注] 此, 无妄之不變者也. ○"其非正"者, 互卦之謂也.
【互卦, 非正卦】<u>卦之兩互</u>【艮而巽】<u>其卦爲漸.</u>

19) 遯九三: 繫遯, 有疾, 厲. 畜臣妾, 吉. [茶山注] 此, 遯之否也.
<u>遯之兩互, 其卦姤也.</u> 姤之九三, 其卦訟也.

20) 損六三: 三人行, 則損一人, 一人行, 則得其友. [茶山注] 此,
損之大畜也. ○<u>損之兩互, 其卦爲復. 一人行也.</u>【只一陽】復之
六三, 又成明夷.

21) 損六五: 或益之,【句】十朋之龜,【句】弗克違, 元吉. [茶山注] 此,
損之中孚也. <u>損之兩互, 其卦復也.</u> 復之六五, 其卦屯也.

22) 益六二: 或益之,【句】十朋之龜, 弗克違. 永貞, 吉, 王用享于
帝, 吉. ○象曰: "或益之", 自外來也. [茶山注] 此, 益之中孚
也. <u>益之兩互, 其卦剝也.</u> 剝之六二, 其卦蒙也. ○"自外來"者,
蒙自觀來也.【五之二】不以兩互, 則不自外來【卦中無此象】不可
讀也. 損之六五, 益之上九, 宜參看.

23) 萃象辭: 萃, 亨, 王假有廟, 利見大人, 亨, 利貞, 用大牲, 吉,
利有攸往. [茶山注] 此, 萃之不變者也. ○"萃亨"者, 萃卦之
本德也.【正卦象】"亨利貞"者, <u>兩互爲漸之占例也.</u>【互卦象】再言
亨, 非衍文也. ○<u>萃之兩互, 其卦爲漸.</u>

24) 萃六二: 引吉, 无咎, 孚, 乃利用禴. [茶山注] 此, 萃之困也.
<u>萃之兩互, 其卦漸也.</u> 漸二之動, 其卦巽也.

25) 升象辭: 升, 元亨, 用見大人, 勿恤, 南征吉. [茶山注] 此, 升

之不變者也. ○升之兩互, 是成歸妹.

26) 升九二: 孚乃利用禴, 无咎. [茶山注] 此, 升之謙也. 升之兩互, 是成歸妹.

27) 井象辭: 井, 改邑, 不改井, 无喪无得, 往來井井. 汔至, 亦未繘井, 羸其瓶, 凶. [茶山注] 此, 井之不變者也. … 井之兩互, 其卦睽也.

28) 革九四: 悔亡. 有孚. 改命, 吉. [茶山注] 此, 革之旣濟也. 兩互, 姤也.【已見「象」】姤之九四, 其卦, 巽也.

29) 歸妹九二: 眇能視, 利幽人之貞. [茶山注] 此, 歸妹之震也. 歸妹之體, 兩互成卦【法見「表」】其卦, 旣濟也.

30) 旅九三: 旅焚其次, 喪其童僕, 貞厲. [茶山注] 此, 旅之晉也. ○“貞厲”者, 旅之兩互, 卽成大過.【澤風卦】大過九三, 又成困卦.

31) 旅九四: 旅于處, 得其資斧, 我心不快. [茶山注] 此, 旅之艮也. 旅之兩互, 卽成大過【澤與風】大過九四, 又成井卦.

32) 中孚六三: 得敵, 或鼓或罷, 或泣或歌. [茶山注] 此, 中孚之小畜也. ○卦之兩互, 卽成頤卦【山雷卦】頤之六三, 其卦, 賁也.

4 _ 효변설爻變說

1) 효변爻變의 정의와 기원

『주역』은 원래 복서卜書인데 은주殷周 시기에 나타났고 사관史官들이 관리하는 것이다. 그것의 가장 기본적인 구성 요소는 대대待對 의미를 가지고 있는 양효陽爻(━)와 음효陰爻(╍) 부호이다. 이러한 효爻에 대해서 『계사전』에서 명확히 정의하고 있는데 “효라는 것은 이를 본받는 것이다爻也者, 效此者也", "효라 함은 변화를 말한 것이다爻者, 言乎變者也", "효라는 것은 천하의 움직임을 본받는 것이다(爻也者, 效天下之動者也", "도道에 변동이 있어서 효라고 한다道有變動, 故曰爻"라고 하였다. 이에 변화는 효의 속성이고 효가 변화나 변동이라는 의미를 갖게 되었다. 그러므로 괘효사를 해석할 때 언제든지 효의 이런 속성을 명심해야 하고, 효의 변화를 강조하는 효변설, 즉 상수학 전통에서 말하는 변괘설을 제기하는 것이 필연성이 있는 것이다. 그러면 효변설은 역학사에서 어떻게 전개된 것인가?

효변은 구九, 육六의 정의부터, 시괘법蓍卦法과 효의 변화와 총체적으로 연결되어 있다. 효변은 최초로『좌전』,『국어』의 서례筮例에서 모괘지모괘某卦之某卦의 형식으로 나왔는데, 다산이 지은 「춘추관점보주春秋官占補注」에는『춘추좌씨전』에서의 17개,『국어』에서의 3개의 점서례, 총 합쳐서 20개의 점서례가 실려 있다. 이 문헌들이『주역』의 원래 역사에 가장 가까운 것이라서『주역』에 원래 모습을 찾기 위해서는 소홀할 수 없다. 다산은 건괘 초구 "잠룡물용潛龍勿用"의 주석에서 "가의賈誼는『신서新書』에서 '잠룡潛龍은 들어가서는 나올 수 없는 것이니, 그러므로 역에서 물용勿用이라고 하였다.'고 하였고 경방의『역전』에서도 이르기를, '잠룡물용은 천天의 상이 변하여 달라지게 되면 풍風이 되며, 그것이 운행하여 해산시키지 못하니 … 【"궐이厥異"를 "풍"이라고 한 것은 건乾이 손巽으로 변하였기 때문이다】' 라고 하였는데 이 두 역학가는 효변을 알고 있는 듯하다."120)고 하였

---

120)『定本 與猶堂全書』15,『周易四箋』권1 乾卦 初九: 賈誼,『新書』曰: "潛龍 入而不能出, 故『易』曰勿用."【巽爲入】京房『易傳』云: "潛龍勿用, 厥異風, 行不解."【厥異爲風者, 以變巽也】二家, 似知爻變.

고 "경방의 『역전』에서 이 효를 해석하여 말하였다. '대신大臣의 도리는 마땅히 현인의 성품과 행실을 살펴서 조정에 천거해야 하는 것이다. …' 경방의 해석은 효변에 근거한 것이니, 이런 효변법은 그 연원이 오랜 학설로서 스승에서 제자로 면면히 이어져 내려온 것이다."121)고 하였으며, 또한 "한대 이후로 효변설은 단절斷絶되어 전승되지 않았다. 이것이 바로 역의 이치가 어두워진 까닭이다."122)라고 하여, 효변설의 전승에 있어 가의賈誼, 경방京房이 주요 역할을 하였고, 한대 이후로 효변설은 단절되어 전승되지 않았게 되었다고 주장한다.123) 다시 정리하면 효변설은 『좌전』에서의 "모괘지모괘"에서 가의, 경방을 거쳐 오래 단절되어 전승되지 않았다가 다시 이어진 것

---

121) 『定本 與猶堂全書』15, 『周易四箋』권3 觀卦 上九: ○案京房『易傳』, 釋此
爻曰: "大臣之義, 當觀賢人性行, 以貢於庭.【生之謂性, 如告子】 否則聞善不
終.【艮爲終】 厥異黃,【坤之比曰黃裳, 此爻亦之比】 厥咎聾.【以坎爲耳痛】" 其說主
於爻變, 此古學之有師承者也. 其災咎之說, 仍是讖緯之祖.【漢成帝封王氏
五侯, 黃雲四塞. 哀帝封外戚丁氏亦然. 故楊宣『對策』引京房】 且其貢士之義, 謬戾
不典.

122) 『定本 與猶堂全書』15, 『周易四箋』권1 「爻變表直說」: 自漢以來, 爻變之說
絶無師承, 此易之所以晦盲也.

123) 방인은 『주역사전』은 "실로 2000년 이상 시행착오만을 반복해 온 역경해석사에서 새로운 돌파구를 마련한 것"이라고 평가하면서, 그 근거로 다산의 "역리사법"을 들고 있다. 이 "사법"에서 방인은 특히 효변설에 주목하고 있다. 그리고 효변설이야말로 다산역학의 가장 큰 특징이라고 할 수 있다고 주장한다. 『다산문답』에서 효변에 대해 아들과의 답변으로 보면, 도결都潔을 제외하고는 효변을 취한 사람을 찾아볼 수 없을 정도로 효변은 역학사상 그 유례를 찾아보기가 힘들 정도로 독창적인 사상이란 점을 말해주고 있다.(問漢儒以降, 爻變之義, 竟無知者耶?【男學稼】 答: "天下至廣, 豈有是也?『文獻通考』『經籍考』載『周易變體』十六卷, 宋都潔所撰, 用蔡墨言乾六爻之例, 專論之卦爲主, 恨未得此書見之也.)

이라고 추측할 수 있다.

효변의 전개과정을 잘 파악하고 논하려면 변점법變占法을 살펴보는 것이 지름길이라고 생각한다. 원래의 점치는 것으로 거슬러 올라갈 수 있기 때문이니, 그 근원에서 연구하면 더 쉽고 정확하게 이해할 수 있을 것이다. 다산에 있어, 『춘추좌씨전』, 『국어國語』에서 나온 점서례를 가지고 「춘추관점보주」를 지었는데 효변을 탐구하는 데에 필요한 중요 자료들이다. 구체적으로 다음과 같다.

> 初, 畢萬筮仕於晉, 遇屯䷂之比䷇.【初九變】(畢萬之筮【閔元年】)
>
> 初, 晉獻公筮嫁伯姬於秦,【申生姊】遇歸妹䷵之睽䷥.【上六變】(伯姬嫁秦之筮【僖十五年】)
>
> 『周易』有之, 在乾之姤䷫【初九變】曰潛龍勿用, 其同人䷌【九二變】曰見龍在田, 其大有䷍【九五變】曰飛龍在天, 其夬䷪【上九變】曰亢龍有悔, 其坤䷁【乾六爻皆變】曰見群龍, 無首, 吉, 坤之剝䷖【坤上六之變】曰龍戰於野. 若不朝夕見, 誰能物之? (蔡墨對龍之言【昭二十九年】)
>
> 陳侯使筮之, 遇觀䷓之否䷋.【六四變】(陳敬仲之筮【莊二十二年】)
>
> 晉成公之歸也, 晉筮之, 遇乾䷀之否䷋(成公歸晉之筮【『周語』○趙穿殺靈公, 逆文公庶子黑臀於周而立之, 是爲成公】)
>
> 成季之將生也,【魯公子季友】桓公使蔔楚丘之父筮之, 遇大有䷍之乾䷀.【六五變】(成季之筮【閔二年】)
>
> 齊棠公死,【齊大夫】崔武子弔焉,【卽崔杼】見棠薑, 美之. 筮之, 遇困䷮之大過䷛.【六三變】(崔杼取薑之筮【襄二十五年】)
>
> 十二月, 秦伯納公子.【納重耳】董因迎公於河, 公問焉曰:

"吾其濟乎?" 對曰: "臣筮之, 得泰之八䷊." (董因迎公之筮【『晉語』】)

天王出, 居於鄭,【辟王子帶之難】琴伯師於河上, 將納王. 晉侯使蔔偃筮之, 遇大有䷍之睽䷥【九三變】 (晉侯納王之筮【僖二十五年】)

夏, 晉侯及楚子, 戰於鄢陵. 公筮之.【公, 晉侯】史曰: "吉! 其卦遇復䷗【卦不變】 ……" (晉侯鄢陵之筮【成十六年】)

穆姜薨於東宮.【魯成公之母】始往而筮之, 遇艮之八.䷳ 史曰: "是謂艮之隨䷐【第二畫不變】隨, 其出也, 君必速出." (穆姜東宮之筮【襄九年】)

季平子不禮於南蒯, 南蒯以費叛. 枚筮之, 遇坤䷁之比䷇.【六五變】曰: "黃裳元吉." (南蒯之筮【昭十二年】)

秋, 琴伯伐晉, 蔔徒父筮之: "吉! 涉河, 侯車敗."【此徒父之言】詰之, 對曰: "三敗, 必獲晉君. 其卦遇蠱䷑【卦不變】曰, '千乘三去, 三去之餘, 獲其雄狐.'【徒父自作詞】夫狐蠱, 必其君也." (琴伯伐晉之筮【僖十五年】)

初, 穆子之生也,【叔孫豹】莊叔【豹父得臣】以『周易』筮之, 遇明夷䷣之謙䷙.【初九變】 (叔孫豹之筮【昭五年】)

鄭公子曼滿與王子伯廖語, 欲爲卿. 伯廖告人曰: "無德而貪, 其在『周易』豐䷶之離䷝【上六變 ○『易』】詞曰: "豐其屋, 蔀其家, 闚其戶, 闃其無人, 三歲不覿, 凶." (王子伯廖之語【宣六年 ○不筮而占吉凶】)

衛襄公嬖人婤姶生孟縶.孔成子夢康叔謂己: "立元".【夢時元未生】婤姶生子,【又生子】名之曰元.【卽靈公】孟縶之足不良弱行.【跛一足】孔成子以『周易』筮之曰: "元尚享衛國, 主其社稷!"【此令蓍之辭, 所以問神】遇屯䷂.【卦不變】又曰: "餘尚立

縶！尚克嘉之！"【又令蓍】遇屯之比䷇.【初九變】(衛靈公之筮
【昭七年】)

晉趙鞅蔔救鄭.【時，宋人伐鄭】陽虎以『周易』筮之，遇泰䷊之
需䷄.【六五變】(陽虎救鄭之筮【哀九年】)

鄭伯使遊吉如楚，楚人還之.【欲鄭君之親來朝】吉歸曰："楚
子將死矣. 不修其政德，而貪昧於諸侯，以逞其願，欲久，得
乎？『周易』有之，在復䷗之頤䷚,【上六變】…"(遊吉如楚之語
【襄二十八年 ○亦不筮而占吉凶】)

夏，晉師救鄭,【楚伐鄭】荀林父將中軍. 及河，聞鄭及楚平.
桓子欲還,【卽林父】彘子【卽先縠】曰："不可，聞敵強而退，非
夫也." 知莊子【林父之弟荀首也】曰："此師殆哉！『周易』有之，
在師䷆之臨䷒,【初六變】…"【(知莊子之語宣十二年 ○亦不筮而占吉
凶】)

晉懷公自琴逃歸，琴伯召公子於楚.【召重耳】饗卒，公子親
筮之曰："尚有晉國！"【此令蓍之辭】得貞屯䷂悔豫䷏皆八也.
【少陰數】(重耳反國之筮【『晉語』僖二十四】)

이른바 시괘지법蓍卦之法은 점치는 절차를 가리키는 용어인데, "시
괘의 방법은 물리物理에 의존한다蓍卦之法, 依於物理"라고 하니, 시괘
에도 철학적 의미가 함축되어 있다. 『주역』으로 점사占事의 길흉을
판단하고 지행진퇴知行進退를 파악하기 위한 효변은 시괘지법의 한
부분으로서 『주역』의 해석방법일 뿐만 아니라 그것 자체가 물리적
세계의 본성에 대한 표현이 된다. 위에 나열된 점례占例로 살펴보면
모두 모괘지모괘某卦之某卦의 형식을 취하였고 여기서의 "지之"자는
변한다는 뜻이다. 이러한 경우에 점사占辭는 변하는 효가 원래 괘에
서 대응하는 효사爻辭를 취한다. 그리고 모괘지모괘의 형식을 취하는

이유는 춘추시대에 『주역』으로 점을 칠 때 아직 반드시 변해야 하는 의미가 있는 노음인 육六과 노양인 구九로 표시하지 않았기 때문이다. 그러므로 춘추시대에는 효변이 아주 중요한 역할을 하였고 모괘 지모괘로 효를 가리키는 것은 일반적인 통례이다. 구체적인 예을 들어서 설명하자면, 건지구乾之姤는 건괘의 초구를 가리키는 것이고, 건지동인乾之同人은 건괘의 구이를, 건지대유乾之大有는 건괘의 구오를 가리키는 것이다. 모괘지모괘라는 형식 빼고『좌전』,『국어』에서 기록된 서법筮法은 또 하나의 일반적인 규칙이 있는데 점占를 푸는 과정을 세 단계로 나누는 것이다. 첫째는 점을 쳐서 얻은 괘를 근거하여 이 괘와 관련이 있는 괘상을 열거하는 것이고, 둘째는『주역』의 본괘本卦와 지괘之卦를 분해하여 이 가운데서 포함된 삼획괘, 즉 내괘, 외괘 혹은 호괘를 찾아내는 것이며, 셋째는 얻은 삼획괘의 괘상을 가지고 사辭와의 관계를 찾는 것이다.[124]

또한 『계사전』에서 가장 권위가 있는 시초점서蓍草占筮를 제기하였는데 "열 여덟 번 변해서 괘를 이룬다十有八變而成卦"라고 하였다. 즉 하나의 괘는 6효로 구성되고, 한 효를 얻으려면 3번 변해야 하니 한 괘를 얻으려면 총 18번 변해야 하는 것이다. 이것도 효변설과 관련된 소홀할 수 없는 중요한 내용이다. 그러나 아쉬운 것은『계사전』에서 얻는 변하는 효와 변하지 않은 효로 어떻게 점사占事의 길흉을 판단하는지를 밝히지 않았다. 이는 한대나 당대의 역학자들이 모두 자세히 논하지 않았고 남송의 주희에 이르러야 그의『주역』의 점법을 중심으로 한 저술인『역학계몽易學啓蒙』에서 변점법變占法를 제기하였다.

---

124) 林忠军, 『象数易学发展史』권1, 齐鲁书社, 1994. p.25 참조.

하나의 효가 변하면, 본괘 중에 변한 효로써 점을 판단한다.

두 개의 효가 변하면, 본괘 중에 변한 효로써 점을 판단하되, 상효를 위주로 한다.

세 개의 효가 변하면, 본괘 및 지괘의 단사로 점을 치되, 본래의 괘를 정貞으로 삼고, 지괘를 회悔로 삼는다. 앞의 10개의 괘는 정貞을 위주로 하고, 뒤의 10개의 괘는 회悔를 위주로 한다.

네 개의 효가 변하면, 지괘 중에 변하지 않는 두 개의 효로 점을 치되, 하효를 위주로 한다.

다섯 개의 효가 변하면, 지괘 중에 변하지 않는 효로 점을 친다.

여섯 개의 효가 변하면, 건괘와 곤괘는 두 괘의 용用(즉 용구用九와 용육用六)으로 점을 치고, 나머지 괘는 지괘의 단사로 점을 친다.[125]

한 괘의 효변은 일효변, 이효변, 삼효변, 사효변, 오효변, 육효변과 모두 변하지 않은 7가지 경우가 있다. 주자의 이러한 변점법으로 앞의 점례를 다시 살펴보면,『좌전』에서 일효변은 필만지서畢萬之筮, 백희가금지서伯姬嫁琴之筮, 진경중지서陳敬仲之筮, 성계지서成季之筮, 최저취강지서崔杼取薑之筮, 진후납왕지서晉侯納王之筮, 남괴지서南蒯

---

125) 『易學啟蒙』: 一爻變, 則以本卦變爻辭占. 二爻變, 則以本卦二變爻辭占, 仍以上爻爲主. 三爻變, 則占本卦及之卦之彖辭, 而以本卦為貞, 之卦為悔. 前十卦主貞, 後十卦主悔. 四爻變, 則以之卦二不變爻占, 仍以下爻爲主. 五爻變, 則以之卦不變爻占. 六爻變, 則乾、坤占用二用, 餘卦占之以卦彖辭.

172

之筮, 왕자백료지어王子伯廖之語, 위영공지서衛靈公之筮, 양호구정지서
陽虎救鄭之筮, 유길여초지어遊吉如楚之語, 지장자지어知莊子之語 등이
있고, 이효변은 없고, 삼효변은 성공귀진지서成公歸晉之筮가 있고, 사
효변은 없고 오효변은 목강동궁지서穆姜東宮之筮가 있고 육효변은 채
묵대용지언蔡墨對龍之言가 있으며 육효가 모두 변하지 않은 경우는
동인영공지서董因迎公之筮, 진후언릉지서晉侯鄢陵之筮, 목강동궁지서
穆姜東宮之筮, 금백벌진지서琴伯伐晉之筮, 위영공지서衛靈公之筮, 중이
반국지서重耳反國之筮 등이 있다. 다만『좌전』,『국어』에서 점사占事
의 길흉을 판단할 때 효사를 취하는 것은 주자의 변점법과 완전히
똑같은 것이 아니다. 다산에 들어와서 이런 효변설을 계승하여 발전
시켰고, 또한 주자의 학설을 기초로 하여 비판적인 태도를 가지고 자
기의 독창적인 점법을 성립시켰다.

2) 다산의 효변설爻變說

　　정약용은 「여윤외심서與尹畏心書」에서 『주역』을 연구하게 된 과정
을 회고하면서 자기 학설의 큰 줄거리를 소개하고 있다. 이에 따르
면, 정약용은 순조 1년(1801) 겨울 강진에 유배된 그 이듬해 봄부터
고례古禮를 고찰하기 위해 『춘추좌씨전』을 읽기 시작하였는데, 이 때
춘추시대의 관점官占 기록에 주목하게 된다. 그는 공부과정에서 고점
례를 통해서 『주역』을 해석하는 데에 있는 난제들을 효변爻變에서
돌파구를 찾았다. 즉 효변이라는 중요한 해석방법을 찾아냈다는 것
이다. 효변의 정의에 대해 다산이 말하였다.

　　　효변이란 무엇인가? 건괘乾卦 초구는 건괘가 구괘로 변한

것이고, 곤괘坤卦 초육은 곤괘가 복괘로 변한 것이다. 이렇게 한 획이 변동하면 전체 괘가 따라 변하는데, 이를 효변이라 하는 것이다.126)

무엇을 효변이라 하는가 하면 대체로 효사는 모두 이미 변한 체體를 주로 하여 상象을 취하고 문文을 세운 것입니다. 건괘의 초구는 건괘의 초강初剛이 동하여 구괘가 된 것이고, 건괘 구이는 건괘의 이강二剛이 동하여 동인괘가 된 것이니, 육효에 이르기까지 모두 그렇지 않음이 없습니다. 이것이 바로 이른바 384효라는 것입니다. 모든 양획은 음획으로 만들어 보아야 하고 모든 음획은 양획으로 만들어 보아야 합니다.127)

위의 인용문에서 건지구乾之姤, 곤지복坤之復이 바로 효변이라고 성명하였다. 앞에서 논한 바와 같이 추이는 "모괘는 모괘로부터 변한다某卦自某卦來"라는 형식을 취하는 것인데, 여기서 다산의 정의를 통해 효변은 "모괘가 모괘로 변한다某卦之某卦"의 형식을 취함을 알 수 있다. 또한 다산이 효변을 천명하기 위하여 양효와 음효가 모두 끝임없이 변하고 양자는 서로 전환하는 것이라고 밝혔다. 이에 우선 효爻와 획劃의 개념부터 구분하여 효의 특징을 밝히면 더 쉽게 효변설을 파악할 것이라고 본다. 이른바 획劃이라는 말에는 선線이라는

---

126) 『定本 與猶堂全書』15,『周易四箋』권1「括例表」: 爻變者, 何也?乾初九者, 乾之姤也. 坤初六者, 坤之復也. 一畫既動, 全卦遂變, 此之謂爻變也.

127) 『定本 與猶堂全書』4,『文集』권19,「與尹畏心 - 永僖」: 何謂爻變?大凡爻詞, 皆主既變之體, 而取象立文. 乾初九者, 乾初剛之動而爲姤者也. 乾九二者, 乾二剛之動而爲同人者也. 至於六爻, 莫不皆然, 乃所謂三百八十四爻. 凡其陽畫, 當把作陰畫看, 凡其陰畫, 當把作陽畫看.

개념 외에는 아무것도 들어 있지 않지만, 효에는 변화의 개념이 포함되어 있다. 그러므로 효에 대하여 다산이 말하기를 "효라는 것은 변하는 것이니, 변하지 않으면 효가 아니다."[128]라고 하였고 또한 "효라는 글자는 본래 변괘의 개념을 뜻하는 것으로 1획·2획을 말하는 것이 아닙니다. 획을 효로 생각하는 것이 원래의 의미를 잃은 것인데, 나머지야 더 말할 나위가 없습니다. 경문에 '효는 변하는 것을 말한다'고 하였는데 효를 어찌 획이라 할 수 있겠습니까?"[129]고 하였다. 여기서 다산이 반복 강조하고자 하는 것은 효의 가장 큰 특징이 변화라는 것이다. 변화를 핵심 사상으로 하는 『주역』에는 변화를 의미하는 효가 없으면 절대로 안 된다. 이러한 맥락에서 『주역』을 해석할 때 효의 변화는 소홀할 수 없는 중요한 요소가 된다. 다산이 이것을 인식하였고 효변설을 『주역』을 해석하는 역리사법 중의 하나로 삼았다. 그러므로 이른바 효변이란 양에서 음으로 혹은 음에서 양으로 질적 변환이 발생함을 가리키는 용어이다. 이와 달리 앞에 논한 괘변의 경우에는 이와 반대로 질적 변화가 발생하지 않고 오로지 공간적 위치의 변동만 발생하므로 효의 변화가 아니라 획의 이동이 일어난 것이다.

괘변과 효변의 관계에 대하여, 다산은 추이뿐만 아니라 효변도 마찬가지로 연역계사演易繫辭의 원리이라고 주장한다. 효사를 해석할 때, 추이와 효변은 서로 관련되어 있어 추이나 효변에만 의존하면 안

---

128) 『定本 與猶堂全書』15,『周易四箋』권1「爻變表直說」: 爻者, 變也. 不變非爻也.

129) 『定本 與猶堂全書』4,『文集』권20,「答申在中【己卯十一月日】」: 爻之爲字, 本是變卦之名, 非一畫二畫之謂也. 以畫爲爻, 原是失實, 餘不必言. 經曰 "爻者, 言予變者也", 爻豈是畫耶?

되고 양자를 결합시켜야 한다. 만약 양자 중의 하나만 적용하면 괘상과 역사易辭가 서로 부합하지 않을 것이고 결국은 바르지 않은 해석을 하게 된 결과를 초래할 것이다. 또한 다산은 효변을 효사해석의 핵심 방법 중의 하나로 삼아 자기 역학체계에서 가장 독창성 있는 것으로 본다. 그러므로 『주역사전』에서 384효와 용구用九, 용육用六을 해석할 때 모두 "차곤지예야此坤之豫也"라는 형식의 문구로 시작하였고 효변을 기초로 해석을 전개하였다.

효변의 정의를 규명한 다음에 다산 효변설과 주자 효변설의 관계를 살펴보겠다. 다산이 『주역사전』「사전소인」에서 "효변은 주자의 취지이다爻變者, 朱子之意也"라고 하였는데 다산 이전에 주자가 이미 효변을 주장하고 있었고, 그리고 다산이 주자가 『역학계몽』에서 제기한 변점법을 인정하는 것임을 알 수 있다. 그러나 주자의 경우에는 점법에서 효변을 인정하였지만, 괘사의 해석에서는 그것을 자주 적용하지 않았다. 다시 말하면 『역학계몽』에서는 효변을 취하였으나, 『주역본의』에서는 취하지 않았다. 그러나 다산에 따르면, 점법에서는 효변을 취하였을 뿐만 아니라 괘사의 해석에도 효변를 적용하였다. 점을 치면 괘가 이미 변화되었는데, 괘사의 해석에는 그것을 반영하지 않을 수 밖에 없기 때문이다. 정리하자면 다산의 효변설은 주희의 효변설을 비판적으로 계승하는 것이니 공통점도 있고 차이점도 있는 것이다. 양자 효변설의 동일한 점은 용육用六, 용구用九가 건괘와 곤괘의 모든 효가 변하는 경우 해석하는 역례라는 점이다. 하지만 다른 점은 주희의 효변설에서 여러 효의 변화가 가능하지만 다산의 효변설에서는 단지 한 효의 변화만 허용된다. 또한 다산이 효변설을 널리 384효사의 해석에 활용하였지만 주자의 효변설은 원리적으로 구현되었을 뿐 실제적 적용은 거의 이루어지지 않았다고 본다.

  추이의 경우에는 괘변설이라는 형태로 전승되어 온 과정을 추적할 수 있지만, 효변의 경우에는 역학사에서 그 유사한 사례를 찾기가 극히 어렵다.[130] 그럼에도 불구하고 효변설은 그 우월성과 필요성이 있다. 우선, 효변의 우월성에 대해 다산이 말하기를 "이제 『설괘전』의 글과 그 변동의 방식을 취하여 마음을 가라앉히고 384개의 효사를 연구해서 모색해 나간다면, 글자마다 부합하고 구절마다 부합해서 다시는 의심되어 이해되지 않는 일이 조금도 없을 것입니다. 대저그 오묘하고도 미묘한 언어와 의미[奧言微旨]가 도저히 이해되지 않아 아무리 재주 많은 대유학자[鴻工鉅儒]라고 하더라도 그 문 앞만 바라보다가 도망갔었는데, 이제는 마치 날카로운 칼로 대나무를 자르는 듯이 풀리지 않는 일이 없을 것이다."[131]고 하였다. 괘효사에서 나오는 글이 『설괘전』에서 나오는 내용과 부합하지 않을 경우가 생길 수 있는데, 이 때 효변법을 적용하고 다시 꼼꼼하게 살펴보면 마치 날카로운 칼로 대나무를 자르는 듯이 풀리지 않는 일이 없을 것이다. 또한 효변의 중요성에 대하여 다산이 말하기를 "효가 변하지 않으면, 추이의 방식도 또한 통하지 않게 되는데, 이것이 추이라는 방법이 사라지는 이유인 것이다."[132], "효가 변하지 않으면 『설괘전』

---

130) 방인, 『다산 정약용의 「주역사전」, 기호학으로 읽다』, p.381 참조. 효변을 적용한 사례로 정약용이 송나라의 도결都潔의 『주역변체周易變體』의 한가지 예에 불과하다고 하였다. 또한 성호 이익이 효변설을 채용하였다고 언급하고 있으나 이것은 곤괘坤卦 육사의 "확낭무구擴囊無咎"라는 한 곳에 지나지 않았다.

131) 『定本 與猶堂全書』4, 『文集』권19, 「與尹畏心 - 永僖」: 今取說卦之文及變動之法, 潛心究索於三百八十四爻之詞, 則字字符合, 句句契比, 無復一毫半點之疑晦不通者, 凡其奧言微詞之必不可解, 鴻工鉅儒之望門卻走者, 無不破竹之勢, 迎刃以解.

에 제시되는 물상 또한 모두 역사易詞와 부합하지 않게 되는데, 이로 써『설괘전』의 용도가 폐기되다시피 된 것이다."133), "효가 변하지 않으면 호체의 물상도 역시 모두 합치되지 않게 되니 이것이 호체가 도외시된 까닭이다."134), "『주역』의 경우는 효변의 방식을 파악하지 못하면,『주역』이라는 책에 나오는 64괘 384효가 모두 더 어긋나버려 서, 음을 양인 것으로 인식하게 되고, 양을 음으로 인식하게 되어, 단 하나의 효라도 그 해석이 요행히 그러한 어긋남을 면하는 경우가 있 을 수 없으니,『주역』의 경우, 무엇이든 득실명암得失明暗이 있게 마 련이라는 일반론으로 논할 수 있을 것이겠는가?"135)고 하였다. 효변 설은 역리사법에서의 하나로서 나머지 세 가지 방법과 나눌 수 없는 긴밀한 내재적인 연관성이 있어, 만약 효가 변하지 않으면 나머지 세 가지 방법이 분명하게 드러나지 못할 것이고,『설괘전』에서 제기되 는 물상은 역사易辭와 부합하지 않게 될 것이다.

이상 역리사법의 기원과 내용에 대한 고찰을 통해서 다산 역학은 단순히 주자역학의 계승자가 아님을 알 수 있다. 다산과 주희는 역리 에 대한 정의와 규정부터 실제『주역』의 해석의 활용까지 뚜렷한 차 이가 있다. 그러나 두 학자는 공통점도 있는데, 즉 모두 문헌고증을

---

132) 『定本 與猶堂全書』15,『周易四箋』권1「爻變表直說」: 爻不變, 則推移之法 亦不可通, 此推移之所以廢.

133) 『定本 與猶堂全書』15,『周易四箋』권1「爻變表直說」: 爻不變, 則『說卦』物 象亦皆不合, 此『說卦』之所以廢.

134) 『定本 與猶堂全書』15,『周易四箋』권1「爻變表直說」: 爻不變, 則互體之物 亦皆不合, 此互體之所以廢.

135) 『定本 與猶堂全書』15,『周易四箋』권1「爻變表直說」: 至於『周易』, 不達爻 變之法, 則一部『易』六十四卦·三百八十四爻, 悉悉乖反, 認陰爲陽, 認陽 爲陰, 無有一爻倖而免於乖反者, 其又有得失明暗之可論哉!

통해 의리, 상수를 통합하는 관점에서 『주역』의 근본원리와 원래 모습을 찾으려고 자신의 역학을 정립하였고, 또한 모두 역리사법을 중요한 해석방법으로 삼았다.

제4장
다산 『주역』해석의 성기성인成己成人 사상

1_『주역』의 성격에 대한 이중二重적 인식

1) 점서占書로서의 『주역』

앞에서 논의한 바와 같이 다산은 십익에 대한 개편 작업을 하였는데 특히 원래 『계사전』의 내용을 과감하게 줄여 다만 다산 『주역』해석의 핵심인 역리사법과 관련된 부분만 남겼다.[1] 그리고 『계사전』에서의 점서占筮에 관한 내용을 독립시켜 「시괘전蓍卦傳」을 새로 만들었고, 『춘추좌씨전』과 『국어』에 실린 관점官占의 20개 사례를 보주補註하여 「춘추관점보주春秋官占補註」[2]를 지어 후세 사람들에게 점사

---

1) 『定本 與猶堂全書』15, 『周易四箋』권8 「繫辭傳」序: 今不敢全釋, 只就十二辟推移之義, 及六爻變動之法, 凡有關於四大義理者, 約略疏理. 其中專論一卦之繇者,【'鳴鶴在陰'類】前已論釋於各卦之下. 又如揲蓍諸文, 別爲表章, 玆不疊論.

2) 1.陳敬仲之筮 2.畢萬之筮 3.成季之筮 4. 琴伯伐晉之筮 5. 伯姬嫁琴之筮 6.

占辭를 해석하는 방법을 밝혀주려고 하며, 또한 『역학서언』에서 「복서통의卜筮通義」라는 한 편을 설정하여 복서의 의미를 해명하려고 하였다. 전체적으로 다산의 역학 체계를 살펴보면 다산은 『주역』이 점서占筮의 책으로서의 성격을 인정하고 점서의 중요성을 강조하는 것을 알 수 있다. 우선, 다산이 『주역』과 점서와의 관계에 대하여 살펴보겠다.

『설괘전』에서 "옛날에 성인이 처음으로 역을 지으실 때에, 가만히 천지를 운영하는 신명을 돕기 위하여, 시초를 사용하여 사람의 길흉을 점치는 점서법을 만들어 내었다."[3]고 하였는데 작역作易의 목적이 신명의 뜻을 밝히기 위한 것이고 이를 위한 방법으로 시초蓍草를 사용한 점서법占筮法을 만든 것임을 지적하고 있다. 다산이 이러한 관점을 인정하고 "시초를 내었다는 것은 시협蓍筴의 운용법을 고안하였음을 말하는 것이다生蓍謂建立蓍筴之法也"고 주석하였는데 점서를 『주역』이 처음 지어졌을 때의 목적을 실현하는 도구로 보고 있는 것이다. 이러한 측면에서 볼 때 『주역』의 성격은 점서占書라고 할 수 있다.

뿐만 아니라 다산이 64괘를 주석하는 과정에서도 『주역』을 점서占書로 보는 것이 드러났다. 첫째, 점占이나 서법에 대한 직접인 언급이다.

晉侯納王之筮 7.王子伯廖之筮 8.知莊子之語 9. 僖侯鄢陵之筮 10. 穆姜東宮之筮 11. 崔抒取姜之筮 12. 游吉如楚之語 13. 叔孫豹之筮 14. 衛靈公之筮 15.南蒯之筮 16. 蔡墨對龍之言 17. 陽虎救鄭之筮 18. 重耳反國之筮 19. 董因迎公之筮 20. 成公歸晉之筮 등 20개의 점례로 구성되어 있다.

3) 『說卦傳』제1장: 昔者聖人之作易也, 幽於神明而生蓍.

둔屯자의 의미가 본래 이러한 것이니, 따라서 춘春자도 둔屯자에 의거한 것이다. 글자의 본래 의미가 이와 같으니, 그 서법에 있어서도 늘 험난함을 만나는 상이 있게 되는 것이다. 이런 의미에서 이른바 "둔屯은 험난함"이라고 하는 것이다.[4]

건괘의 구이와 구오는 모두 효변하면, 리離가 되는 까닭에, 그 점占이 모두 "만나 보는 것이 이로운 것(利見)"이 된다.[5]

형亨은 감응하여 통한다는 의미이다. 또는 리離의 정성으로 감동시킴이 있거나, 또는 제2위와 제5위가 상응하는 경우에 그렇게 되는데, 그 사례가 동일하지 않다. 대개 이른바 "2와 5가 상응한다"는 것은 복서의 도道가 천명天明을 이어 받음에 있기 때문이다.[6]

둘째, 서이우시筮而遇是(점쳐서 이런 경우를 얻는다)라는 말이 나오는 경우이다.[7] 곤괘坤卦 괘사와 소축괘小畜卦 육사를 예로 들겠다.

"암말을 쓰는 일牝馬之貞"이라고 한 것은 새끼를 낳고, 기르며, 짐을 나르고, 발일하는 수레를 끌며【곡식을 수확하여 저정함】

---

4) 方仁·張正郁 譯, 『譯註 周易四箋』(2卷), 昭明出版, 2007, p.24. 屯卦 序: 屯之字義, 本然,【ノ象遇險也, ㄴ 象中形勾曲】故春字從屯也.【古作旽】本德如是, 故其在筮法, 每有遇險之象, 此所謂屯者難也.【屯音肫, 今人多誤讀】

5) 方仁·張正郁 譯, 『譯註 周易四箋』(1卷), 昭明出版, 2007, p.279. 乾卦 九五: 九二·九五, 皆變爲离, 故其占皆利見也.

6) 方仁·張正郁 譯, 『譯註 周易四箋』(2卷), 昭明出版, 2007, p.27. 屯卦 卦辭: ○案 亨者, 感通之意. 或以离誠之孚格, 或以二五之相應, 其例不一. 凡所謂二五相應者, 卜筮之道, 紹天明也.

7) 이러한 경우에 해당하는 것은 곤괘坤卦의 괘사, 복괘의 서序, 소축괘의 육사, 동인괘의 구오와 구삼, 박괘의 구오 등이다.

건축공사[宮役]에 나가는 등의 종류를 가리킨다.[『예기』의 주注에 나옴] 예컨대 군사적인 업무나 사냥의 의식에서는 모두 숫말을 사용하는, 점쳐서 이런 경우를 얻었으면, 적절하지 않은 것이다.[리利는 마땅함을 뜻한다.][8]

점쳐서 이 점괘를 만난 자는 그 어혈瘀血을 풀 것이며, 두려워함을 버리게 될 것이니 이 병이 나을 것이다. 역易의 도道는 광대하여, 모든 것을 다 갖추고 있으니, 아무리 미세한 것이라도 버리지 않는다. 병의 치료에 관한 점占이라고 해서, 하찮게 여겨서는 안 된다.[9]

셋째, 점서占筮의 구체적인 사례를 가지고 괘효사를 해석하는 경우이다.[10] 대유괘의 구삼을 예로 들겠다.

『춘추전』에서[희이십오년僖二十五年] 천자가 수도에서 나와

---

8) 方仁·張正郁 譯, 『譯註 周易四箋』(1卷), 昭明出版, 2007, p.301. 坤卦 卦辭: 牝馬之貞, 如蓺育, 轉輸駕田車.[納禾稼] 給宮役[見『禮』注] 之類, 是也. 若軍旅之事, 蒐獮之禮, 皆用牡馬, 筮而遇是, 則非所宜也.[利, 宜也]

9) 方仁·張正郁 譯, 『譯註 周易四箋』(2卷), 昭明出版, 2007, p.232. 小畜卦 六四: 筮而遇是者, 破其瘀血, 去其怔忡.[去惕出] 斯疾瘳矣. 『易』之爲道, 廣大悉備, 纖微不遺, 治病之占, 不可小也.

10) 이러한 경우에 해당하는 것은 대유괘의 구삼, 동인괘의 육오, 관괘의 육사 등이다. 동인괘의 육오에서 "○案『春秋傳』,[閔二年] 成季之筮, 遇此爻, 曰: "同復于父, 敬如君所."[乾爲父, 爲君]"고 하였고, 관괘의 육사에서 "『春秋傳』,[莊二十二年] 陳厲公生敬仲, 周史筮之, 遇此爻, 曰: '坤, 土也. 風爲天於土上,[巽變乾] 山也.[二四艮] 有山之材,[巽木在艮山] 而照之以天光, 故曰觀國之光.[坤爲國] 庭實旅百,[見『補注』] 奉之以玉帛,[乾玉而坤帛] 天地之美具焉,[天地否] 故曰利用賓于王.'"고 하였다.

정鄭나라에 머물고 있었는데【왕자 대帶의 난難을 피하여 나옴】진晉나라 군자였던 중이重耳가 복언卜偃에게 산대점을 쳐서 (대유지규大有之睽) 효를 얻었는데, 복언이 풀이하여 말하였다. "길하옵니다. … 싸움에 이겨 천자에게 향응饗應을 받을 것이니, 길함을 이보다 더 큰 것이 있겠습니까?【왕자 대帶가 이기지 못한다는 것이다】또 이 대유지규大有之睽로 말하자면 하늘이 못으로 변하여 해[日]와 짝하고 있는 모습이니【리離와 접하고 있음】천자가 마음을 낮추어【건왕乾王이 태兌로써 기뻐함】제후를 맞이하는 것에 해당됩니다.【진震의 제후를 맞이함】또 좋지 않겠사옵니까!"11)

점占이나 서법에 대한 직접 언급이든 서이우시筮而遇是(점쳐서 이런 경우를 얻는다)라는 말이 나오는 경우이든 점서의 구체적인 사례를 가지고 괘효사를 해석하는 경우이든 이 3가지 경우는 모두 다산이 64괘의 괘효사를 합리화시키기 위해 자기 역학체계에서의 해석방법을 활용하여 설명한 것이다. 첫 번째 경우는 하나의 괘의 뜻을 더 쉽게 드러내려고 해석하면서 저절로 길흉의 판단을 하기 위한 점서占筮와 연결되었으니 다산이 『주역』이 점서占書이다는 관점을 인정하고 있음을 분명히 확인할 수 있다. 두 번째 경우나 셋 번째 경우나 괘효사를 설명한 다음에 현실 생활에서 점치는 구체적인 사례를 들어서 괘효사를 더 쉽고 정확하게 이해하게 만들려고 하는 것이니

---

11) 方仁·張正郁 譯, 『譯註 周易四箋』(2卷), 昭明出版, 2007, p.389-390. 大有卦 九三: 『春秋傳』【僖二十五年】天王出居于鄭,【辟王子帶之難】晉侯使卜偃筮之, 遇此爻, 曰: "吉！戰克而王饗, 吉孰大焉！【王子帶不克】且是卦也, 天爲澤,【乾變兌】以當日,【以接离】天子降心,【乾王悅】以逆公,【迎震侯】不亦可乎！"

한 걸음 더 나아가 다산이 『주역』이 점서占書이다는 관점을 인정하고 있음을 확인할 수 있다. 그러나 정약용은 『주역』을 복서의 체계로 조명하고 있지만 복서를 미신이 아니라 신앙의 형식으로 해석하는 데 논거를 둔 것이다. 그러므로 이어서 다산이 복서卜筮에 대한 관점과 태도를 살펴보겠다.

우선 복서가 무엇인가에 대한 내용이다. 정약용은 "선왕의 세상에서는 신명을 공경히 섬긴 까닭에 복서를 만들었다."[12]고 하였고, 복서가 고대인의 경천敬天 신앙에 바탕하고 있으며, 천지신명을 섬기는 행위에서 비롯된 것이라고 주장하고 있다. 또한 "옛날 사람들이 천지신명을 섬긴 것은 상제를 섬기기 위한 것이었으니, 그들은 천명을 들음으로써 복서를 하였던 것이다."[13]고 하였고 복서를 상제의 계시를 받기 위한 수단으로 본다. 정약용은 「역론」에서 "역이란 무엇인가?"라는 질문을 던지면서 "성인이 하늘의 명命을 청하여 그 뜻에 따르기 위한 것이다."[14]고 대답하였고 복서는 실존적 상황에 처한 인간이 절대자인 신神에게 계시를 요청하고 그 뜻에 따르기 위한 수단으로 삼는 것이다. 즉 점술의 기원을 신神의 계시를 구하는 인간의 행위에서 찾고 있다.

다음으로 다산 입장에서의 복서卜筮의 알맞은 태도이다.

---

12) 『定本 與猶堂全書』17, 『易學緖言』권4 「卜筮通義」: 先王之世, 敬事神明, 故設爲卜筮.

13) 『定本 與猶堂全書』17, 『易學緖言』권4 「卜筮通義」: 古人事天地神明, 以事上帝, 故卜筮以聽命.

14) 『定本 與猶堂全書』15, 『周易四箋』권4 「易論」: 易何爲而作也? 聖人所以請天之命, 是順其旨者也.

옛 사람들은 천지신명을 섬김으로써 상제를 섬겼기 때문에 점占으로 그 명령을 들을 수 있었다. …… 지금 사람들은 평상시에는 귀신을 섬기지 않다가, 일에 임해서야 점占을 쳐 그 성패를 엿보니, 하늘을 기만하고 귀신을 더럽힘이 심하다.[15]

복서는 천명을 듣는 매개로서 천天을 섬기지 않으면 천명을 알 수 없을 뿐만 아니라 오히려 천天, 신神을 모독할 수도 있다. 현세 사람들의 복서에 대한 알맞지 않은 태도를 비판하고 있다. 또한 "선왕의 시대에는 귀신의 명령을 공경하며 섬겼기 때문에 점占을 만들어 (사람들로 하여금) 적절한 때(時日)를 믿고, 귀신을 공경하게 하였으나, 춘추시대 이래에는 그 뜻이 점차 희미해졌고, 『좌전』에 나오는 모든 점占들은 이미 옛 뜻이 아니며, 진한 이후에는 점이 점차 사술邪術에 빠져들었다."[16]고 하여 선왕 때 복서를 통해서 백성들에게 시일時日을 믿게 하고 귀신을 공경하게 하였으나, 춘추시대 이래 그 뜻이 점차 은폐되었고, 진한 시대 이후로는 점차 사술邪術에 빠졌다고 비판하고 있다. 뿐만 아니라 후세 사람들이 이미 행동하고 나서 복서하는 것은 천天의 기밀을 탐지하고 천天의 의지를 시험하는 행동으로 대죄를 짓는 것이라 지적하였다.[17] 또한 천天을 섬기지 않는 자는 감히

---

15) 『定本 與猶堂全書』17, 『易學緒言』권4 「卜筮通義」: 古人事天地神明, 以事上帝, 故卜筮以聽命, … 今人平居, 既不事神, 若唯臨事, 卜筮以探其成敗, 則慢天瀆神甚也.

16) 『定本 與猶堂全書』17, 『易學緒言』권4 「卜筮通義」: 先王之世, 敬事神命, 故設為卜筮, 使民信時日敬鬼神, 春秋以降, 此義漸晦, 左傳諸筮已非古義, 秦漢以下, 卜筮漸淪邪術.

17) 『定本 與猶堂全書』16, 『周易四箋』권8 「繫辭上傳」: 後世之人, 及有為有行, 乃卜乃筮, 是談天機而試天意, 大罪也.

복서를 해서는 안 된다고 할 뿐만 아니라 오늘날에는 비록 천天을 섬기더라도 감히 복서를 해서는 안 된다[18]고 강조하면서 복서의 알맞은 태도를 제시하였다.

> 대체로 일이 공정한 선善에서 나와 반드시 하늘이 도와서 이루어 복福을 주기에 충분한 것은 성인이 다시 청하지 않는 것이다. 일이 공정한 선에서 나오기는 하였으나 시기에 이롭지 못한 형세가 있어 그 일이 반드시 실패하여 하늘의 복을 받을 수 없는 것도 성인이 다시 청하지 않았다. 일이 공정한 선에서 나오지 않아 천리를 거스르고 인기人紀를 해치는 것은, 비록 그 일이 반드시 성취되어 목전目前의 복을 구할 수 있다 하더라도 성인이 다시 청하지 않았다. 다만 일이 공정한 선에서 나왔으나 그 성패와 화복을 미리 알아서 좋은 방향으로 건너갈 수가 없는 것만을 성인이 청한다.[19]

복서는 성인이 하늘의 명命을 청하여 그 뜻을 순응하기 위한 것으로 언제나 하는 것이 아니라 점치는 자가 자신에게 어떤 상황이 기다리고 있는지 명확하게 파악이 안 될 때에만 가능하다. 또한 어떠한 일이든 모두 점칠 수 있는 것이 아니라 오직 공정한 선善에서 나오는

---

18) 『定本 與猶堂全書』4, 『文集』권20 「答仲氏」: 凡不事天者, 不敢卜筮, 我則曰今雖事天, 亦不敢卜筮.

19) 『定本 與猶堂全書』2, 『文集』권11 「易論2」: 夫事之出於公正之善, 足以必天之助之成而予之福者, 聖人不復請也. 事之出於公正之善, 而時與勢有不利, 足以必其事之敗而不能受天之福者, 聖人不復請也. 事之不出於公正之善, 而逆天理傷人紀者, 雖必其事之成而徼目前之福, 聖人不復請也. 唯事之出於公正之善, 而其成敗禍福, 有不能逆覩而懸度之者, 於是乎請之也.

성패와 화복을 모르는 올바른 일에 대해서만 가능하다고 다산은 주장하고 있다. 점치는 데의 필요 조건으로 객관적인 일과 관련되어 있을 뿐만 아니라 점치는 주체의 덕德과도 관련이 있다. 즉 중정中正한 덕德도 필요하다는 것이다.[20]

이상으로 정약용은 『주역』이 복서로서 갖는 진정한 의미를 밝혔을 뿐만 아니라 현세에서 복서를 통해서 천명을 듣는 데에 적당하지 않음도 밝히면서 복서를 대하는 알맞은 태도를 제시해주었다.

2) 개과천선지서改過遷善之書로서의 『주역』

위에서 논한 바와 같이 다산은 『주역』이 점서占筮의 책이라고 인정하지만 성인들이 『주역』이라는 책을 만드는 목적은 "성인이 천天의 명命을 청해서 그 뜻에 순응하고"[21] 개과천선改過遷善[22]하는 데에 있다고 주장한다. 그러므로 다산은 『주역』이 점서占書뿐만 아니라 점서占書와 개과천선지서改過遷善之書라는 이중적 성격을 가지고 있다고 파악하였다고 할 수 있다. 다산이 『주역』이라는 책에 대해서 이

---

20) 『定本 與猶堂全書』15, 『周易四箋』권2 師卦: 『易』之爲道, 唯正事是筮. 故謂事爲貞.【事之固】貞者, 正也. 乾·坤·坎·离, 四正之卦也,【卦形不偏畸】四正之中, 幹事者坎也. 卦有坎貞, 所以正也. 五陰爲衆,【坤爲衆】能以衆正也. 我德中正, 物乃歸之,【「說卦」, 坎爲歸】衆所歸往, 謂之王也. 순천명順天命은 다산 역학 사상의 중요한 사상적 특징 중의 하나로서 공경하고 성실롭게 하늘의 명을 듣는 것이 올바른 태도이다. 구체적인 내용은 다음 절에서 검토하겠다.

21) 『定本 與猶堂全書』2, 『文集』권11 「易論2」: 易何爲而作也? 聖人所以請天之命, 是順其旨者也.

22) 『定本 與猶堂全書』16, 『周易四箋』권8 「繫辭上傳」: 『周易』一部, 是圣人改過遷善之書也.

러한 변증적인 입장을 취하고 있지만 양자의 중요성을 평등하게 보고 있는 것이 아니다. 구체적으로 말하면, 최초의『주역』이 복서卜筮를 위해 만들어진 것이라는 점서占書의 성격을 인정하지만 현실 생활에서 복서 활동 자체에 대해서 적극적이지 않고 오히려 소극적이라고 할 수 있는 태도를 취하고 있고, 이와 반대로『주역』의 의리적 측면을 더욱 강조하는 태도를 보여주고 있다. 다산의 이러한 사상적 특징을 살펴보기 위해, 우선『주역』해석에서 복서卜筮와 의리義理의 관계를 살펴보고, 그 다음에 개과천선하는 과정에서 의리를 더 강조하는 입장을 검토하고자 한다.

우선 복서와 의리의 관계에 대한 다산의 입장을 살펴보겠다.

『주역』으로 말하더라도 요즘 사람은 본디 하늘을 섬기지 않는데 어떻게 감히 복서를 할 수 있겠습니까? 한선자韓宣子가 노魯나라에 사신으로 가서 역상易象을 보고서 "주나라의 예禮가 노나라에 있구나."라고 하였습니다.『역전易箋』을 자세히 보면, 서주西周의 예법 가운데 환히 알 수 있는 것들이 부지기수인데, 지금 복서하는 것이라고 하여 그 예법까지 고찰하려 하지 않는대서야 되겠습니까? 공자는 복서의 외에 별도로「단전」과「대상전」을 지었으니,『주역』이 어떻게 복서만으로 그치겠습니까? 옛날에는 봉건하는 제도를 썼으나 지금은 봉건하는 제도를 쓰지 않고, 옛날에는 정전井田제도를 썼으나 지금은 정전제도를 쓰지 않고, 옛날에는 육형肉刑제도를 썼으나 지금은 육형제도를 쓰지 않으며, 옛날에는 순수巡守를 하였으나 지금은 순수를 하지 않고, 옛날에는 입시立屍(시동屍童을 세움)를 하였으나 지금은 입시를 하지 않습니다. 복서를 지금의 세상에 다시 행하게 할 수 없는 것은 이런 몇 가지 일보다 더 어려움이 있습니다. 이러한 까닭에 저는 갑자년(1804, 순조 4년)부터 『주역』의 공부에 전심하여 지금까지 10년이 되었지만 하루도 시초를 세어 괘를 만들어 어떤 일을 점쳐본 적이 없습니다. 내가 만약 뜻을 얻는다면 조정에 아뢰어 복서를 금하게 할 겨를이 없을 것입니다. 이것은 오늘날의 복서는 옛날의 복서가 아니어서 하는 말은 아닙니다. 비록 문왕이나 주공을 지금의 세상에 태어나게 한다 하더라도 결코 복서로써 의문 나는 문제를 결정하려 하지는 않을 것입니다. 이러한 사리는 후세의 군자들도 반드시 알 것인데 선생께서는 어찌하여 이러한 뜻을 천명하여 별도의 책 하나라도 짓지는 아니하고 『주역』의 원리가 지나치게 밝혀졌다고 근심까지 하시는 것입니까? 무릇 하늘을 섬기지 않는 사람은 감히 복서를 하지 않는데 저는 지금 하늘을 섬긴다 하더라도 복서를 하지는 않겠습니다. 제가 이런 의리에 있어서 지엄하지 않은 것은 아닙니다만, 『주역』이란 주나라 사람들의 예법이 들어 있는 데이어서 유자儒者라면 그 미언과 묘의를 발휘하여 밝히지 않을 수가 없기 때문입니다.[23]

---

23) 『定本 與猶堂全書』4, 『文集』권20 「答仲氏」: 雖以『周易』言之, 今人本不事天, 焉敢爲卜筮乎?韓宣子聘魯, 見易象曰: "周禮在魯." 詳覽『易箋』, 則西周禮法之昭然可見者, 不知其數, 今以卜筮之故, 竝欲不考其禮法, 可乎?孔子於卜筮之外, 別作「象傳」·「大象傳」, 『周易』豈但卜筮而止哉?古封建今不封建, 古井田今不井田, 古肉刑今不肉刑, 古巡守今不巡守, 古立屍今不立屍, 卜筮之不可復行於今世, 有甚於此數事, 故我自甲子年, 專心學『易』, 而於今十年, 未嘗一日揲蓍作卦, 以筮某事, 我若得志, 則告於朝廷, 將嚴禁卜筮之不暇. 此非謂今之筮非古之筮也. 雖使文王·周公生於今世, 決不以卜筮稽疑. 此簡事理, 後之君子, 亦必知之, 先生何不闡明此義, 另作一書, 而竝

다산은 『주역』이 점서占書라는 것을 인정하지만, 현실 생활에서 점을 치지 않고 『주역』의 의리를 공부하는 데에 몰두하였다. 점占에 대해서 다산 본인이 치지 않으면 된다는 곳에 그치지 않고, 심지어 조정에 아뢰어 복서를 금하게 하려고 한다. 그 이유는 다음과 같다. 우선, 요즘 사람은 본디 하늘을 섬기지 않아서 감히 복서를 치지 못한다. 둘째, 공자는 복서 외에 별도로 「단전」과 「대상전」을 지었으니, 『주역』이 복서만으로 보면 안 되고, 그 안에 내포하고 있는 미언묘의와 예법까지 고찰해야 한다. 셋째, 복서가 만들어진 당시가 지금의 사회 현실과 많이 달려져서 서로 맞지 않거나 부합하지 않기 때문이다. 정리하자면, 다산은 점치는 것을 주장하지 않는 것은 사람들로 하여금 『주역』의 점서에만 빠지지 않고 그 철학적 의미와 가치를 인식하게 하기 위한 것이다. 그리고 다산이 이 셋 번째 원인을 가장 결정적인 원인으로 삼아 지금의 복서는 옛날 복서가 아니기 때문에 맹목적으로 점을 치면 안 되고 지금 처하고 있는 현실 상황에서 출발해야 한다고 주장한다. 이는 현실에서 벗어난 허망한 망상만 하면 의미가 없다고 보는 다산 사상의 실학적 특징과 긴밀하게 관련되어 있다고 볼 수 있다.

다산이 또 말하였다.

> 말·소·수레·궁실·창과 칼·활과 화살 등의 방불한 형상을 취하고 그 승강하고 왕래하는 자취를 살펴서, 그 형상의 혹은 완전하고 혹은 이지러지고 혹은 서로 부합되고 혹은 서

憂易理之太明乎? 凡不事天者, 不敢卜筮, 我則曰今雖事天, 亦不敢卜筮. 我於此義, 非不至嚴, 而『周易』者, 周人禮法之所在, 儒者不可以不明其微言妙義, 在所發揮也.

로 어긋난 것과, 그 정情의 혹은 펴지고 혹은 위축되고 혹은 기쁘고 혹은 근심스럽고 혹은 믿을 만하고 혹은 두렵고 혹은 편안하고 혹은 위태로운 것을, 모두 그 방불한 것을 가지고 완색하되, 이는 그 길흉을 점친 것이다. 완색하여 진실로 길하면 이에 흥작하며 말하기를, "하늘이 나에게 명하여 이를 시행하게 한다."하고, 완색해 보아서 진실로 길하지 않으면 전전긍긍하여 감히 시행하지 못하게 되니, 이것이 『주역』을 지은 까닭이며, 이것이 성인이 하늘의 명을 청하여 그 뜻을 순응한 것이다.[24]

여기서 점을 쳐서 하나의 괘를 얻고 나서 이 얻은 괘에 대한 태도와 어떻게 괘를 푸는지를 설명한 것이다. 주지하듯이 『주역』이라는 책은 성인이 우주의 변화를 관찰하여 자연에 실질적으로 존재하는 사물을 본받아 부호화하여 만든 것이다. 나중에 문왕과 주공이 상을 보고 괘효사를 붙이는 것도 근거 없이 상상력에만 의거하여 한 것이 아니라 현실 생활에서 사람들이 실제로 점을 친 경험을 쌓아서 귀납한 것이다. 기존의 사례를 거울로 삼아 길함을 얻기 위해 올바른 행동을 취하려는 것이다. 그리고 하나의 괘를 얻는 것은 복서의 끝이 아니고, 점을 잘 풀어서 이에 의해 가치 판단을 하고 할 행동을 좋은 방향으로 이끌어가는 것이 최종의 목표이다. 이에 대한 다산의 입장

---

24) 『定本 與猶堂全書』2, 『文集』권11 「易論2」: 於是取所謂馬‧牛‧車‧宮室‧戈兵‧弓矢勞罷之象, 察其所升降往來之跡, 而其形之或全或虧或相與或相背, 其情之或舒或蹙或可悅或可憂可恃可懼可安可危者, 無不以其勞罷者而玩之.【此占其吉凶】玩之誠吉, 於是乎作而言曰: "天其命予而行之矣." 玩之誠不吉, 兢兢然莫之敢行, 此『易』之所爲作也, 此聖人之所以請天之命而順其旨者也.

은 진실로 길하면 이에 흥작하고 진실로 길하지 않으면 전전긍긍하여 감히 시행하지 못해야 하는 것이다. 이로써도 다산이 의리를 더 강조하는 것을 충분히 엿볼 수 있다.

또한 복서卜筮와 교화教化의 관계에 대해서도 언급하고 있다. 『계사전하』제6장25)의 주석에서 말하였다.

> 성인은 복서라는 방법으로 자신의 교화를 보완하여 백성들을 바르게 인도하는 것이다. 선하면 복을 얻고 악하면 복을 잃는 것이니, 그 인과응보因果應報를 밝혀 백성들을 깨우쳤던 것이다.26)

복서는 단순히 상수학적 의미에서만 그치는 것이 아니라 성인이 백성을 교화하고 바르게 인도하는 도구로서의 역할도 하고 있는 것이다. 교화와 인도를 함으로써 백성들로 하여금 선善과 덕德을 향하게 하려는 의리에 대한 추구를 최종적인 목표로 보고 있다. 이는 『대학』에서 추구하는 명명덕明明德, 신민新民, 지어지선止於至善의 통치이념과 일치한 것이다. 여기서 다산『주역』해석의 중요한 특징인 상수역학과 의리역학을 동시에 이루고 있고 상수역을 의리역의 도구로, 의리역을 상수역의 목포로 삼고 있는 것이 확실하게 드러나고 있다.

---

25) 『繫辭傳下』제6장: 其稱名也小, 其取類也大. 其旨遠, 其辭文. 其言曲而中, 其事肆而隱. 因貳以濟民行, 以明失得之報.

26) 方仁·張正郁 譯, 『譯註 周易四箋』(8卷), 昭明出版, 2007, p.108, 『繫辭傳下』 제6장: 聖人以卜筮之法佐其敎化, 導民以正也. 善則得福, 否則失之, 明其 報應, 以牖民也.

다산이 "사람이 덕德을 닦음에 있어, 뉘우칠 일이 있으면, 반드시 고치게 되니, 그러므로 괘효가 변화된 것을 또한 회悔라고 이름하는 것이다. 회悔란 변함을 가리킨다."27)고 하였는데 여기서 다산은『주역』의 근본원리로 보는 변역變易(괘효의 변화)을 사람의 수양공부와 연결시켰다. 괘효가 변화된 것은 회悔라 하고 뉘우침[悔]이 있으면 반드시 고치게 되는데 이것은 사람이 덕을 닦는 것이다. 이러한 측면에서 다산이『주역』을 수신修身, 특히 개과천선改過遷善의 책으로 보는 것이다.『주역』의 괘상과 괘효사를 통해서 사람들에게 가르침을 주고 나가는 방향을 알려주는 것을 의미한다. 이 특징은 다산 해석의 곳곳에 드러나고 있는데 크게 두 측면으로 엿볼 수 있다. 하나는 자신에게 되돌이켜 구함으로써의 자수自修, 다른 하나는 신중하게 행동하기를 경계하는 것이다. 다산의 구체적인 해석을 가지고 검토하겠다.

복괘가 예괘로 됨에, 강剛이 밖으로 나가서 곤坤의 백성을 바르게 통치하더니 이윽고 말하기를, "스스로 수양하여 얻는 것만 같지 못하다."라고 하고, 자신에게 되돌이켜 구하고 건실하게 수행하니 이것이 수신이다.28)

려괘는 비괘로부터 왔다. 비괘의 때에 곤坤의 음陰이 점차 성장해서 그 기세를 막을 수 없더니 추이하여 려괘로 되면 안

---

27) 方仁·張正郁 譯,『譯註 周易四箋』(1卷), 昭明出版, 2007, p.288, 乾卦 上九: 人之修德, 悔則必改, 故卦爻之變, 亦名爲悔. 悔者, 變也.
28) 方仁·張正郁 譯,『譯註 周易四箋』(3卷), 昭明出版, 2007, p.308, 復卦 初九: ○復之爲豫也. 剛往在外,【一之四】以正坤民,【上本坤】旣而曰'不如自修之爲得也', 反求諸己,【四之一】健以行之,【爲自强】是修身也.【下爲离位, 离爲修】

으로는 스스로 몸을 멈추어서 탐욕을 절제함이 있는 까닭에 "그 몸을 멈춘다艮其身"라고 한 것이다. 내가 이미 간艮으로써 탐욕을 멈춤에 저 쪽에서도 역시 리離로 변화되니 스스로 자신에게 구한다면 백성들이 교화되지 않음이 없을 것이다. 곤坤의 탐욕을 이미 막고 3이 이에 그 지위를 얻었으니 이것이 무구無咎라고 말한 까닭이다.[29]

복괘의 초구를 해석할 때 다산이 자수自修(스스로 수양함)의 중요성을 강조하고 자신에게 되돌이켜 구하고 건실하게 수행하는 것이 수신修身임을 밝혀냈다. 간괘 육사에 대한 해석에서 괘상을 연역함으로써 괘상에서 함축되어 있는 다양한 의리를 도출하여 자신의 철학체계에 부합하는 사상을 형성하였다. 구체적으로 설명하면, 여기의 해석에서 려괘는 비괘로부터 나온 것이니 곤坤의 음陰이 점차 성장한다는 괘상을 통해서 안으로는 스스로 몸을 멈추어서 탐욕을 절제한다는 도덕적 행위 규범을 밝혔다. 또한 멈춤을 의미하는 간艮과 변화를 의미하는 리離를 통해서 스스로 자신에게 구한다면 백성들이 교화되지 않음이 없을 것임을 드러냈다. 이와 같으면 무구無咎라는 결과를 얻을 것이고 『주역』이 개과천선의 책으로서의 역할이 최대한 발휘될 것이다.

다산이 『주역』의 의리에 대한 이해는 스스로 수양하고 자신으로

---

29) 方仁·張正郁 譯, 『譯註 周易四箋』(6卷), 昭明出版, 2007, p.150-151, 艮卦
六四: 此艮之旅也. 身者, 內卦也.【內爲我】旅自否來.【五之三】否之時, 坤陰
浸長,【下三陰】其勢莫遏,【將爲剝爲坤】移之爲旅, 則內自止躬,【五之三】貪慾
有節,【坤爲貪】艮其身也. 我旣艮止,【下今艮】彼亦离化,【上今离】反求諸己,
而民莫不化也. ○坤慾旣窒,【下今艮】三乃得位,【否之時, 三柔】是无咎也.

돌이켜 구함에 한정되는 것이 아니고 또 하나의 측면, 즉 『주역』의 중요 사상 중의 하나인 우환憂患의식에서 출발하여 미래에 일어날 가능성이 있는 회悔, 린吝에 대하여 경계하여 발생하지 않도록 하는 것이다.

성인이 끌어오며, 발설하지 않다가, 손괘巽卦 구오에 이르러 비로소 그 말씀을 마치셨으니 손괘의 구오는 손괘가 고괘로 변하는 경우에 해당된다. 이 말의 대의로써 본다면 깊이 생각해서 시작하고, 신중하게 종결하라는 경계가 그 사이에 깃들어 있는 것이다.[30]

리괘履卦에는 두 가지 활용처가 있으니, 첫째는 천리踐履의 공功이요, 둘째는 임리臨履의 경계이다. 리괘履卦는 쾌괘로부터 왔는데, 쾌괘는 복괘로부터 나아온 것이다. …… 군자의 도는 이미 독실하게 실천했으면, 예禮로서 요약해야 하는 것約之以禮이다. 추이하여 리괘履卦가 되면 곧 리離의 예禮가 이에 밝아지며 문장이 밝게 빛나서, 예禮가 아니면 보지 아니하며 예禮가 아니면 행하지 아니하니 이것을 일러 리履라고 하는 것이다. 또 리괘履卦는 쾌괘로부터 왔다. 쾌괘에서 하나의 음이 아래로 다섯 강을 밟고 있으니, 지극히 위태로운 상황이다. 아들은 아버지를 넘어서면 안 되며, 신하는 군자를 짓밟으면 안 되며, 여자는 남자를 억누르면 안 되며, 어리석은 자는 어진 자를 방해하면 안 되니, 만일 자신의 처지에 맞지 않는 처

<hr />

30) 方仁·張正郁 譯, 『譯註 周易四箋』(3卷), 昭明出版, 2007, p.121, 蠱卦 卦辭: 聖人引而不發, 至巽之九五, 始畢其說,【云'先庚三日, 後庚三日'】巽之九五者, 巽之蠱也.【巽五變, 則爲山風】以大義, 則慮始愼終之戒, 寓於其間.

신을 한다면, 재앙을 부를 것이다. 리괘履卦로 추이하게 되면, 유柔가 이에 낮은 데로 내려와서 예禮로써 겸양하여 위로는 하늘을 이고, 아래로는 땅을 밟아서 상하를 분별함이니 이것을 일러 리履라고 한다.[31]

고괘의 괘사에 대한 해석에서 손괘巽卦의 구오를 언급할 때 손괘가 고괘로 변하는 경우에 해당되고 대의는 깊이 생각해서 시작하고, 신중하게 종결하라는 경계이다. 그러므로 일을 할 때 시시각각 전전 긍긍하고 끝부터 시작까지 항상 깨워 있는 상태에 처하며 일을 잘 처리해야 함을 강조하고 있다. 그리고 리괘履卦를 해석할 때, 리괘는 두 가지 활용처가 있는데 첫째는 천리踐履의 공功이요, 둘째는 임리臨履의 경계이다. 이른바 천리踐履의 공功은 즉 어떻게 리괘를 실천하는 것인데 다산이 독실하게 실천하고 예禮로서 요약해야 하는 것約之以禮이라 주장하여 예禮가 아니면 보지 아니하며 예禮가 아니면 행하지 아니함을 제시하였다. 이른바 임리臨履의 경계는 리괘를 얻으면 경계하여야 하는 것을 밝힌 것이다. 다산에 의하면 리괘는 쾌괘로부터 왔고 쾌괘에서 하나의 음이 아래로 다섯 강을 밟고 있으니, 지극히 위태로운 상황이다. 그러므로 아들이 아버지를 넘어서는 것, 신

---

31) 方仁·張正郁 譯, 『譯註 周易四箋』(2卷), 昭明出版, 2007, p.246-247, 履卦序: 履有二用, 一曰踐履之功, 二曰臨履之戒. 卦自夬來, 夬由復進,【一而五】 … 君子之道, 踐履旣篤, 約之以禮.【文之以禮樂】 移之爲履,【上之三】 則离禮乃明,【全卦爲离形】 文章煥然, 非禮弗視,【离爲目】 非禮弗履,【六三·上九卽此義】 此之謂履也. 卦自夬來, 夬之一陰, 下踐五剛, 厲之至也. 子不跨父, 臣不踐君, 女不據男, 愚不妨賢, 履匪其地, 災之招也. 移之爲履, 則柔乃卑降,【上之三】 能以禮讓,【离而巽】 戴天履地,【一二爲地位】 上下以辨,【〈大象傳〉】 此之謂履也.

하가 군자를 짓밟는 것, 여자가 남자를 억누르는 것과 어리석은 자가 어진 자를 방해하는 재앙을 초래할 수 있는 적합하지 않을 행위를 예로 들어 사람에게 경계를 주려고 한다. 이는 틀림없이 『주역』의 의리적 의미를 밝혀내는 것이다.

이상으로 복서와 의리의 관계, 복서와 교화의 관계 및 다산의 괘효사에 대한 구체적인 해석 등 3 가지 측면을 검토하였다. 요약하자면 『주역』은 최초에 복서의 역할을 담당하였으나 나중에 인문주의의식이 강해지면서 의리적 의미의 위상이 점차 높아져 상수적 의미보다 더 중요한 위치를 차지하게 되었다. 그리고 복서와 의리의 관계는 현실 사회에서 복서와 교화의 관계로 전환되어 복서는 교화의 도구로, 교화는 복서의 목표로 하는 것으로 드러났다. 마지막으로 다산의 괘효사 해석에서 『주역』이 스스로 수양하고 자신으로 돌이켜 구하고 미래에 일어날 가능성이 있는 회悔, 린吝에 대하여 경계하여 방향을 가르쳐주는 중요 역할을 하고 있음을 확인하였다. 이 3가지 측면을 통해서 다산이 적극적으로 상수와 의리의 균형을 찾고 최종 목표를 의리에 두려고 하는 것임을 확인할 수 있다. 그러므로 다산이 『주역』을 개과천선지서改過遷善之書로 보는 것은 의문의 여지가 없는 사실이다.

2 _ 다산 『주역』해석의 도덕수양론道德修養論 사상

"자율"Autonomy은 칸트 도덕 철학의 주요 개념으로 행복주의와 기독교(서방 중세기 이래의 "천계종교天啓宗敎")에 대한 반대에서 유래하였다. "자율"이라는 말은 원래 정치철학의 용어로, 하나의 정치단

체나 국가가 스스로 법률을 제정하고 법률에 의거하여 행동하는 권리를 가리킨다.[32] 칸트는 "정언명령categorical imperative"의 내용을 분석하여, 그 안에 세 가지 원칙이 포함되었음을 발견하였다. 첫째 형식의 원칙, 둘째 목적의 원칙, 셋째 자율의 원칙이다. 셋 번째 원칙은 첫 번째와 두 번째 원칙이 종합되어 생겨난다. 칸트는 "정언명령"의 세 번째 원칙을 수립하며, "의지가 자기의 준칙에 의해 스스로를 동시에 보편적으로 법칙을 주는 것으로 생각할 수 있도록 행위하라."고 하였다.[33] 우리는 이성적인 본성을 우리의 목적으로 삼는 존재이기 때문에 우리 자신에게 이 법칙을 부여하는 자는 바로 우리 자신이다. 우리는 자율적인 존재이다. 여기서 칸트는 도덕적 본질을 설명할 수 있는 이념을 얻었다. 바로 "보편적으로 법칙을 주는 의지는 이성적인 존재 각각의 의지"[34]라는 이념으로, 즉 자율自律의 이념이다.

또한 칸트 도덕 철학의 기초개념은 "자유"의 개념이며, 진정한 도덕행위는 인간의 자유의지에서 나온 행위이다. 인간이 가진 자유의지를 증명하기 위해서 칸트는 인간이 이중 신분을 가지고 존재한다고 천명한다. 즉 하나는 "감성계感性界"의 구성원으로 존재하며, 다른 하나는 "지성계知性界"의 구성원으로 존재한다는 것이다. "감성계"의 구성원으로서 존재하는 인간은 애호·욕망이 있어 자연률의 지배를 받지만 지성계의 구성원으로서 존재하는 인간은 자유롭다. 즉 애호·욕망의 지배를 받지 않고 도덕률에 복종한다.[35] 그러므로

32) 金聖基, 『易經哲學中人之研究－以人之自律擴大過程為中心』, 中國文化大學哲學研究所 博士學位論文, 民國二十六年, p.2.
33) 칸트 지음, 이원봉 옮김, 『도덕 형이상학을 위한 기초 놓기』, 책세상, 2002, p.92.
34) 위의 책, p.87.

감성계(즉 현실세계)에 존재하는 인류는 반드시 지성계를 따르고 존경해야 한다. 감성계가 지성계를 따르고 존경해야 한다는 것은 감성계가 반드시 지성계의 실현을 목적으로 해야 하고 자율적 수양공부가 필요하다는 말이다.

그리고 칸트는 우리가 동기화되는 데는 두 가지 방법이 있는데, 그것은 자율적으로 동기화되는 것과 타율적으로 동기화되는 것이라고 주장한다. 이른바 자율적으로 동기화되는 것은 자기 자신에게 부여한 법칙에 따라 스스로 행하는 것이다. 반면에 타율적으로 동기화된다는 것은 제재를 통해서 당신에게 법칙이 부과되는 것이며, 그에 따라 행함으로써 생기는 이익관심이 당신에게 제공된 것이다. 간단한 예를 들어보면, 우리는 어떤 실정법positive law, 이를테면 세금 납부의 법을 준수하는데, 이것은 우리가 그렇게 하지 않으면 받게 될 처벌이 두려워서라고 한다. 이것이 바로 타율성이다.36)

위에서 서술한 칸트의 '자율', '타율' 개념을 기초로 하여, 본 장에서 다산 철학의 독창적인 관점에서 출발하여 그의 역학사상에서의 자율적 도덕수양론뿐만 아니라 타율적 도덕수양을 필요로 하는 수양론을 고찰하겠다. 그러나 특히 주의할 만한 것은 여기서의 '타율'은 절대로 숙명론적인 것이 아니라 세계상 일체 사물의 존재와 발전이 모두 운명 때문이라고 인식하는 것으로, 불가항력의 힘에 의해 결정되는 종교나 유사 종교의 이론이 아니다. 또한 이러한 '타율'은 절대로 '자율' 과 대립되는 것이 아니고 '자율확대自律擴大(자율을 확장한

---

35) 임마누엘 칸트 지음, 이충진·김수배 옮김, 『도덕형이상학』, 한길사, 2018, p.42-43.

36) 크리스틴 M. 코스가드 지음, 김양현·강현전 옮김, 『목적의 왕국 - 칸트 윤리학의 새로운 도전』, 철학과 현실사, 2007, p.73-74.

다)'37)를 실현하는 방법으로 자율을 확보하는 확장적 방법이다. 구체적으로 말하면 여기서 논하는 타율의 실현은 외재적인 힘이나 도덕적 구속을 빌려 실현하게 되는 것이다. 인간은 감성과 욕망을 가지는 존재이므로, 도덕완성 관점에서 도덕자각으로서의 자율과 외재적 도덕규범을 준수하는 타율은 서로 독립되어 있는 것이 아니다. 양자는 구별되면서도 밀접하게 연관되어 있다. 자율이든 타율이든 모두 덕성德性을 갖춘다는 표현이고 도덕적 수양공부에서 빠지면 안 되는 부분이다.

유가의 관점은 칸트의 관점과 다른 문화와 사상 체계에서 형성된 것이지만 원리는 같다. 『논어』에서 "안연顔淵이 인仁에 대해서 묻자 공자께서 말씀하셨다. '자기를 극복하여 예禮로 돌아가는 것이 인仁이 되는 것이니, 어느 날 하루 자기를 극복하여 예禮로 돌아가면 천하가 인仁으로 돌아간다. 인仁을 하는 것은 자기로 말미암는 것이니 남으로 말미암는 것이겠는가?' 안연이 말하였다. '청컨대 그 세목을 묻겠습니다.' 공자께서 '예禮가 아니면 보지 말며, 예禮가 아니면 듣지 말며, 예禮가 아니면 말하지 말며, 예禮가 아니면 움직이지 마라.'"38)고 하였고 "사람이 되어서 인仁하지 못하면 예禮를 어

---

37) 김성기는 박사학위논문 『易經哲學中人之研究 - 以人之自律擴大過程為中心』에서 자율확대自律擴大의 관점에서 역경철학의 함의를 탐구하였고, 역경철학이 어떻게 사람에게 스스로 세운 역도易道와 인도人道를 깨닫고 감성의 세계에서 벗어나 도덕적 인격을 실현함으로써 천지와 더불어 그 덕德을 합하며, 일월과 더불어 그 밝음을 합하며, 사시와 더불어 그 차례를 합하며, 귀신과 더불어 그 길흉을 합하는 대인의 경지에 도달하는지를 밝혔다.

38) 『論語』「顔淵」: 顔淵問仁. 子曰 : "克己復礼為仁, 一日克己復礼, 天下归仁焉. 為仁由己, 而由人乎哉? 顔淵曰: "請問其目." 子曰: "非禮勿視, 非禮勿聽, 非禮勿言, 非禮勿動."

떻게 하며, 사람이 되어서 인仁하지 못하면 악樂을 어떻게 하겠는 가?"39)고 하였다. 공자의 사상에서 인仁은 내재적 도덕자각이고 예禮 는 외재적 도덕규범인데, 개인의 수양공부에서는 모두 필요하다. 적 선성덕積善成德(선善을 쌓아서 덕德을 이룬다)의 도덕자각을 통해서 실천 행동을 촉진할 수 있고, 동시에 실천 과정에서의 도덕규범의 구 속을 통해서 개인의 도덕 수준을 높일 수도 있으므로, 양자가 서로 보완하고 서로 촉진하는 것이라 할 수 있다. 즉 자율과 타율의 중요 성을 동시에 강조하였다. 다산이 수사학洙泗學으로의 회복을 추구할 때, 자율과 타율의 중요성을 동시에 강조하는 점이 다산의 수양론 관 점에서 잘 드러난다. 구체적으로『주역』해석의 측면에서 말하면, 다 산은『주역』을 해석하면서 순천명順天命이라는 타율을 필요로 하는 수양공부와 선보과善補過라는 자율적 수양공부를 동시에 제기하였 다. 이러한 내외결합內外結合의 수양공부는 성리학의 공담심성空談心 性의 폐단을 극복하면서 실학이 나타나게 되는 시대의 절박성과 특 징이라 하겠다.

1) 순천명順天命의 외재적 도덕약속道德約束

(1) 원시유가原始儒家와 다산의 천天, 상제上帝 이해

가. 원시유가原始儒家의 천天, 상제上帝 이해

중국유학사에서 천天, 상제上帝에 대한 인식은 원시유가, 즉 선진 유학까지 올라갈 수 있다. 우선 상주商周 시대에는 제帝, 천天은 모두 사람들에게 지고무상의 신神으로 받아들여졌다. 제帝, 천天은 모두

---

39)『論語』「八佾」: 子曰: "人而不仁, 如禮何? 人而不仁, 如樂何?"

인간들에게 의지적, 인격적 존재로 길흉화복의 주재자의 권위를 지니고 있었던 것이다. 이른바 인격천은 원시신앙 중의 신神이며 인간의 최고 주재자 노릇을 하고 있다는 것이다. 다시 말하면 모든 백성을 낳고, 천명을 내려 정권의 흥망을 결정하고, 죄악을 징벌하는 주재자로 파악한다. 인간의 길흉화복을 주관하는 것이다. 천天과 상제上帝에 대한 이러한 인식은 일상생활에서 모든 국가 대사에 반드시 점복을 거치는데每事必卜 최종판단 근거는 갑골의 무늬가 터지는 모양에 달려 있는 것으로 나타난다. 인간과 천天의 관계는 당연히 천天의 명령을 단순히 수용하는 "수명受命", "청명聽命"의 관계로 설명할 수 있다. 천天은 가치의 근원이고 인간은 운명론·숙명론적으로 천天의 가치를 수용하는 수명자受命者이었다.[40] 이를 고회민高懷民 선생은 "청명행사聽命行事"라 하였다.[41] 즉 인간과 신神의 관계는 다만 주재자와 피지배의 관계였다. 그러나 후기 주왕들이 덕德을 잃음으로써 백성들의 불만이 고조되고 절대 권위가 있는 천天에 대한 신앙이 흔들기 시작하여 불신과 회의의 태도가 나타나게 된다. 대신에 경덕敬德·입덕立德 등의 덕성을 강조하는 인문주의사조人文主義思潮가 대두하게 되었다.

---

40) 김성기의 「선진유학의 천인관계에 대한 해석학적 접근」(『유교사상문화연구』제13집, 2000, p.333-349)을 참조함. 이 논문에서 김성기는 선진유학을 세 단계로 나누었는데 천인상분天人相分(복사卜辭·금문金文·시경詩經·성경書經), 천인상통天人相通(공자孔子, 논어시기論語時期), 천인합일天人合一(역전易傳과 중용中庸)이다. 또한 배태기胚胎期, 정초기定礎期, 완성기完成期로 나누어 각 단계마다의 특징을 구분하여야 한다고 주장한다.

41) 고회민高懷民의 『先秦易學史』(台北, 中國學術著作獎助委員會, 民國 75年, p.99)와 김성기의 「周易의 神人關係에 대한 解釋學的 접근」(『동양철학』제5집, p.165)를 참조함.

이에 공자에 와서 천天 관념에 대한 인식이 한 걸음 더 달라져 천天은 내재화된 "깊이의 신神"이 되었다. 이러한 관점은 『논어』에서 잘 드러났다.

공자께서 괴이한 것, 힘센 것, 어지러운 것, 신神에 관한 것을 말씀하시지 않으셨다.[42]

계로季路가 귀신 섬기는 것에 대해서 묻자 공자께서 말씀하셨다. "아직 사람을 섬길 수 없으니 어떻게 귀신을 섬길 수 있겠는가?" "감히 죽음에 대해서 묻겠습니다." "아직 삶을 알지 못하니 어떻게 죽음을 알겠는가?"[43]

번지樊遲가 지知에 대해서 물으니 공자께서 말씀하셨다. "백성들을 의롭게 만드는 데 힘쓰고, 귀신을 공경하되 멀리하면 지知라고 할 수 있다."[44]

공자가 "천天"에 대한 언급을 회피한 태도를 가지고 있음을 알 수 있다. 김성기는 이러한 예例는 공자가 전통의 본체관념이나 가치에 대한 태도를 가장 집약적으로 나타내 주는데 그는 전통의 무조건적 배척이나 거부의 태도보다는 합당한 전환의 발전적 태도를 가진 것이라고 주장하였다.[45]

공자가 천天에 대한 직접 언급은 많지 않은데 "하늘이 나에게 덕德

---

42) 『論語』「述而」: 子不語, 怪, 力, 亂, 神.

43) 『論語』「先進」: 季路問事鬼神, 子曰, 未能事人, 焉能事鬼, 曰 敢問死, 曰 未知生焉知死.

44) 『論語』「雍也」: 樊遲問知, 子曰, 務民之義, 敬鬼神而遠之, 可謂知矣.

45) 김성기, 「先秦儒學의 天人關係에 대한 解釋學的 접근」, 『유교사상연구』제13집, 2000, p.339.

을 주셨으니 환퇴桓魋가 나를 어떻게 하겠는가?"46)고 하였다. 여기서 하늘이 나에게 덕德을 주었다는 도덕성 주체로 삼고, 천天을 신성에서 벗어나 인간화 내재화 되게 하고, 천天과 인人의 합일의 가능성을 열게 하였다는 뜻이다. 이는 나중에 『역전』과 『중용』을 중심으로 정립되는 천인합일天人合一 관점의 형성에 기초를 닦았다고 볼 수 있다.

『역전』과 『중용』에서의 천신天神 관점은 한 걸음 더 달라진다. 『중용』제1장의 "천명지위성天命之謂性"이라는 구절은 유가 천인관계의 새로운 경지를 열었다. 우선 『중용』에서의 천天은 인격적 "천天"의 의미보다는 오히려 『시경』과 『서경』에서 기미를 보였던 "자연천自然天" 관념의 의미를 더욱 혁신적으로 계승 발전시킨 것이다. 그 혁신적으로 계승 발전시킨 것은 "천명天命"이란 구절이 이전의 "우주론적", "외재화된", "객관화된" 천관념天觀念에서 인성론적 차원으로, 내재화의 의미로 발전된 것이다.47) 이제 인간은 하늘의 명命을 "수명受命" "지명知命"하는 존재에서 하늘의 명命을 "입명立命"하고 "정명正命"하고 "배명配命"·"배천配天"하는 단계로 나아갔다.

『중용』에서는 자연과 인간이 하나 되는 관건을 "성誠"으로 보았다.

> 성실한 것은 하늘의 도道이고 성실하려고 노력하는 것은 사람의 도道이다.48)
> 성실함은 사물의 시작이자 끝이니, 성실하지 않으면 아무

---

46) 『論語』「述而」: 子曰, 天生德於予, 桓魋其如予何?
47) 김성기, 「先秦儒學의 天人關係에 대한 解釋學的 접근」, 『유교사상연구』제13집, 2000, p.344.
48) 『中庸』제20장: 誠者天之道也. 誠之者人之道也.

것도 없다.49)

　성실한 것은 단지 자기만 완성하고 마는 것이 아니다. 다른 만물까지도 완성하는 것이다.50)

　지극한 정성은 나의 타고난 본성을 완성할 수 있고, 자기의 본성을 완성할 수 있으면 남의 본성을 다할 수 있고 남의 본성을 다할 수 있으면 만물의 본성을 다할 수 있으며, 만물의 성性을 다할 수 있으면 이로써 천지의 화육을 도울 수 있다. 이로써 천지의 화육을 도울 수 있으면, 이로써 천지와 더불어 하나가 될 수 있다.51)

　여기서 천天의 본질, 인간의 덕성과 행위가 모두 "성誠"에 귀결되었는데 이른바 성誠이라는 우주 본체의 원리가 되고 인간은 이를 본받아 성실히 삶을 실천하려는 도덕실천원리이다. 천天의 덕성을 내재화하여 천天과 인간, 인간과 인간이 합일되는 가능성을 열었다. 그리고 이러한 가능성의 실현은 "지성至誠"에 달려 있다.

　『주역』의 괘효사 구조를 통해서 『주역』에서의 천天 관점과 천인관계를 엿볼 수 있다. 『주역』에서의 가장 핵심적인 원리는 변화인데 64괘 384효를 통해서 우리에게 언제, 어떻게 진퇴를 대응하는지를 가르쳐준다. 다시 말하면 『주역』은 때와 상황에 맞는 태도를 택하는 것을 가르쳐 주는 것이다. 왜냐하면 처음에는 성인이 자연과 만물의 변

---

49) 『中庸』제25장: 誠者物之終始, 不誠無物.

50) 『中庸』제25장: 誠者非自成己而已也, 所以成物也.

51) 『中庸』제22장: 唯天下至誠, 爲能盡其性, 能盡其性則能盡人之性, 能盡人之性則能盡物之性, 能盡物之性, 則可以贊天地之化育, 可以贊天地之化育, 則可以與天地參矣.

화 규칙을 관찰하고 귀납함으로써 『주역』을 만들었고, 이에 성인들이 한 걸음 더 나아가 물상을 관찰함으로써 괘효사를 달았는데 이러한 발전 과정을 거쳐 자연과 인생을 연결시켜 명命과 덕德과 화복禍福의 관계를 밝혔기 때문이다. 다음으로『주역』의 괘효사의 구조를 살펴보겠다.

$$①② \quad | \quad ③④$$
$$\Downarrow \qquad\qquad \Downarrow$$

A 숙명宿命 | 탈숙명脫宿命(사람의 능동 세계)
(상황판단) (방향지시)

64괘의 괘효사는 보통 표에서의 4부분으로 구성되어 있다. 이 네 부분은 A상황판단과 B방향지시라는 두 단계로 나눠지는데, 이 가운데 B단계는 보통 인간의 능동적인 노력이 들어간다. 그러나 모든 괘효사를 살펴보면 모두 이 형식을 엄격히 준수하는 것이 아니고 보통 일부분을 생략하고 일부분만 있는 것이다. 그럼에도 불구하고 상황판단과 방향지시에 관한 내용이 반드시 있다. 이러한 A와 B 단계의 전환은 『주역』이라는 책이 점치는 책에서 풍부한 도리가 담겨 있는 철학서로의 전환과 일치한 것이다. 이러한 전환과정에서 가교 역할을 하는 것은 바로 인간의 수양공부이다. 이른바 수양공부는 명命·덕德과 화복禍福이 일치하지 않았을 때 정확한 판단을 하고 나아갈 방향을 찾는 능력을 함양하는 것으로 변화무상의 세계에 처하는 상황에 맞는 행동을 취하는 필수적인 조건이다. 그러므로 『주역』에서 규명한 천天과 인人의 관계는 절대로 운명론·숙명론적인 것이 아니고 인간은 능동성 있는 도덕적 실천 실체이다.

『역경』뿐만 아니라 『역전』도 결국은 천지의 신명성을 본받아 이를 인간에 내면화하여 신묘한 경지에 이르는 것을 목표로 삼는다. 다음과 같이 말한다.

백성들이 늘 신묘한 원리를 이용하여 유리되어 있지 않은 것을 신神이라 한다.[52]
변화회통하여 만물들에게 이로움을 극진히 베풀고, 이로써 천하의 사람을 고무시켜 신묘한 경지를 발휘케 하였다.[53]
대인은 천지와 더불어 그 덕德이 합치되고, 일월성진과 더불어 밝게 빛남을 함께하고, 사시사철과 더불어 질서를 같이하고, 귀신과 더불어 길흉을 함께 한다.[54]

천지만물의 신령스러운 리理를 변통하여 활용하면 만물들에게 이로움을 가져올 수 있고 천지만물과 가장 조화로운 신묘한 경지에 도달할 수 있을 것이다. 이것은 『주역』과 『중용』에서 구축하는 가장 이상적인 천인관계이다.

선진 시기의 천天 관점과 천인관계를 정리하면, 은주殷周 시기에는 천天은 절대 권위와 주재성을 가지고 있는 인격천人格天이고, 천天과 인人은 주재자主宰者인 신神과 수명자受命者인 인간의 통치와 피통치의 관계이다. 공자에 이르면 신神의 주재성이라는 색체가 연해져 인간의 도덕가치의 근원으로서의 의미가 나타나게 된다. 『맹자』와 『역

---

52) 『繫辭上傳』제11장: 民咸用之, 謂之神.
53) 『繫辭上傳』제12장: 變而通之而盡利, 鼓之舞之以盡神.
54) 『文言傳』乾卦: 夫大人者, 與天地合其德, 與日月合其明, 與四時合其序, 與鬼神合其吉凶.

전』, 그리고『중용』의 시기에 이르렀을 때의 천명관天命觀은 공자의 천명관과 다른 새로운 관점으로 발전하였다. 가장 특이한 것은 천天과 상제上帝 개념은 자연의 천지로 전환된다는 것이다. 이때 인간은 이전의 천명天命을 받아 공손하게 복종하는 수명受命의 인간에서 입명立命, 배천配天하는 주관적 능동능력이 강한 인간으로의 전환을 완성하였다. 이에 인간의 주체성과 능동적 실천을 강조하는 유가사상의 특질이 더욱 뚜렷해졌다.

나. 다산의 독창적 견해

다산의 철학은 성리학과 대립하는 핵심적 근거는 바로 천관념天觀念을 인식하는 태도의 차이에 있다. 성리학에서 천天은 인격적 초월자인 상제와 비인격적 우주 원리인 리理라는 두 가지로 구분되었는데 이치로서의 하늘을 중심에 두었다. 그러나 성리학의 정통사상으로서의 권위가 흔들리기 시작한 조선 후기에 살았던 다산은 천주天主를 만물을 창조하는 절대적이고 초월적인 존재로 보는 서학의 영향을 받고 조선 사회에서 유교전통의 상제를 세계의 중심으로 재인식하였다. 다시 말하면 앞에 서술한 바와 같이 원시유가에서의 상제가 지닌 종교적 초월성을 회복하려고 하였다.

다산은 성리학의 리기론에 의해 규정된 천天은 인간을 실제로 규제하는 힘이 없다고 주장하여,[55] 천天이란 우주원리로서의 비인격적 하늘이 아닌 인격이 있는 존재, 즉 만물을 지배하는 영명주재靈明主宰와 초월적·종교적 천天으로 보아야 한다고 주장한다. 다산이 이렇게 상제·천天을 강조하는 것은 바로 성리학의 약점을 극복하여 새로

---

55)『定本 與猶堂全書』6,『中庸自箴』: 理本無知, 亦無威能.

운 윤리관을 정립하려는 의도에서 비롯된 것으로 볼 수 있다.56) 그렇다면 다산은 상제·천天을 어떠한 방식으로 규정하는가?

다산의 상제·천天 관념은 원시유가의 천天 관념에 연원을 둔다고 할 수 있다. 비록 그 근원은 은殷·주周 시대의 미신적이고 신비스러운 천天 관념에서 비롯되었지만, 당시 사상으로의 복귀가 아니라 이를 수용하여 발전시킨 것이다. 고대의 천天 관념은 대개 공자의 관점을 따른다. 공자는 천天을 논할 때 "하늘이 나에게 덕德을 주셨다."57), "오직 하늘만이 위대하거늘 오직 요堯임금만이 그것을 본받으셨다."58), "하늘이 무슨 말을 하더냐? 사계절이 운행되고 만물이 자라는데, 하늘이 무슨 말을 하더냐?"59)라고 말하는 것으로 보아, 공자는 천天을 도덕 실체로서 영명성靈明性이 있는 만물의 주재로 삼았음을 알 수 있다. 다산의 입장에서 천天은 곧 상제이고 인격적 존재이며, 그 본질적 속성은 유일자唯一者요, 형질이 없는 영명한 존재이며, 인격성을 지녔고, 천지만물의 주재이며, 조화造化의 주인이요 전능全能하고 전지全知한 존재라 할 수 있다.60) 이어서 다산의 상제·천天 관념을 주재성主宰性과 영명성靈明性의 두 방면으로 나누어 살펴보고자 한다.

다산의 천天 관념은 고대 유가의 천天 관념을 수용한 것으로, 이

---

56) 劉權鍾,「茶山丁若鏞의 上帝觀」,『韓國思想文化論文選集』158「茶山 丁若鏞 - 哲學思想(6)」, 불함문화사, 2001.

57) 『論語』「述而」: 天生德於予.

58) 『論語』「泰伯」: 唯天爲大, 唯堯則之.

59) 『論語』「陽貨」: 天言何哉?四時行焉, 萬物育焉, 天言何哉?

60) 琴章泰,「茶山의 天觀念과 天人關係論」,『韓國思想文化論文選集』153「茶山丁若鏞 - 哲學思想(1)」, 불함문화사, 2001, p.42-47.

또한 "푸르고 형체가 있는 하늘"蒼蒼有形之天의 자연천自然天과 신앙의 대상으로의 영명주재천靈明主宰天의 두 가지로 나눌 수 있다. 그러나 다산의 사상에서 중시하는 것은 자연천自然天이 아니라 신앙의 대상으로 보는 영명주재천靈明主宰天이다. 따라서 다산은 "하늘의 주재자는 상제이고, 그를 천天이라고 하는 것은 국군國君을 나라[國]로 부르는 것과 같다."61)고 하였으며 또한 "천天은 상제를 말함이다."62)라고 하여 천天과 상제의 관계를 명확히 구분하였다. 이것은 다산이 청년 시절에 천주교의 영향을 받았기 때문이라고 볼 수 있다.

그렇다면 다산은 천天·상제의 중요한 본질인 주재성과 영명성을 어떻게 규정하고 있는가?

> 옛날 사람들은 천명天命을 잘 알았다. 무릇 길상한 명위를 얻으면 모두 천天(상제)이 베풀어 된 것이고, 그것을 얻지 못함이 있으면 모두 천天이 내려주지 않기 때문이라고 알았다.63)

> 해·달·별이 운행하여 네 계절이 어김이 없고 바람·우뢰가 일고 비와 이슬이 내려 온갖 물건들이 번성한다. 이 또한 말 없이 자연스럽게 주재하고 있다. 만일 이것을 리理의 발현으로 말한다면, 리理는 본래 지각이 없으므로 (그것이) 말하고자 해도 말할 수가 있겠는가?64)

61) 『定本 與猶堂全書』7, 『孟子要義』: 天之主宰者上帝, 其謂之天者, 猶國君稱國.
62) 『定本 與猶堂全書』8, 『論語古今注』: 天謂上帝也.
63) 『定本 與猶堂全書』12, 『尙書古訓』권4: 古人灼知天命, 凡吉祥名位, 咸受之爲天錫. 其有不獲, 咸知爲天不畀.
64) 『定本 與猶堂全書』9, 『論語古今注』: 日月星辰之運, 而四時不錯風霜雨露

다산은 인간의 길흉화복을 비롯한 모든 인간사가 하늘의 뜻에 의거한다고 주장한다. 이것은 하늘의 주재성을 인정하는 것이다. 한마디로 말해 이른바 주재성은 의지를 지니고 우주만물을 다스리는 것이다. 주의할 점은 여기에서, 즉 상제의 주재성에 대해 다산이든 성리학자이든 모두 적극적으로 인정하는 태도를 지니지만,[65] 각각에서 천天의 주재 방식이 다르다는 것이다. 성리학에서의 천天의 주재성은 만물의 운행법칙과 사람들이 준수해야 하는 도덕규칙의 근거이며, 이와 달리 다산은 천天의 주재성이란 인간에게 내려와 살피고, 길흉을 주관하며, 인간에게 경계하고 명령을 내리는 것으로 파악한다. 또한 성리학에서의 성즉리性卽理를 비판하는 것과 마찬가지로, 다산이 귀신·천天·상제를 리理나 기氣로써 설명하기를 거부한다.[66]

하늘의 영명성에 대하여 "상제의 영명함은 사람의 마음속을 꿰뚫어 안다. 인간이 숨기려고 해도 살피지 못함이 없으며 아무리 표시나지 않게 하려 해도 느끼지 못함이 없다."[67]고 하여, 상제 곧 천天은 만물을 초월하여 모든 사람의 마음을 뚫어볼 수 있고 미미한 것까지 파악할 수 있는 밝은 앎을 가지고 있다고 주장하였다. 한 마디로, 영명함이란 일종의 뛰어난 지각知覺능력과 맑은 지혜를 의미한다.

이처럼 다산은 주재천主宰天과 상제가 동일한 존재라 주장한다. 또

之施, 而百物以蕃, 亦默自主宰而已. 若但以理之發見而言之, 則理本無知, 雖慾言語, 得乎?

65) 정자程子는 『역전』 건괘乾卦에서 "以形體謂之天, 以主宰謂之帝"고 하였고 주자는 『주역본의』 「설괘전」에서 "帝者天之主宰"고 하여 모두 천天·상제의 주재성을 인정하였다.

66) 『定本 與猶堂全書』6, 『中庸講義補』: "鬼神固非理也, 亦豈是氣也"고 하였고 "鬼神不可以理氣言也"고도 하였다.

67) 『定本 與猶堂全書』6, 『中庸自箴』: 天之靈明, 直通人心, 無隱不察, 無微不燭.

한 다산은 『중용』에 나타나는 귀신과 천天·상제의 관계에 대해 밝혔다. 다산의 입장에서 천天·상제를 귀신와 동일하게 보는 경우도 있고, 천天·상제를 보좌하는 신神으로 보는 경우도 있고, 인간의 조신祖神으로 보는 경우도 있다.[68] 본 논문에서는 천天·상제를 귀신과 동일하게 보는 시각을 위주로 살펴보고자 한다.

『중용』16장의 귀신은 천天·상제와 동일한 존재로서 나타난다. 그리고 다산은 천天·상제를 형체나 기질이 없는 존재요 보이지도 들리지도 않는 존재라 하였고,[69] "상제의 체體는 형체도 없으며 바탕조차 없으므로 귀신과 같은 덕德을 지니고 있다. 그러므로 귀신이라 일렀던 것이다. 이는 감응하여 굽어보는 것으로 말한 까닭에 이를 귀신이라 한 것이다."[70]라고 하였다. 이는 다산이 천天·상제와 귀신이 일치한다고 주장하였고, 이때 일치하는 이유는 덕德이 같기 때문이라는 점을 밝혔다. 다산에 의하면 이 덕德은 지극히 공정하고至公, 지극히 어질고至仁, 지극히 의롭다至義. 이른바 지공至公·지인至仁·지의至義는 유가에서 추구하는 인仁·의義·예禮·지智가 완전히 완성된 최고의 상태인데, 이로써 다산이 천天·상제를 최고의 선善으로 본다는 것을 알 수 있다. 그러므로 정약용의 천天, 상제 관점은 초월적인 인격만을 강조하는 서학의 천주와 달리 선천적인 본성을 매개로 하늘의 내쟁성을 긍정한다. 즉 다산은 하늘은 초월과 내재의 양면성을 지

---

68) 琴章泰, 「茶山의 天觀念과 天人關係論」, 『韓國思想文化論文選集』153 「茶山 丁若鏞 - 哲學思想(1) 」, 불함문화사, 2001, p.40.

69) 『定本 與猶堂全書』6, 『中庸自箴』: 所不睹者, 何也? 天之體也. 所不聞者, 何也? 天之聲也.…… 不睹不聞者, 非天而何?

70) 『定本 與猶堂全書』6, 『中庸自箴』: 上帝之體, 無形無質, 與鬼神同德, 故曰鬼神. 以其感格臨照而言之, 故謂之鬼神.

닌다고 주장한다.[71]

(2) 계신공구戒愼恐懼를 통한 순천명順天命 수양공부

이상으로 다산 입장에서의 천天·상제 개념을 살펴보았다. 그러면
이러한 철학적 사상을 기초로 하고 다산은 도덕주체로서의 인간과
천명天命의 관계를 어떻게 보고 있는 것인가? 다산의 『주역』해석에
서 답을 찾아낼 수 있다.

> 건乾의 하늘의 도움이 있고【건乾이 내괘에 있음】 제2위와 제5
> 위가 서로 호응하니【두 마음이 서로 믿음】 응호천應乎天이라고
> 한 것이다. 하늘의 도움이 없다면, 어찌 (큰 내를) 건널 수 있
> 겠는가?[72]
> 【쾌괘夬卦로부터】 추이하여 대유괘大有卦로 가면, 유柔가 하강
> 하여 리離가 되니【상上이 5로 감】 유순하고도 믿음을 갖추고 있
> 으므로 복福이 이르게 된다. 천심天心이 이미 기뻐하여【벽괘인
> 구괘姤卦인 때의 상건上乾】 리離의 복福이 마침내 빛나니【대유괘
> 의】 상괘가 지금 리離】 "자천우지自天祐之"라고 한 것이다. 무슨
> 일이든 이롭지 않겠는가?【태兌의 이로움을 잃지 않은 것이다】 상효
> 가 괘주가 되는 까닭에 그 본상, 즉 본괘인 대유괘의 상을 말
> 한 것이다.[73]

---

71) 임부연, 「정약용의 수양론 체계 - 성리학, 서학, 고학과의 비교를 중심으로」, 『유
   교문화연구』제13집, 2009, p.125.
72) 方仁·張正郁 譯, 『譯註 周易四箋』(3卷), 昭明出版, 2007, p.357. 大畜卦 象辭:
   ○乾天有祐,【乾在內】二·五相應,【心相孚】應乎天也. 不有天助. 何以利涉?
73) 方仁·張正郁 譯, 『譯註 周易四箋』(2卷), 昭明出版, 2007, p.397-398. 大有卦

두 개의 음陰이 한 가운데 있어서【본래 곤坤의 순純함이 있음】
천명天命을 믿고 따름으로써【상괘에는 손巽이 있음】 건져짐을 받
으니, 백성이 천명天命에 순종한다면, 비록 빠지는 경우가 있
다고 하더라도, 하늘이 반드시 견져주실 것이다.74)

천명天命이란 건乾의 천天이 내리는 손巽의 명命을 가리킨
다.【상호괘가 손巽이다】 … 무망无妄이라는 괘는 천명을 거스르지
않고 받아들이는 것[順受]인데【가운데 가로막고 있는 것이 없음】
점괘漸卦의 경우는 그렇지 않으니, 본래 소인小人으로서【간艮
의 상象】 위험한 짓을 행하며, 좁은 길[徑]을 따라가니【감坎이 되
고, 간艮이 됨】 비록 손巽의 천명이 있다고 해도【상괘가 역시 손巽】
자기 스스로 그것을 막아 버린 것이다.【간艮으로 거부함】 천명이
돕지 않으니, 어떻게 행하겠는가?75)

여기서 다산 입장에서의 천天과 인간의 상호관계를 밝혔다. 즉 다
산에 의하면, 사람의 마음은 하늘에 호응하여야 하며, 하늘에 순종하
고 믿음을 갖추고 있으면 복福에 이르게 될 것이며, 하늘의 도움이

上九: 移之大有, 則柔降爲离,【上之五】順而有信, 福所至也. 天心旣嘉,【姤之
時, 上乾】离福果麗,【上今离】自天祐之也. 何事不利?【不失兌之利】上爲卦主,
故言其本象.

74) 方仁·張正郁 譯, 『譯註 周易四箋』(6卷), 昭明出版, 2007, p.360. 渙卦 初六:
〇二陰在中,【本坤順】仰順天命,【上有巽】所以拯也. 民之順命, 雖有陷溺, 天
必拯之也.

75) 方仁·張正郁 譯, 『譯註 周易四箋』(3卷), 昭明出版, 2007, p.332. 无妄卦 象
辭: 〇天命者, 乾天之巽命也.【上互巽】〇无妄之義, 无妄往也.【義見前】往將
何之? ䷴漸以艮止, 竟不行也. 无妄之卦, 順受天命,【中無阻】漸乃不然, 本以
小人【艮之象】行險由徑,【坎而艮】雖有巽命,【上猶巽】自我阻梗.【艮拒之】命之
不佑, 何以行矣?

없으면 큰 내를 건널 수 없는 반면에 하늘에서 도움을 받으면 무슨 일이든 이로운 것이다. 다시 말하면 일상생활에서 길함을 얻기 위해서는 인간이 천명을 따르는 것이 필연적 조건으로 볼 수 있다. 이 관점은 원시유가에서 천天이 인격이 있고 주재성과 영명성이 있으며, 천天과 인간은 주재자과 수명자의 관계라는 관점과 일치한 것이다. 다산이 원시유가의 상제가 지닌 종교적 초월성을 회복하려고 하는 첫출발점이 드러나게 되었다. 그러나 다산의 천인관계는 단순히 이러한 통치와 피통치의 순수한 숙명론적인 것에 그치는 것이 아니다. 다산이 구괘姤卦 육오를 해석하면서 말하였다.

> 유손자천有損自天(하늘로부터 떨어지는 것이 있다)라고 하였는데, 복福을 말하는 것이다. 정괘鼎卦는 둔괘遯卦로부터 추이하였으니【둔괘의 5가 2로 감】건乾의 과실이 이미 리離의 난숙爛熟함이 있었는데【상괘가 지금 리離】바람이 불면 곧 사물을 떨어뜨리거니와【하괘가 지금 손巽】강剛이 하늘로부터 떨어지니【둔괘의 5가 2로 감】유손자천有損自天이 된다.【제5, 6위는 천위天位가 된다】군자의 의리는 오직 천명을 가디림에 있을 따름이다. ○중정中正은 (정괘의) 상괘의 리離가 가운데 비어 있음을 가리킨 말이다.【(리離는) 괘형卦形이 반듯함】○(둔괘는) 상괘가 건乾이고, 아래에 손巽이니, 본래부터 천명을 뜻하였다.【손巽은 명命이 됨】리離의 뜻이 이미 밝고, 손巽의 명命에 바뀜이 없으니【하괘는 여전히 손巽】지불사명志不舍命(마음에 천명을 저버리지 않음)인 것이다.[76]

---

76) 方仁·張正郁 譯, 『譯註 周易四箋』(5卷), 昭明出版, 2007, p.262. 姤卦 六五: 有隕自天者, 福也. 鼎自遯移,【五之二】乾之木果,旣以离爛,【上今离】風乃隕

여기서 주의할 만한 것은 "군자의 의리는 오직 천명을 기다림에 있을 따름이다."와 "지불사명志不舍命(마음에 천명을 저버리지 않음)"라고 하는 점이다. 천天은 주재성과 영명성이 있는 존재임을 인정하고 천명을 따라야 함을 주장하면서도 인간으로서의 주체성과 능동성을 무시하면 안 된다는 것을 강조하고 있다. 왜냐하면 천명을 기다리는 주체가 도덕실천의 주체인 군자임을 제시하였고 명命을 따르는 바른 방법은 마음에서 천명을 저버리지 않는 것임을 밝혔기 때문이다. 여기에는 유학에서 추구하는 수양론적 의미가 함축되어 있다. 다산은 복서를 천명을 듣는 매개로 보는 『주역』의 점서占書로서의 성질과 개과천선지서改過遷善之書로서의 이중적 성질을 더 명확하게 드러내었다.

이에 다산의 『주역』해석에서 순천명順天命(하늘의 명命을 따름)이라는 존양공부를 어떻게 드러내고 있는지를 살펴보고자 한다. 우선 다산이 순천명을 잘하였을 때 얻는 결과를 드러내고 있었다.

> 진괘晉卦는 관괘觀卦로부터 왔으니, 음陰이 나아가서 자리를 잃었거니와【음陰이 제5위에 위치함】 지금 제 자리를 얻었으니【오五는 지금 양陽】 이것을 가리켜 왕길往吉, 즉 "가면 길하다"라고 한 것이다. 마침내 천명天命을 순종하니,【곤坤, 건乾, 손巽의 세괘가 있다.】 이롭지 않음이 없는 것이다.【손巽은 이로움의 뜻이 된다.】 ○군자의 자리인데【제5위는 군위君位에 해당됨】 옮겨가서도 건군乾君을 얻게 되었으니 "가면 경사가 있다"라고 한 것이

物,【下今巽】剛自天墜,【五之二】有隕自天也.【五·六爲天位】君子之義, 唯天命是俟也. ○中正者, 上离虛中也.【卦形正】 ○上乾下巽, 本天命也.【巽爲命】离志旣明, 巽命無改,【下猶巽】志不舍命也.

다.77)

　무인武人은 리離를 가리키니【(리괘履卦의) 2, 3, 4의 호괘】 갑옷과 투구와 창과 무기로써【『설괘전』의 글】 밖을 방어하니【리離가 막는 것이 됨】 이것이 무인武人이다. 우러러 천명天命을 받들어【상건上乾의 천天과 호손互巽의 명命이 합하여 천명天命이 됨】 마침내 건왕乾王이 되니【상괘는 이제 건乾】 이것이 "무인위어대군武人爲於大君", 즉 "무인武人이 대군大君이 되는 것"이다.78)

　상괘는 건乾이고, 하괘는 손巽이니. 천명天命을 우러러 순종하고【손巽은 명命이 됨】 상하로 호응함이 있으니【초위初位와 제4위가 호응】 일을 주간함에 길吉한 것이다.79)

　위에서 "마침내 천명天命을 순종하니 이롭지 않음이 없는 것이다", "우러러 천명天命을 받들어 마침내 건왕乾王이 된다", "천명天命을 우러러 순종하고 상하로 호응함이 있으니 일을 주간함에 길吉한 것이다."라고 하여 일상에서 만사를 처리할 때 천명을 따르고 순종하면 성사하거나 길함을 얻을 수 있다고 주장하고 있다. 즉 순천명順天命의 중요성이 드러나고 있는 것이다. 그러면 다산의 입장에서 순천명은 인간의 능동적인 수양공부로서 어떻게 가능한 것인가? 어떻게 하

---

77) 方仁 · 張正郁 譯, 『譯註 周易四箋』(4卷), 昭明出版, 2007, p.326. 晉卦 六五: 卦自觀來, 柔往失位,【陰居五】 今乃得位,【五今剛】 是往吉也.逐順天命,【坤·乾·巽】 无不利也.【巽爲利】 ○於君之位,【五君位】 得往乾君,【上今乾】 往有慶也.

78) 方仁 · 張正郁 譯, 『譯註 周易四箋』(2卷), 昭明出版, 2007, p.260-261. 履卦 六三: ○武人者, 离也,【二四互】 甲冑戈兵,【〈說卦〉文】 外爲防禦,【离爲防】 是武人也. 仰承天命,【乾天而巽命】 遂爲乾王,【上今乾】 武人爲于大君也.

79) 方仁 · 張正郁 譯, 『譯註 周易四箋』(5卷), 昭明出版, 2007, p.244. 姤卦 初六: ○上乾下巽, 仰順天命,【巽爲命】 上下有應,【初四應】 幹事吉也.

여야 하는 것인가? 다산의 관점은 다음과 같은 『주역』해석에서 잘 나타나고 있다.

　　괘卦는 비괘否卦로부터 왔으니, 음陰이 올라가고, 양陽이 내려가서【3이 4로 감】 그 올바름을 잃어버리더니, 이제 손巽으로써 순종함이니【손巽은 음陰이 아래에 있는 형태】 이것이 무구無咎라고 말한 까닭이다. ○이제 손巽이 되니【겸획兼劃하여 삼획괘로 만들면 손巽이 됨】 손巽으로써 순종함이다.【천명天命에 순종함】80)

　　유인幽人이란 조용한 데 숨어사는 사람을 뜻한다. 중부괘中孚卦의 때에는 본래 태兌의 어두움이 있었지만【태兌는 서방西方의 유현幽玄하고 어두운 땅】 추이하여 무망괘无妄卦가 되면【4가 2로 감】 드디어 손巽으로써 숨으니【상호괘上互卦는 손巽】 이것이 유인幽人이다.【곤괘困卦와 귀매괘歸妹卦에서도 역시 태兌가 유幽의 뜻이 됨】 간艮의 산 밑에서【2, 3, 4는 간艮】 진震의 숲 사이로【하괘는 이제 진震】 채소를 심고, 과일을 심어【진震은 채소이며, 간艮은 과일】 고결高潔한 품성으로 천명天命에 순종하니【손巽의 덕德】 그 일이 길한 것이다.【정貞은 일이다.】 귀매괘 구이도 마땅히 참조해야 한다.81)

---

80) 方仁·張正郁 譯, 『譯註 周易四箋』(6卷), 昭明出版, 2007, p.182. 漸卦 六四: ○卦自否來, 陰升陽降,【三之四】失其正矣. 今卦巽順,【陰在下】是无咎也. ○今卦爲巽,【兼畫三】順以巽也.【順天命】

81) 方仁·張正郁 譯, 『譯註 周易四箋』(2卷), 昭明出版, 2007, p.257-258. 履卦 九二: ○幽人者, 幽隱之人也. 中孚之時, 本以兌幽,【兌, 西方幽昧之地】移之无妄,【四之二】遂以巽隱,【上互巽】是幽人也.【困·歸妹亦兌爲幽】艮山之下,【二四艮】震林之間,【下今震】種菜蒔果,【震菜而艮果】高潔順命,【巽之德】其事吉也.【貞, 事也】歸妹九二, 宜參看.

살펴보건대 다산의 『주역』해석에서 순천명順天命이라는 용어가 나타나는 경우는 모두 하나의 괘가 추이, 호체, 효변을 통해 건괘乾卦와 손괘巽卦를 얻는 것이다. 구체적으로 말하면, 다산은 건乾이 대표하는 물상이 천天이고 손巽이 대표하는 물상이 명命이며, 그리고 손巽은 "겸손하다", "순종하다"라는 뜻이 있어서 건乾과 손巽이 같이 나타나면 순천명으로 귀결하였다. 또한, 다산의 해석에서 순천명이라는 용어 뒤에 항상 유경有慶, 사길事吉, 천필증지天必拯之 등 리利와 길吉을 표현하는 용어들이 나온다. 이것은 순천명은 리利(이로움)를 얻고 해害를 피하는 효과적인 경로와 방법이고 인간들이 하여야 하는 가치 판단과 선택임을 의미한다.

뿐만 아니라 위의 인용문에서 순천명의 구체적인 방법을 제시하였다. 즉 손巽으로써 순종함(順以巽)이고 고결高潔한 품성으로 천명에 순종함이다. 사실은 여기서 언급한 두 가지 방법은 일치한 것으로 볼 수 있는데 다산이 고결한 품성을 "손巽의 덕德"으로 풀었기 때문이다. 다산의 철학체계, 특히 다산이 『중용』을 주석하면서 드러나는 철학사상과 결합하여 보면 『주역』해석의 순천명 수양공부는 계신공구을 통해 도심道心을 회복하는 것으로 귀결할 수 있다고 본다. 이 문제를 설명하기 위해서는 다산이 도심道心에 대한 이해를 살펴볼 필요가 있을 것이다.

앞에 논한 바와 같이 다산 철학에서 천天, 상제上帝는 인간을 창조하였을 뿐만 아니라, 인간에게 선善을 좋아하고 악惡을 부끄러워하는 성품을 부여하는 명령을 내려준다는 천명관天命觀을 제시하였다. 따라서 인간은 천天의 직접적인 명령 앞에 놓여 있으며 천天의 뜻에 따라 살아야 하는 천天의 종從이라는 위지에 처하게 된다. 이러한 철학체계의 성공적인 구축은 천天과 인간을 연결시키는 매개가 필요한데 다산에 따르면 도심道心이다. 도심道心에 대하여 다산이 다음과 같이 설명하고 있다.

> 하늘이 생生을 부여해 주자마자 이 명命도 있게 마련이며, 또 살고 있는 동안에는 시시각각 이 명命은 계속되고 있는 것이다. 하늘은 차근차근 말로 타이를 수는 없다. 못하는 것이 아니라 하늘의 혀는 도심道心에 깃들어 있으니 도심道心이 경고하는 것은 황천皇天이 명하신 경계나 다를 바 없다. 남은 듣지 못하더라도 나만은 홀로 똑똑히 들으니 이보다 자세할 데 없고 이보다 엄嚴할 데 없는데 가르치듯 깨우쳐 주듯 하니, 어찌 그저 차근차근 타이를 따름이겠는가, 일이 선善한 자가 아닐 때는 도심道心은 이를 부끄럽게 여긴다. 부끄럽게 여기는 마음이 솟아나는 것은 천명天命이 차근차근 타이르는 그것인 것이며 행실이 선한 자가 아닐 때에는 도심道心이 이를 후회하는 마음을 솟아나게 하는 것은 천명天命이 차근차근 타이르는 것이다.[82]

여기서 다산은 천명을 하늘의 목과 혀로 비유하여 천명와 도심의 관계를 밝혔는데 즉 도심이 경고하는 것은 하늘이 명하시는 것이다. 다시 말하면 이른바 도심이란 하늘의 명령이 인간에 있어서의 발현

---

82) 『定本 與猶堂全書』6, 『中庸自箴』: 天於賦命之初, 有此命, 又於生居之日, 時時刻刻, 續以此命. 天不能諄諄然命之, 非不能也, 天之喉舌, 寄在道心, 道心之所儆告, 皇天之所命戒也. 人所不聞, 而己獨諦聽, 莫詳莫嚴, 如詔如誨, 奚但諄諄已乎? 事之不善, 道心愧之, 愧怍之發, 諄諄乎天命也. 行有不善, 道心悔之, 悔恨之發, 諄諄乎天命也.

이다. 또한 "일이 선善한 자가 아닐 때는 도심은 이를 부끄럽게 여기다", "행실이 선한 자가 아닐 때에는 도심이 이를 후회하다."고 하여 도심이 항상 선善을 하고자 하고 선善을 선택할 수 있음을 지적하고 있다.[83] 풀어서 말하면 하늘이 도심을 통해 선善을 지향하는 구체적인 명령을 내리고 도심은 윤리적 욕구로 이 명령을 경건하게 받아들이고 인간의 윤리적 실천 행동을 지도해준다. 이러한 맥락에서, 이상적인 인간이 되려면 하늘의 명령이 인간에의 발현으로서의 도심을 어느 쪽으로도 기울이지 않게 바르게 따라야 한다. 이상의 논의를 통해서 다산은 도심을 따르는 것이 수양 공부의 출발점이라고 주장함을 알 수 있다.

도심과 관련된 수양론은 계신공구戒愼恐懼와 신독愼獨[84]인데 이에 대해 다산이 성리학자들과 같으면서도 다른 관점을 가지고 있다. 주자에 있어서는 계신공구와 신독을 모두 경敬공부라고 인정하였고, 그리고 "경건함[敬]"은 도道의 본체를 보존하여 기르고 그 쓰임을 반성하고 살피는 것이니, 곧 도道를 몸소 실행하는 요체이다. "경계하고 삼감[戒懼]"은 보존하고 가르는[存養] 일이고, "홀로 있을 때를 삼감[愼獨]"은 반성하고 살피는[省察] 일이라고 주장하였다. 그러나 다산이 "밤길에 공동묘지를 지나가면 기약 없이 두려움을 느낄 것이니, 이는 도깨비가 있는 줄 알고 있기 때문이며 어두운 밤에 산속 숲 사

---

83) 『定本 與猶堂全書』6, 『中庸自箴』: 道心常欲爲善, 又能擇善.

84) 『中庸章句』1 小註: 雙峯饒氏曰,戒愼恐懼, 便是愼獨之愼, 詳言之則曰戒愼恐懼, 約言之只是愼之一字. 道者, 率性之謂, 其體用具在吾身. 敬者所以存養其體, 省察其用, 乃體道之要也. 戒懼, 存養之事. 愼獨, 省察之事. 中庸始言戒懼愼獨, 而終之以篤恭, 皆敬也. 中庸以誠爲一篇之體要, 惟其敬, 故能誠. 참조.

이를 지날 때는 기약 없이 두려워함을 느낄 것이니, 거기에는 호랑이가 있는 줄을 알고 있기 때문이다. 군자가 암실에 있으면서 두려워하며 감히 나쁜 짓을 하지 못하는 것은 거기에는 상제가 그를 굽어보고 있음을 알기 때문이다. 이제 성性, 명命, 도道, 교敎를 모두 한 리理로 돌려 버린다면 리理란 본래 지각도 없고 위엄도 없는 것인데 어떻게 이를 두려워할 것인가?"[85]고 하여 기존의 성리학적 관점을 받으면서 지각도 없고 위엄도 없는 리理를 근거로 삼는 것을 비판하여 자기의 독창적인 견해를 제시하였다. 즉 도심을 어느 쪽으로도 기울이지 않기를 실현하려면 반대로 도심을 통해서 상제의 강임降臨을 감지하여 상제에 대한 경외를 갖게 되는 것도 필요하다. 다산이 외제적인 하늘의 구속력拘束力과 권위를 강조하는 것을 보면 다산의 순천명 수양공부는 타율적인 경향이 있다.

위에서 논의한 바와 같이 다산이 원시유가와 서구 천주교의 천天, 상제上帝관점에 기초하여 비판적으로 수용하고 계승함으로써 자기 철학적 사상체계의 뿌리가 되는 천天, 상제上帝관점을 형성하였다. 철학 사상의 중요 구성 부분인 수양론은 물론 이러한 천天, 상제上帝관점에서 벗어나지 못한다. 특히 다산은 도심 개념을 재해석하고, 도심을 하늘과 나 사이에 성립하는 인격적인 관계의 매개로 삼았는데 이것은 다산 수양론 체계의 가장 독특하고 중요한 토대이다.[86] 이러

---

85) 『定本 與猶堂全書』6, 『中庸自箴』: 暮行墟墓者, 不期恐而自恐, 知其有魅魍也. 夜行山林者, 戰戰栗栗, 不敢爲惡, 知其有上帝臨女也. 今以性, 命, 道, 敎, 悉歸之於一理, 則理本無知, 亦無威能, 何所戒而愼之? 何所恐而懼之乎?

86) 임부연, 「정약용의 수양론 체계 - 성리학, 서학, 고학과의 비교를 중심으로」, 『유교문화연구』제13집, 2009, p.127.

한 이론 체계에 의거하여 정립한 다산의 순천명 수양공부는 사천事天의 공부로, 타율적 경향이 있는 존양공부인데 구체적인 방법은 계신공구이다.

2) 선보과善補過의 내재적 도덕자각道德自覺

(1) 인도人道에 대한 이해

인성人性의 문제는 일찍이 맹자의 시대부터 중요한 논쟁점이었다. 그리고 당시에 다양한 입장이 제시되었다. 구체적으로 말하면 맹자의 성선설性善說, 고자의 성무분어선악설性無分於善惡說, 순자의 성악설性惡說 등이 있다. 또한 한대의 양웅揚雄의 성선악혼설性善惡混說이나 당대 한유韓愈의 성삼품설性三品說도 있다. 결국은 송나라에 이르러서 인성론을 핵심적인 문제로 삼게 되었다.

성리학에서 인간과 우주를 하나의 원리 속에 일치시키고, 즉 인간과 만물의 원리가 같다고 주장한다. 그러나 다산은 이와 달리 인간과 만물을 확실하게 분별하여 논의하고 있는데 인간은 독립적이고 자율적인 존재라고 주장하였다. 또한 성性을 형이상학적 실체로서 인정하지 않으며 리理도 실재성이 없다고 해서 성리학 체계를 근본적으로 부정하며, 대신에 인간의 실체는 심心이요 성性은 심心의 선천적 속성으로 규정하였다. 다시 말하면 다산에 있어서 성리학에서의 기본 개념인 성性을 중요 문제로 받아들이면서도 이를 재해석함으로써 성리학과 다른 자신의 철학적 관점을 정립하였다.

다산의 성性에 대한 인식은 맹자의 성性 개념을 받아들이고 있지만 인간의 심心의 선악은 결정되어 있는 것이 아니라 선善인지 악惡인지의 결정권에 인간에 달려 있다고 주장한다. 즉 다산은 인간 내면에 도덕적 실체가 선천적으로 부여되었다는 신념을 거부하고 행동으로 나타난 결과에서야 도덕성이 이루어질 수 있는 것으로 파악한다. 그러므로 하늘이 인간에게 부여준 자주지권自主之權의 중요성을 강조하는 것이다. 그 이유는 인간에는 선천적으로 신체와 정신이 결합되어 있고 원욕願慾이 있어서 선善과 악惡이 다 존재하는 것이기 때문이다.[87] 이러한 인식에서 출발하여 다산이 성性의 개념을 새롭게 규명하였고 성性을 심心의 기호嗜好로 본다.

다산이 『심경밀험心經密驗』에서 "사람이 태어나는 때에, 하늘이 호덕치악好德恥惡하는 본성을 허령한 본체 가운데에서 부여하였던 것이지 본성을 본체라고 이름지어 말한 것이 아니다. 좋아하고 싫어하는 것嗜好厭惡으로 그 이름을 세운 것이다."[88]라고 하여 허영한 본체가 대체大體나 심心이라고 할 수 있지만 성性은 본체일 수 없고 선천적으로 부여된 본체의 호악好惡하는 성질을 일컫는 것이라고 주장한다. 그리고 다산은 기호嗜好에는 목하지탐락目下之耽樂과 필경지생성畢竟之生成의 두 가지로 나눠서 분석하였는데 전자는 좋아하고 싫어하는 감성적인 것이고 후자는 선천적인 자연성을 말하는 것이다. 정리하자면, 다산은 성性을 심心의 속성으로 파악하고, 성性에서 감성적 선악과 선천적인 자연성이 동시에 포함되어 있다고 주장한 것이다.

그리고 다산은 인·의·예·지와 성性의 관계에 대해서도 성리학과 확연히 다른 견해를 제기하였다. 성리학에서는 인간의 도덕적 근거

---

87) 『定本 與猶堂全書』6, 『心經密驗』: 吾人靈體之內, 本有願欲一端, 若無此欲心, 即天下萬事, 都無可做.
88) 『定本 與猶堂全書』6, 『心經密驗』: 天於生人之初, 賦之一好德恥惡之性, 於虛靈本體之中, 非謂性可以名本體也, 性也者, 以嗜好厭惡而立名.

인 덕德을 내면적 본질로서의 성性에서 찾고 인·의·예·지 등의 도덕적 가치는 바로 내면적 본질로서의 성性이다. 간단하게 말하면 성性과 덕德은 통일한 것이다. 그러나 다산은 "심에 본래 덕德이 있는 것이 아니고, 오직 '곧은 본성直性'이 있어 능히 내 '곧은 마음直心'을 행할 수 있는 것이다. 이것을 일컬어 덕德이라 한다. 선善을 행한 이후에 덕德이라는 명칭이 확립되는 것이다."[89]고 하여 덕德과 성性을 같은 것으로 보지 않고, 덕德은 본래 있는 것이 아니라 선善을 행한 이후에야 성립할 수 있는 명목이라고 주장한다. 즉 성리학에서 성性으로 삼았던 인·의·예·지 등의 도덕적 가치가 선천적으로 부여되고 내재화된 것임을 부정하고 인간행동의 결과로 파악하는 것이다.[90] 이는 심心에서 출발하여 행위의 덕德으로 확산하여 외향화外向化하는 성리학과 정반대의 입장을 취하고 있는 것이다.[91]

(2) 선보과善補過의 도덕자각道德自覺에 대한 강조

앞에서 논의한 바와 같이, 다산이 천도에 대한 독특한 인식에 기초하여 외재적인 권위의 힘을 빌려서 자신의 수양을 강화하는 순천명의 타율적 경향이 있는 수양공부를 제기하였는데, 여기서 다산의 인도에 대한 독특한 인식에 기초하여 인간의 수양을 윤리적 실천과정에서 통합시키는 공부, 즉 자신의 도덕자각과 실천공부를 향상함으로써 추리피해趨利避害하는 선보과의 자율적 수양공부를 살펴보

---

89) 『定本 與猶堂全書』6, 『大學公議』: 心本無德, 惟有直性, 能行吾之直心, 斯謂之德, 行善而后, 德之名立焉.

90) 『定本 與猶堂全書』6, 『中庸講義補』: 仁義禮智之名, 成於行事之後, 此是人德, 不是人性.

91) 琴章泰, 『韓国实学思想研究』, 集文唐, 1987, p.158.

겠다.

『계사전상』제3장에서 "'허물이 없다'함은 허물을 잘 보완한다는 말이다無咎者, 善補過"라고 하였는데 이에 대하여 다산이 주석하기를 "'무구無咎'란 본래는 허물이 있었지만 지금은 이미 회개하고 아울러 그 죄과를 잘 보속補贖한 것이니, 공자께서 '내게 몇 년이 더 허락된다면, 마저 역을 공부하여, 큰 허물을 짓는 일은 없을진저'라고 말씀하신 것이다."[92]고 하였다. 다산은 허물이 있었지만 스스로 저지른 죄과를 반성하고 회개하면 허물이 없어질 것이니 도덕실천 과정에서 도덕자각을 실현하고 개과천선함으로써 도덕을 성취하는 자율적 수양공부가 필요하다고 주장한다. 다산의 이러한 수양공부는 그의『주역』해석에서 잘 드러난다. 구체적으로는 다음과 같다.

다산이 건괘乾卦 상구에 대한 주석에서 "사람이 덕德을 닦음에 있어, 뉘우칠 일이 있으면, 반드시 고치게 된다."[93]라고 하여 인간의 수양공부를 선보과善補過로 귀결하였다. 이러한 사상은 다산의『주역』해석에 관통되어 있는데 예를 들면 수需의 초구, 비比의 괘사와 초육, 소축小畜의 초구, 태泰의 구삼, 예豫의 상육, 임臨의 상육, 관觀의 초육, 서합噬嗑의 육오, 대과大過의 초육, 리離의 초구와 상육, 함咸의 구삼, 손損의 괘사, 절節의 초구, 해解의 육삼, 항恒의 구삼, 고蠱의 육사, 구姤의 구오, 수隨의 괘사와 구사, 정鼎의 구삼, 중부中孚의 육사

---

92) 方仁·張正郁 譯,『譯註 周易四箋』(8卷), 昭明出版, 2007, p.47.『繫辭傳上』제3장: 无咎者, 本有咎, 而今已改悔, 兼能補贖其罪過也.『周易』者, 聖人所以改過也. 故孔子曰: "假我數年, 卒以學『易』, 庶无大過矣！"

93) 方仁·張正郁 譯,『譯註 周易四箋』(1卷), 昭明出版, 2007, p.288. 乾卦 上九: 人之修德, 悔則必改, 故卦爻之變, 亦名爲悔.【此『易』之大義】悔者, 變也.【何楷云】

228

등 20여 군데가 있다. 구체적으로 이 예들을 분석해 보면 다산『주역』해석에서 나타난 선보과는 보통『주역』의 추리피해사상을 잘 드러내는 무구無咎라는 가치판단과 긴밀하게 연관되어 있는데 주로 두 가지 측면에서 설명하고 있다.

첫째, 상수학적 입장에서의 무구無咎, 린吝에 대한 해석이다. 다산의 64괘 해석에서 다음과 같은 예를 들 수 있다.

> 태泰의 때에는 유柔가 강剛을 올라타고 있었는데【곤坤이 상괘】 이제는 강剛이 올라가서 제5위를 얻고,【정괘井卦의 상괘가 감坎】 유柔가 내려와 손巽이 되니【5가 1로 감】 이것이 무구無咎가 되는 까닭이다.【허물을 잘 보완한다】94)

> 비괘比卦는 박괘剝卦로부터 왔다.【상上이 5로 간 것이다】 박괘의 하나의 양陽은 본래 자신이 머무를 곳이 아니건만【양이 제6위에 머무르고 있음】 이제는 제5위로 내려오니【음과 양이 모두 지위를 얻음】 이것이 무구無咎가 되는 까닭이다.【허물을 잘 보완한다】95)

> 중부괘中孚卦의 때에는 태兌에 강剛을 타는 상象이 있었는데【태兌의 한 개의 음陰】 추이하여 손괘巽卦로 되면【3이 1로 감】 유柔가 이에 낮은 데로 내려오니【하강하여 손巽이 됨】 이것이 허물이 없는 까닭이다. 닭은 귀녀歸女의 형상이니【손巽의 장녀】 귀

---

94) 方仁·張正郁 譯,『譯註 周易四箋』(2卷), 昭明出版, 2007, p.102. 需卦 初九: ○泰之時, 柔以乘剛,【坤在上】 今也剛升得五,【井上坎】 柔降爲巽,【五之一】 是无咎也.【善補過】

95) 方仁·張正郁 譯,『譯註 周易四箋』(2卷), 昭明出版, 2007, p.185. 比卦 卦辭: ○卦自剝來.【上之五】 剝之一陽, 本自匪據,【陽居六】 今降于五,【陰陽皆得位】 是无咎也.【善補過】

녀가 밖으로 나갔으니【구괘姤卦의 1이 4로 감】허물이 없다고 말할 수는 없겠지만【여자다운 행실이 아님】멀리 가지 않고 되돌아오니, 또 무슨 허물이 있겠는가?【허물을 잘 보완한다】[96]

귀매괘歸妹卦의 형태를 보면, 아래로는 이미 비탈이 함몰되어 있고【태兌가 하괘에 있음】가운데로는 감坎의 험난함이 있으니,【3, 4, 5의 호체가 감坎】환란患亂의 괘이다. …… 태兌의 성격은 음이 양을 올라타고 있는 것이지만【귀매인 때에 그러함】지금은 강剛이 제 자리를 얻으니【제3위에 지금 강剛이 있음】또 무슨 허물이 있겠는가?【허물을 잘 보완한다】[97]

효爻가 이미 변하여, 제3위에서 비록 바른 자리를 얻었으나【제3위가 지금 강剛】초위의 강剛이 가고 제4위의 유柔가 들어옴에【태괘로부터 추이함】모두 그 바른 자리를 상실하니【그 자리가 합당하지 않음】그 점占이 린吝(인쇄함)이 되는 것이다.【잘못을 고치지 않은 것】감坎의 성질이 본래 일을 맡아 처리함에 있으니【하괘가 본래 감坎】정린貞吝이다. 이처럼 일을 처리함에 있어 빨리 고칠 수가 없다.[98]

---

96) 方仁·張正郁 譯, 『譯註 周易四箋』(2卷), 昭明出版, 2007, p.221-222. 小畜卦 初九: ○中孚之時, 兌以乘剛,【兌一陰】移之爲巽,【三之一】柔乃卑降,【降爲巽】是无咎也. 雞者, 婦象也,【巽, 長女】婦而出外,【一之四】非曰無過,【非女行】不遠而復, 又何咎焉?【善補過】

97) 方仁·張正郁 譯, 『譯註 周易四箋』(2卷), 昭明出版, 2007, p.294. 泰卦 九三: ○歸妹之卦, 下旣陂陷,【兌在下】中有坎險,【三五互】患難之卦也. 三之旣變,【爲大壯】艱險悉平,【下四陽】乾德復完,【下今乾】艱貞之无咎也.【貞, 事也】兌德乘剛,【歸妹時】今剛得位,【今剛】又何咎焉?【善補過】

98) 方仁·張正郁 譯, 『譯註 周易四箋』(5卷), 昭明出版, 2007, p.122. 解卦 六三: ○爻之旣變, 三雖得位,【三今剛】初往四來,【自泰移】皆失其位,【位不當】其占吝也.【不改過】坎德本貞,【下本坎】是貞吝也. 以之幹事, 不能遽改也.

해괘解卦는 임괘臨卦에서 왔다.【1이 4로 간 것이다.】 유유柔가 본래 강강剛을 타고 있었는데【임괘의 하괘는 태兌】 추이하여 해괘가 되어도, 여전히 그 적당한 자리가 아닌데도 불구하고 거처하니【유유柔가 제3위에 머무름】 그 점占이 린吝의 점괘가 되는 것이다.【잘못을 고치지 않는다】 감坎의 덕德이 비록 곧으나【해괘의 하괘는 지금 감坎】 그것으로써 일을 맡아 처리하더라도 아직 고치지 않은 것이다.[99]

상수학적 해석 입장에서 선보과善補過를 해석하는 것은 의리학적 해석보다 훨씬 큰 비중을 차지하고 있다. 위의 인용문을 중심으로 상수학적 해석 입장에서의 선보과에 대한 해석을 살펴보고자 한다. 상수학적 해석 입장에서 3가지 종류로 나누고 있음을 알 수 있는데, 선보과를 무구無咎의 해석으로 보는 것, 무슨 허물이 있겠는가라는 반문을 통해서 선보과의 중요성을 강조하는 것과 점린占吝을 불개과不改過로 해석하는 것이다. 역리사법을 활용하여 얻는 괘상을 분석함으로써 괘효사를 분석하는 것이 다산 『주역』해석의 일관된 방법인데 무구无咎와 린吝을 해석하는 것도 마찬가지다. 구체적인 예로 살펴보면 원래 효의 위치가 중정中正하지 않거나 음효가 양의 위치에 있고 양효가 음의 자리에 있는 경우 추이, 효변을 통해서 적당한 자리에 처하게 되면 허물이 없어지고 길해질 것이다. 다시 말하면 변화함으로써 자연법칙에 부합하게 되면 길할 것이다. 다산은 이러한 상수적 해석을 통해서 선보과라는 도덕자각을 강조하고 있다.

---

99) 方仁·張正郁 譯, 『譯註 周易四箋』(4卷), 昭明出版, 2007, p.241. 恒卦 九三: ○解自臨來.【一之四】柔本乘剛,【臨下兌】移之爲解, 猶據匪位,【柔居三】其占吝也.【不改過】坎德雖貞,【下今坎】以之幹事, 未易改也.

둘째, 의리역적 입장에서의 무구無咎, 린吝에 대한 해석이다.

　　본래는 동근 달이었다가【비괘否卦의 상괘는 건乾】 지금은 단지
감坎의 달이 되니【5가 2로 감】 변하긴 변하였으나【상象이 곧 변했
음】 달빛이 새로우니【하괘가 감坎의 달이다】 이것은 "끝에는 길
한 것(終吉)"이다. 군자가 개과천선하는 것은 일식이나 월식과
같으므로【『맹자』에서 이렇게 말함】 "변한 것이 있더라도 끝에는
길하다悔終吉"라고 한 것이다.100)

　　아버지의 허물어진 것을【건乾의 형체가 훼손됨】 아들이 잘 보
왔하였으니【하괘가 지금 건乾】 또한 어찌 허물이 되겠는가?【아버
지의 잘못을 잘 보완함】 곤鯀의 그릇침圯族을 그 아들인 우禹가
실로 잘 바로잡아 보완하였고 채숙蔡叔 희도姬度의 괴덕壞德
을 그 아들 채중蔡仲이 감싸 덮으니【아버지의 허물을 가려 덮음】
이것이 고괘蠱卦 초육의 "무구無咎"인 것이다.101)

　　이것은 고괘蠱卦가 간괘艮卦로 변하는 경우이다. 간괘艮卦
는 관괘觀卦에서 나왔는데【5가 3으로 감】 관괘의 때에는 곤坤의
어머니가 안에 있다.【풍風과 지地로 구성된 괘】 추이하여 간괘가
되면【3이 5로 감】 곤坤의 형체가 이에 파괴되니【하괘가 지금 간艮】
"어머니가 허물어진 것"이다.【곤坤이 훼손된 것이다】 비록 이렇

---

100) 方仁·張正郁 譯,『譯註 周易四箋』(6卷), 昭明出版, 2007, p.78. 鼎卦 九三:
○本以圓月,【否上乾】今爲坎月,【五之二】悔則悔矣,【象則變】月色載新,【下坎
月】是終吉也. 君子之悔過遷善, 如日月之食,【『孟子』云】悔終吉也. 三爲卦
終,【下卦竟】故曰終.

101) 方仁·張正郁 譯,『譯註 周易四箋』(3卷), 昭明出版, 2007, p.130. 蠱卦 初六:
父之所壞,【乾體毁】子能完之,【下今乾】又何咎焉?【善補父之過】鯀之圯族, 禹
實幹之, 姬度壞德, 子仲是蓋,【蓋父愆】此蠱初六之无咎也.

게 허물어지기는 하였으나, 감坎의 견고한 나무가【2, 3, 4의 하호체下互體】곤坤의 흙 속에 들어가서【네 개의 음陰 가운데에 있음】마치 그 판목이 담장을 지지하는 것과 같으니【그 뜻이 앞에 나옴】"간모지고幹母之蠱"라고 한 것이다. …… 부인婦人의 마음은 주로 어린 자식을 편애하기 마련이니, 어머니가 그 덕德을 무너트리는 것은 주로 이런 일에서 연유한다.【소남少男으로 말미암은 것이다】그러나 그 아들이 진실로 현명하다면 이런 허물이 잘 수습할 수가 있으니【어머니의 허물을 잘 보완함】예컨대 진晉나라의 왕람王覽이【즉 왕상王祥의 아우】이런 점占에 해당하는 것이겠다.[102]

앞에서 논한 상수적 해석을 통해서 선보과라는 도덕자각을 강조하는 것과 달리 위의 인용문은 의리적 해석을 위주로 선보과의 중요성을 강조하고 있다. 역리사법은 다산 『주역』해석의 핵심이라 모든 『주역』해석의 뿌리라고 할 수 있다. 그러므로 여기서도 추이, 효변이라는 해석 방법을 통해 괘상에 해당하는 물상을 연상하여 그의 행위가 도덕성에 부합하는지를 살펴보고 일이 길하지 않는 이유를 잘못을 고치는 것에 귀결시킨다. 다시 말하면 상수학적 해석에 기초하고 한 걸음 더 나아가 인간의 일상으로 확대하여 선보과라는 도덕자각을 강조하는 것이다.

---

102) 方仁·張正郁 譯, 『譯註 周易四箋』(3卷), 昭明出版, 2007, p.134. 蠱卦 九二: 此蠱之艮也. 艮自觀來,【五之三】觀之時, 坤母在內,【風地卦】移之爲艮,【三之五】坤體乃壞,【下今艮】母之壞也.【坤所毀】雖則壞矣, 坎之堅木,【二·四互】立於坤土之中,【在四陰之中】如幹持牆,【義見上】幹母之蠱也. 孰爲之子? 艮少男也. 婦人之情, 偏愛少子, 母之壞德, 多由於此.【由少男】子苟賢矣, 可以幹蠱,【補母過】如晉之王覽,【王祥弟】當此占也.

이상으로 다산의 선보과에 대한 해석을 살펴봤는데 다산의 『주역』
해석에서 개과천선이라는 공부를 강조하는 것을 알 수 있다. 이른바
개과천선이나 선보과는 다산이 인·의·예·지 등 도덕적 가치를 선
천적으로 부여되고 내재화된 것이 아닌 인간행동의 결과로 파악하고
있는 인도관에서 출발하여 제시한 수양론적 방법이다. 이런한 수양
론은 인간의 도덕자각을 인정하고 인간이 스스로 선한 도덕을 선택
할 수 있는 자주지권(자기 주재의 권능 또는 권형) 능동성을 강조하
는 것에 전제를 두고 있으니 다산 사상에서 인간의 자율성을 중시하
는 실학적 특징이 잘 드러나고 있다.

3 _ 다산 『주역』해석의 경세치용經世致用 사상

1) 성리학에서 실학으로의 사상적 변천

실학이라는 개념은 다른 역사 시기에 다른 의미가 있다. 비록 같은
역사 시기라도 다른 학파 사이에 다르게 해석되고 있다. 그 의미에
있어 "실심실학實心實學", "치심실학治心實學", "궁경실학窮經實學"의
측면을 가지는 "진실지학眞實之學"이기도 하고 "경세제민지학經世濟
民之學"이기도 하다. 다른 시기의 실학으로서의 성리학이든 실학이든
다같이 "실학"이라고 할 수 있지만 양자가 말하는 "실實"의 의식에
차이가 있다. 성리학은 불교를 허학虛學으로 여기고 수기정덕修己正
德에 치중하는 경향이 두드러지지만, 후기의 실학자들은 "성리학을
비실제적인 학문"으로 여겨, 자신들의 안인후생安人厚生에 치중하는
경향이 크다. 그런데 총결하여 말하면 실학은 철학, 종교 등 근본적
문제에 대한 사고이고 현실적인 실용 문제를 해결하는 근거이다.

실학의 기원으로 보면, 당나라 이전부터 실사구시實事求是라는 용어와 경세치용經世致用의 전통이 있었다.[103] 하지만 실학은 중국에서 하나의 독립적인 학파와 사회적 사조로서 중국 문화사에서 송명리학을 이어서 일어나는 중요한 학술사조이다. 이러한 학술사조는 명나라 중엽부터 1840년 아편전쟁전까지의 800년이라는 긴 역사를 거쳤다.[104] 다음으로 독립적인 학파와 사회적 사조로서의 실학을 위주로 살펴보겠다.

중국에서 실학 발전의 역사로 보면 명나라 중엽부터 왕학王學이 날이 갈수록 번창해지는 반면에 주자학이 쇄약해졌으며, 청나라 초기에 이르러 학자들이 명나라가 망하는 이유를 적극적으로 반성함으로써 명나라 말기 왕학의 공소空疏와 황탄荒誕을 중요 원인으로 인식하게 되었다. 그러므로 그들이 주자학을 진흥하여 발전시키는 것을 주장하여 "종주폐왕宗朱廢王(주자를 숭상하고 왕양명을 폐한다)"은

---

103) 班固, 『漢書』「河間獻王傳」: "河間獻王德以孝景前兩年立, 修學好古, 實事求是." 당나라의 명 학자인 안사고顔師古(BC.581-645)가 주석하기를 "務得實事, 每求真是也"고 하였다.

104) 葛荣晋, 『中国实学文化导论』, 北京, 中共中央党校出版社, 2003년, p.14 참조. 갈영진은 "중국 실학의 시발점에 대하여 학계에서의 의견이 분분인데 선진先秦부터 시작하였다고 주장한 자가 있고, 한나라부터 시작하였다고 주장한 자가 있고, 당나라부터 시작하였다고 주장한 자도 있다. 하지만 갈영진은 이상의 3가지 견해가 모두 어느 정도의 도리에 맞기는 하는데 시간적으로 너무 빠른 협의가 있다고 주장한다. 실학개념에 담겨 있는 어떤 사상은 일찍부터 존재하고 있었지만 이러한 내용들을 실학이라는 개념으로 승화시키는 것은 복송 시기의 정이程頤부터 시작한 거라고 본다. 이후에는 송나라, 원나라 시기의 수많은 실학자들이 이 개념을 계승하여 다른 각도에서 중국의 실학사상을 천명하였는데 800여 년(북송 중엽부터 청나라 말기의 양무파洋務派까지)이라는 긴 역사를 가지는 중국 실학 사조를 이루었다"고 하였는데 필자는 이 관점을 동의한다.

청나라 초기 학술 발전의 주요 추세가 되었다. 물론 실학 사조에서 발전하는 주자학은 단순히 송나라 주자학으로의 복위가 아니고 시대적 요구에 따라 송나라 주자학에서 실체實體, 실성實性, 실수實修, 실천實踐을 중요시하는 실체달용實體達用의 학설을 위주로 발휘한 것이다. 그러므로 그들은 리학에서의 실학적 부분을 발굴하고 신리학新理學을 제창하며 리학의 폐단을 교정함으로써 경세치용의 길로 가게 되었다. 또한 청나라 초기는 여러 가지 사상이 융합하고 공존하는 시기라 송유들이 성性과 리理를 공담하는 것을 꾸짖는 황종희, 왕부지를 대표로 하는 기실체론氣實體論적 철학뿐만 아니라 주학수정파朱學修正派, 주육조화파朱陸調和派와 서학西學도 나타났다. 그래서 개괄하여 말하면 청나라 실학의 발전은 리학와 서학의 영향을 동시에 받고 복잡하게 앞으로 발전하는 것이다.

명나라, 청나라 시기의 실학은 폭넓게 각각 사회 분야에 두루 퍼져 있었고 내용과 분류도 다양하다. 실학의 내용에 있어서 크게 실체실학實體實學, 경세실학經世實學, 질측실학質測實學, 고거실학考據實學과 계몽실학啟蒙實學으로 나눠진다. 구체적으로 말하면, 실체실학은 명나라, 청나라 시기 실학의 철학적 기반인데 기氣라는 물질을 근본으로 삼는 본체론, 실천을 기초로 삼는 인식론, "성기상자性氣相資"를 기본적 내용으로 삼는 자연인성론, 실공實功을 주요 수양 방법으로 삼는 도덕론과 이욕利欲을 기초로 하는 리욕통일설理欲統一說 등 내용을 포함하고 주요 대표인물은 나흠순羅欽順, 왕정상王廷相, 황종희黃宗羲, 왕부지王夫之, 대진戴震 등 있다. 이른바 경세실학은 명나라, 청나라 시기 실학의 주류인데 사회정치적 내용에 대하여 말한 것이다. 주로 사회에서의 각종 폐단을 들추어나고 비판하는 것과 사회 개혁 방안을 제기하는 내용을 포함하고, 왕정상王廷相·고염무顧炎武·

황종희黃宗羲·공자진龔自珍·위원魏源 등을 대표 인물로 한다. 이른바 질측실학은 명나라, 청나라 시기 실학의 과학적인 내용에 대해서 말하는 것인데 천문·역법·수학·의학·지리·농업·수리水利·생물 등 다양한 영역을 다루었는데 중국 고대과학에 대한 총결을 포함할 뿐만 아니라 전교사들이 유럽에서 도입한 서학도 포함되어 있다. 대표적인 인물은 이시진李時珍·서광계徐光啟·방이지方以智 등이다. 고거실학은 명나라, 청나라 시기 실학의 경학적 내용과 근거에 있어서 말하는 것인데 명나라 중엽부터 시작하였고, 특히 청나라의 건가乾嘉 시기에 실학사상의 흥기와 발전에 따라 경학 분야에서 송학末學과 대립하는 한학漢學과 자학子學 고거학考據學의 부흥이 나타났다. 이러한 고거학은 훈고를 강조하는 한학으로 뜻으로 경전을 해석하(以意解經)는 송학을 대체하고, 실증을 주장하는 한학으로 근거없이 공담하는 송학을 대체하며 자학으로 독존한 경학을 대체한다고 주장한다. 대표인물은 양신楊愼·초굉焦肱·진제陳第·방이지方以智·전산傅山·고염무顧炎武·모기령毛奇齡·대진戴震·왕중汪中·초순焦循·완원阮元 등 있다. 건륭乾隆·가경嘉慶시기에 이르러 한학이 극성 시기에 이르고 학계의 주류가 되었는데 건가박학乾嘉朴學이라고 일컫는다. 대진戴震으로 비롯한 환파皖派·혜동惠栋으로 비롯한 오파吳派와 왕중汪中, 초순焦循, 완원阮元으로 비롯한 양주파揚州派가 그 대표이다. 마지막으로 계몽실학인데 자본주의의 맹아가 나타나고 시민의식이 깨닫기 시작함에 따라 통치계층의 진보한 개혁사상 이외에 나타난 시민 계층의 이익과 소원을 반영하는 계몽의식이다.[105]

---

105) 葛榮晉의『中日實學史』(中國社會科學出版社, 1992, p.13-16)와『中國實學 文化導論』(中共中央黨校出版社, 2003년, p.10)을 참조함.

개괄하여 말하면 실학은 송명리학에서 나왔기도 하고 송명리학에서 독립되어 있기도 해서 내면적 관련성이 있다. 양자가 이렇게 대립되고 단절되어 있는 면도 있고 관련되고 연속되는 면도 있으니 실학을 "리학화理學化된 실학"이라고 할 수 있다. 그 이유는 송명리학에서의 심성과 리기를 공담하는 부분을 부정하고 비판하면서 이 가운데서의 경세적 실학사상을 긍정하고 계승하는 것이기 때문이다. 즉 리학적 관점으로 실학을 정의하는 것이기 때문이다.

명나라, 청나라 시기의 실학 사조는 처음부터 조선에 영향을 끼쳤고 현지의 문화와 결합하여 본토화실학本土化實學이 점차 형성되었다. 명나라 중엽부터 왕학이 번창해지고 주자학이 날이 갈수록 쇠약해지는 것은 중국 실학이 발생하는 사회배경이다. 그러나 한국 실학의 발생배경은 주자학이 건국이념으로 절대 권위가 있고 중국에서 주도적인 위치를 차지하고 있는 심학이 이단으로 여겨지는 것이다. 처하는 사회적 배경이 다르기 때문에 직면하여야 할 사회 문제도 다르다. 중국 실학의 경우에는 명나라 말기의 양명심학이 주류이고 실학의 탄생은 이 시기에서 심성을 공담하는 폐단을 극복하기 위한 것이다. 한국의 경우, 기존의 통설에 따르면 "실학"은 주자학과 대립되거나 때로는 반대되는 것으로 설명되었다. 지배이념이었던 주자학은 현실 문제를 해결할 수 있는 기능을 수행하지 못하고, 성리철학과 예학에 치우친 공리공담空理空談이므로 "허학虛學"이라 평가되었다. 이러한 주자학망국론朱子學亡國論은 일제의 침략을 정당하기 위해 조선 망국의 책임을 유교와 주자학에 돌리는 것이다. 이와 달리 실학은 재야 지식인들이 현실을 직접 체험하며 주자학의 한계성을 자각하고 이를 비판하면서 제시한 실용적 학문으로서, "실증적, 민족적, 근대 지향적 특성을 지닌 학문"으로 규정되었다.106) 그러나 근래 연구의 발전에 따라 이러한 통설에 대한 비판이 많아지면서 이러한 설명과 고정관념을 반성하고 새로운 이해방식을 제기하였다. 유봉학에 따르면 유학은 성리철학과 예론, 즉 "의리지학義理之學" 분야에만 국한된 것이 아니라, 사장지학詞章之學은 물론이고 자연과학과 정치학, 경제학 등 분야까지 포괄한다. 조선 후기의 실학은 유학의 한 분과인 "경제지학經濟之學"의 전개로 새롭게 설명되었다. 따라서 경제지학 중심으로 인식된 실학은 전통유학 또는 주자학과 대립하는 것이 아니라 그 일부로서 그 연장선상에서 재구축한 것으로 설명되었던 것이다. 또한 조선시대 전통문화의 성립과정에서 오늘 우리 사회가 나아가야 할 방향성을 찾고자 했으며, 외래문화의 갈등을 조정하면서 개성을 확립하여 선진화의 길로 나아가고자 하는 문제의식에서 조선의 유교문화와 주자학사상을 재조명한 것이다.[107] 다시 말하면 실학은 외래문화의 적극적 수용과 전통문화와의 융합이고 한국의 역사와 전통문화 내에서 찾아내는 것이다. 이러한 의미에서 그 당시에 중국 실학 사조가 조선으로 전해지면서 조선에 영향을 끼쳤다는 것이 사실이지만 조선의 사회 현실과 완전히 부합한 것이 아니기 때문에 한국 실학은 조선의 실제 상황과 결합하여 중국 실학과 크게 다른 본토화실학本土化實學이다.

한국 실학에 있어 가장 큰 특징은 정통적인 주자학에 기초를 둔 것이다. 최초의 실학파 학자들이 처음부터 주자학의 철학 체계를 잘 알고 있었고, 그들의 출발점은 주자학을 부정하는 것이 아니라 주자학

---

106) 유봉학, 『실학과 진경문화』, 신구문화사, 2013, p.17-20.
107) 유봉학의 『실학과 진경문화』(신구문화사, 2013, p.15-19)와 최영진의 『한국성리학의 발전과 심학적·실학적 변용』(도서출판 문사철, 2017, p.339)을 참조함.

의 정통성을 긍정하는 전제에 주자학이 주목하는 문제와 다른 문제를 주목하고, 이에 주자학을 긍정하는 동시에 주자학이 현실 문제를 해결하는 데에 가지는 문제점을 지적하였기 때문이다. 구체적으로 말하면 그들은 실학을 제기하여 주자학이 예학禮學이나 의리를 절대시하고 도덕을 인생의 최고 가치로 여겼다는 것에서 벗어나고 경제, 제도 등 현실 문제를 주목하며, 또한 실제성을 중요시하는 공맹孔孟 등의 원시유학原始儒學, 곧 수사학洙泗學으로의 회복을 추구한다.

중국 실학과 한국 실학의 발전 과정을 비교해 보면 양자가 발생하는 사상적 배경과 근원이 다를 뿐만 아니라 서학, 특히 천주교에 대한 수용도 큰 차이가 있음을 알 수 있다. 비록 중국도 서학에 대하여 개방적이고 포용성있는 태도를 가지고 있지만 이에 대한 비판도 상당히 격렬한 것이다. 이와 반대로 한국은 훨씬 더 적극적으로 수용하고 받아들이는 자세를 보였다.

전체적으로 한국 실학의 발전을 보면 크게 3 개의 시기와 단계로 나눠진다. 즉 준비 시기, 맹아 시기, 극성 시기이다.108) 그리고 중국과 마찬가지로 다른 시기에 서로 다른 학파와 진보 인물들이 있었다.

17세기 초에 한백겸韓百謙(1552-1615)·지봉芝峯 이수광李睟光(1563-1628), 교산蛟山 허균許筠(1568-1618) 등은 적극적으로 조선 사회를 인식하는 과정에서 한국 실학의 단서가 나타났고 그들이 천주교를 적극적으로 수용하는 것은 나중에 실학의 발전에 뿌리를 내렸다고 할 수 있다. 17세기 후기에 들어와 실학적 특징이 한 걸음 더 잘 드러났는데 대

---

108) 천관우가 『근대 조선사연구』(일조각, 1979, p.330)에서 16세기 말부터 17세기 중엽까지는 실학사조의 준비시기이고, 17세기 중엽부터 18세기 중엽까지는 맹아기이며, 18세기 중엽 이후에 극성기에 이르렀다고 주장하고 있다.

표 인물은 류형원柳馨遠과 박세당朴世堂이다. 이 시기의 실학은 17세기 초의 준비기에 비하면 똑같이 현실 문제를 해결하기 위한 것이었지만, 준비기에는 정통적인 도학이념에 기초를 두고 적극적으로 서학을 수용하는 데에 중점을 두고 있는 반면에 이 시기에는 학문 자체의 문제점을 반성하고, 특히 경학에서 주자의 권위적 주석에서 벗어나야 함을 주장하니 실학적 입장이 더욱 뚜렷해졌다. 18세기에 이르러 실학파가 더욱 체계화되었고 전기의 성호학파와 후기의 북학파로 나눠진다. 우선 성호학파에서는 신후담愼後聃·안정복安鼎福을 대표로 하는 공서파攻西派와 권철신權哲身·이가환李家煥·이벽李檗,·정약용丁若鏞 등을 대표로 하는 신서파信西派로 분열되었다. 두 개의 학파는 서학에 대하여 다른 태도를 취하고 있지만 주목하는 것은 모두 서학에 있으니 한국 실학이 적극적으로 서학을 수용하는 특징이 한 걸음 더 분명해진다. 이 시기에는 기호남인을 위주로 형성된 성호학파를 빼고 일부분의 노론으로 이루어진 학풍이 다른 北學派도 있는데 대표 인물은 담헌湛軒 홍대용洪大容(1731-1791), 연엄燕巖 박지원朴趾源(1737-1805)과 초정楚亭 박제가朴齊家(1750-?) 등이 있다. 성호학파와 북학파의 특징을 종합하여 비교해 보면 전자는 토지, 행정 기관 등의 사회 제도를 개혁하는 데에 편중하니 "경세치용학파經世致用學派"라고 부를 수 있고 후자는 공상업과 기술의 발전에 편중하니 "리용후생학파利用厚生學派"라고 부를 수 있다.[109] 19세기에 들어와서 실학은 한 걸음 더 발전되었는데 기존 실학 사상을 기초로 하고 정약용과 김정희金正喜(1786-1856) 등이 적극적으로 활동하고 실학파의 철학적 기초를 확립하였다. 정약용은 성호 이익의 사상을 이어받아

---

109) 이우성, 『실학연구입문』, 일조각, 1973, p.6 참조.

폭넓게 서학을 받아들이고, 또한 청나라의 고증학의 영향을 받아 경학의 주석을 중요시하며 경학에 대한 이해를 기초로 하여 사회 제도를 다시 꼼꼼하게 살펴봄으로써 독창적인 경학 체계를 확립하였는데 실학파의 이론적 기초를 따져주었다. 김정희는 성호학파와 같은 시기의 또 하나의 학파인 북학파를 계승하였는데 정약용과 같이 청나라 고증학의 깊은 영향을 받고 고증학 실학을 더욱 발전시켰다.

이상으로 중국 실학과 한국 실학의 발생 배경, 원인, 발전 과정, 그리고 양자의 상호 관계를 살펴보았다. 한 마디로 말하면 한국 실학과 중국 실학은 같으면서도 다르다는 것이다. 양자간에는 확연히 차이점이 존재함에도 불구하고 그 당시의 사회적 폐단을 직면하고 적극적으로 해결책을 도모하려는 것이 공동의 목적지이다. 실학의 범위는 천문학, 의학, 수학, 경학 등 넓은 영역을 다루고 있지만 그 최종적인 목적은 실사구시實事求是의 경세치용이다.

2) 다산 『주역』해석의 위민爲民 사상

위에서 말한 바와 같이 실학의 범위는 천문학, 의학, 수학, 경학 등 넓은 영역을 다루고 있지만 그 최종적인 목적은 실사구시의 경세치용이다. 이른바 경세치용은 사회정치적인 내용으로서 실학의 주류인데 실제의 민생문제와 긴밀하게 결합하여 리물후생利物厚生하려고 하는 것이다. 이어서 한국 실학의 집대성자인 다산 정약용의 『주역』해석을 중심으로 그의 경세치용 사상을 살펴보고자 한다.

다산의 『주역』해석이 역리사법을 중심으로 하는 것은 분명한 사실이지만 상수적 해석 방법으로 괘효사를 해석하면서 의리적 내용이 함축되어 있는 것은 다산 역학의 뚜렷한 특징이다. 앞에 논의한 수양론적 사상 특징도 마찬가지지만 다산이 실심, 실학, 실공을 강조하는 실학적 기본 입장도 다산의 『주역』해석에서 잘 드러나고 있다. 전체적으로 다산의 64괘 괘효사 해석을 살펴보면 그의 경세치용 사상은 크게 두 가지로 나눌 수 있는데 하나는 손군익민損君益民(군주의 부富를 덜어서 그 백성들을 돕는다)이고 또 다른 하나는 전민용前民用이다. 이어서 우선 다산의 손군익민 사상을 살펴보겠다.

손군익민 사상은 주로 익괘益卦와 손괘損卦에 대한 해석에서 나왔다.

> 손괘損卦는 태괘泰卦로부터 왔는데, 하괘는 지나치게 꽉 차 있고【건乾의 세 개의 양】상괘는 지나치게 비어 있다.【곤坤의 세 개의 음】그러므로 아래를 덜어서 위에 보태는 것이다. 건乾은 곧 군주가 되고【『설괘전』의 글】곤坤은 그 백성이 되니【우번이 말함】손괘와 익괘의 두 괘는 모두 군주의 부富를 덜어서【건乾의 양을 덜어냄】그 백성들을 돕는다. 그런데 괘체에서 내괘를 나[我]로 삼으니【외괘는 상대방이 됨】나의 것을 덜어서, 상대방에게 보태어 주면 손損이라고 하며【나의 양을 덜어냄】상대방의 것을 덜어서 나에게 보태면【하괘의 곤坤에 보탬】익益이라고 하는 것이다.110)
>
> 익괘益卦는 비괘否卦로부터 왔다. 아래는 텅 비어 있고, 위로는 가득 차 있거니와, (위에 있는 것을) 덜어서 (그 아래 텅 빈 것에)보태니【아래 있는 백성들에게 더해줌】왕도로써 하는 정

---

110) 方仁·張正郁 譯, 『譯註 周易四箋』(5卷), 昭明出版, 2007, p.137. 損卦 序: ○鏞案 卦自泰來, 下卦太實,【乾三陽】上卦太虛,【坤三陰】故損下而益上也. 乾則爲君,【〈說卦〉文】坤其民也,【虞氏云】損·益二卦, 皆損君之富,【損乾陽】以益其民.【益於坤】然卦體以內爲我,【外爲敵】損我益彼, 則謂之損,【損我陽】損彼益我,【益下坤】則謂之益也.

치인 것이다. 손괘와 익괘의 두 괘는 모두 군주의 것을 덜어
서 백성에게 보태는 점에 있어서는 동일한데【坤은 백성이 됨】
다만 손괘의 경우는 자신의 것을 덜어내는 자가 내괘에 있는
반면에【내괘는 나我가 됨】익괘의 경우는 도움을 받는 자가 내
괘에 있으므로 명명命名의 이유가 다른 것이다.111)

  익괘와 손괘를 해석할 때도 다산이 일이관지적으로 먼저 추이법
를 활용하여 벽괘과 연결시켰다. 위에 인용문에서 쉽게 알 수 있듯이
익괘와 손괘는 각각 비괘와 태괘에서 온 것이다. 그리고 『설괘전』에
의하면 비괘와 태괘의 상괘와 하괘인 건乾과 곤坤의 물상은 군주와
백성이다. 손괘와 익괘 두 괘는 모두 군주의 부富를 덜어서【乾의 양
을 덜어냄】그 백성들을 돕다는 것이다. 손괘나 익괘가 도두 임금이 백
성에게 베푸는 것인데, 손損이란 인금의 입장에서 하는 말이고, 익益
은 받는 백성의 입장에서 하는 말이다. 또한 다산이 명확하게 위에
있는 것을 덜어서 아래 텅 빈 것에 보태는 것은 아래 있는 백성들에
게 더해주는 것이니 왕도의 정치이라고 하였다. 뿐만 아니라 다산은
건乾의 군자가 자신의 재부를 덜어내어, 곤坤의 백성을 도우니 군주
의 도道가 길함이고 군주의 것을 덜어서 백성들에게 보태므로 그 점
占이 원길元吉의 점占이 되는 것이라고 주장하였다.112) 손군익민 관

---

111) 方仁·張正郁 譯, 『譯註 周易四箋』(5卷), 昭明出版, 2007, p.171. 益卦 序:
○鏞案 卦自否來. 下虛上實, 損以益之,【益下民】王政也. 損·益二卦, 皆損
君以益民,【坤爲民】特以損卦, 損己者在內,【內爲我】此卦, 受益者在內, 故
立名不同也.
112) 方仁·張正郁 譯, 『譯註 周易四箋』(5卷), 昭明出版, 2007, p.139. 損卦 卦辭:
○卦自泰來,【三之上】乾君損富, 以益坤民, 君道之吉也. 本由震始,【復而泰】
善之長也. 以卦位, 則損下而益上也. 以卦象, 則損君而益民也. 損君益民,

244

점은 군자로서 애민愛民, 친민親民하야 함을 강조하는 것인데 다산의 경세치용적 실학사상을 잘 표현하고 있다.

다산이 손괘와 익괘를 해석할 때 손군익민 관점을 제기하고 손군익민의 정의를 설정하였을 뿐만 아니라 손군익민의 구체적인 대안을 제기한 적도 있다. 다산이 말하였다.

> 쓰임새를 아껴서, 비용을 절약하고【간艮은 절약함의 뜻이 됨】조세租稅를 더 부과하지 않아도, 국가의 용도用度에 부족하지 않으니【위에 있는 곤坤의 나라】손괘의 본래 뜻이다. 예禮로서는 제사보다 더 중요한 예禮가 없는데 만약 오히려 절약하여, 검소하게 치른다면, 다른 나머지 것들은 어떨지 짐작할 수 있다. 이것은 이른바 "먼저 힘들어도, 나중에는 쉽게 됨"의 뜻인 것이다.【『계사전』의 글】113)

다산이 손괘 상괘인 간艮이 가지고 있는 절약함이라는 의미를 강조하는 것이다. 쓰임새를 아껴서 비용을 절약하면 조세租稅를 더 부과하지 않아도, 국가의 용도用度에 부족하지 않을 것이다. 다시 말하면 군주라는 높은 자리에 있는 자는 사치스럽고 화려한 생활을 유지하기 위해 지급해야 하는 비용을 줄여 절약하고 검소한 생활을 하면 백석들이 부과하는 세금이 적어질 것이니 백성들이 큰 부담을 가지고 고통스럽게 살아야 하는 반면에 편안하게 살면서 즐겁게 일을 할

故其占元吉.

113) 方仁·張正郁 譯, 『譯註 周易四箋』(5卷), 昭明出版, 2007, p.142. 損卦 卦辭: 節用以省費,【艮爲節】不加賦而國用足,【上坤國】損之義也. 禮莫重於祭祀, 而尙可節損, 則餘者可知. 此所謂先難而後易也.【〈大傳〉文】

수 있을 것이다. 군주의 입장에서는 손군익민하면 손해가 될 수가 있지만, 그러나 군주의 작은 희생으로 수많은 백성의 행복을 이룰 수 있으니 처음에 힘들어도, 나중에는 쉽게 될 것이라고 다산이 주장한다. 또한 다산이 군자의 재물을 감축하는 법도에 대해서도 경계하고 있는데 "임금이 재물을 감축하는 법도는 당연히 때에 맞추어서 해야 하는 것이 이 효상爻象과 같이 해야 함이니, 시의時宜에 적절하지 않은데도 한꺼번에 갑자기 감소시킨다면 폐단을 초래하게 되는 까닭에, 성인이 경계한 것이다."114)고 하였다. 임금이 재물을 감축하는 것은 손군익민의 구체적인 대안 중의 하나나 중도中道에 부합하지 않고 급진적으로 진행하면 기대하는 효과를 얻을 수 없을 뿐만 아니라 오히려 정반대된 부작용을 초래할 수 있음을 경계하고 있다. 뿐만 아니라 다산이 "선왕先王의 의리에 따른다면, 백성의 곳감을 부유하게 해야 하는 것(藏富於民)이니 위를 덜어서 아래를 보탬으로써 곤坤의 백성을 넉넉하게 하니 어찌 위에서 잃어버림이 있다고 할 것인가? 【백성에게 저장함】"115)고 하고 "건乾은 곧 부富를 상징하니 백성에게 그 부富를 쌓는 까닭에 백성의 재물을 손상시키지 않는다不傷財. 곤坤은 백성을 상징하니 군주로부터 덜어서 백성에게 보태 주는 것이므로 백성을 해치지 않는다不害民"116)고 하였는데 임금이 재물을 감

---

114) 方仁·張正郁 譯, 『譯註 周易四箋』(5卷), 昭明出版, 2007, p.150. 損卦 初九: 王者之裁損法度, 當斟酌之時宜, 如此爻象, 不宜一時遽損, 致有傾敗, 故聖人戒之.

115) 方仁·張正郁 譯, 『譯註 周易四箋』(6卷), 昭明出版, 2007, p.119. 震卦 六五: 先王之義, 藏富於民也,【坤爲民】損上益下,【上之一】以給坤民,【否下坤】何失於上?【藏於民】億无喪也.

116) 方仁·張正郁 譯, 『譯註 周易四箋』(6卷), 昭明出版, 2007, p.392. 節卦 象詞: ○乾節其陽,【三之五】坤節其陰,【五之三】天地節也. 震·兌以成,【下互震春·

축함으로써 백성의 부담을 줄이는 곳에 그치지 않고 한 걸음으로 나아가 백성에게 저장하고 넉넉하게 하려고 하는 부민富民을 손군익민의 구체적인 대안으로 제기하기도 하였다. 익민益民에 대하여 다산이 또 말하였다.

> (익괘의 육이가) 효변하여 중부괘가 되면, 상하가 제계齊戒하고【하괘도 거꾸로 된 손巽】마음 속에 정성이 가득하여, 신神을 감동시키니【가운데가 큰 리離】"임금이 상제에게 제사를 올리는 것"이 된다. 어째서 그러한가? 하늘에 제사를 올리고, 풍년을 기원하는 것은 역시 백성을 돕기 위한 것이기 때문이다.117)

다산은 하늘에 제사를 올리고, 풍년을 기원하는 것도 익민의 방법으로 보고 있다. 이러한 관점은 다산이 천天, 상제上帝, 신神의 주재성과 영명성을 중요시하고 이것을 자기의 사상 체계의 전체에 관통시키는 것과 밀접한 관계가 있다. 앞에서 논의한 바와 같이 다산이 순천명을 강조하고, 리利(이로움)를 얻고 해害를 피하는 방법과 경로로 삼는다. 주의할 만한 것은 다산의 순천명 사상에서 인간은 단순히 숙명론적 존재가 아니고 자율성과 능동성이 있는 존재이니 천天, 상제上帝에게 제사를 지내는 것은 맹목적인 미신이 아니다. 이러한 입장

秋】坎·离亦具,【中大离冬·夏】四時成也. 坎爲法制,【坎爲律】民爲尺度,【民多節】節以制度也. 乾則爲富,【『易』例也】藏富於民,【三之五】不傷財也. 坤則爲民,【上本坤】損君益民,【三之五】不害民也. 兌雖折而不傷,【下今兌】坎雖毒而不害也.

117) 方仁·張正郁 譯, 『譯註 周易四箋』(5卷), 昭明出版, 2007, p.184. 益卦 六二: 變而中孚, 則上下齊潔,【下倒巽】中誠孚格,【中大离】王用享帝也. 曷然哉?祭天祈年, 亦所以益民也.

에서 출발하여 다산이 제사를 지내는 것도 백성을 돕기 위한 것임을 제기하였다.

손군익민 이외에, 다산 『주역』해석의 경세치용 사상 중의 다른 하나는 전민용前民用이다. 전민용에 대해서 다산이 말하였다.

역易의 도道는 큰 차원으로 말하자면 천지를 널리 경영하기 위한 목적으로 쓰일 수 있으며, 작은 차원으로 말하자면 배워서 무당이나 의사가 되기 위한 목적으로 쓰일 수도 있으니, 만약 450여개의 점사를 모두 커다란 의리에 반드시 귀결시키고자 한다면, 백성의 일용생활을 위해 앞에 내세워 활용할 수 없을 것이다.118)

대개 팔괘의 순서로써 보면, 태兌로부터 건乾에 이르고【태兌는 쾌괘에 상응함】건乾으로부터 손巽에 이르기 때문에【손巽은 구괘에 상응함】태兌는 거의 둥근 건乾에 가깝다고 말할 수 없다. "달이 거의 보름달에 가까우니 길하다."라고 한 것은 일반적으로 날[日]을 점치는 자는 이 귀매괘 육오로써 길吉한 경우로 삼았다는 것을 말해주는 것이다. 달은 차면, 이지러지는 것이니 진실로 부인의 위세가 지나치게 왕성하게 되는 것을 경계한 것이다. 점술가[筮家]의 경우에도 역시 날을 점치는 통례가 되니, 그렇게 함으로써 백성의 일상적 생활에 활용하는 것이다.119)

118) 方仁·張正郁 譯, 『譯註 周易四箋』(6卷), 昭明出版, 2007, p.378-379. 渙卦 上九: 『易』之爲道, 大可以彌綸天地, 小可以學爲巫醫, 必欲以四百五十之 繇, 悉歸之於大義理, 則不可以前民用也.

119) 方仁·張正郁 譯, 『譯註 周易四箋』(6卷), 昭明出版, 2007, p.216. 歸妹 六五:

여기서 점서가 백성들의 일상생활에서 하는 역할을 강조하고 있
는데, 즉 『주역』의 실용성을 논하는 것이다. 앞에의 논의와 같이 다
산의 입장에서 『주역』은 상수와 의리의 이중적인 성격을 가지니 점
서占書와 개과천선改過遷善의 책이라는 두 가지 기능을 하고 있다.
『주역』의 백성들의 일상생활을 지도하는 역할을 발휘하기 위해 다산
이 『주역』해석을 할 때 하나의 괘를 상수적으로 의리적으로 다 설명
한 다음에 『춘추』나 『국어』에서 이 괘를 이용하여 해괘解卦의 용례
를 들었다.120) 백성들이 『주역』을 제대로 이해하지 못해 오해로 빠지
는 것을 방지하기 위한 것이다.

蓋以八卦之序, 自兌而乾,【兌如夬】自乾而巽,【巽如姤】故兌爲幾圓之乾也.
月幾望吉者, 謂凡筮日者, 以此卦爲吉也. 月滿則虧, 固爲婦人盛滿之戒.
其在筮家, 亦爲占日之通例, 所以前民用也.

120) 이러한 경우는 다음과 같은 예를 들 수 있다.

　a. 同人卦 九三:『春秋傳』,【僖二十五年】天王出居于鄭,【辟王子帶之難】晉侯
　　使卜偃筮之, 遇此爻, 曰: “吉！戰克而王饗, 吉孰大焉！【王子帶不克】且
　　是卦也, 天爲澤,【乾變兌】以當日,【以接离】天子降心,【乾王悅】以逆公,【迎
　　震侯】不亦可乎！”

　b. 同人卦 六五: ○案『春秋傳』,【閔二年】成季之筮, 遇此爻, 曰: “同復于父,
　　敬如君所.”【乾爲父, 爲君】敬者, 中直也.

　c. 觀卦 六四:『春秋傳』,【莊二十二年】陳厲公生敬仲, 周史筮之, 遇此爻, 曰:
　　“坤, 土也. 風爲天於土上,【巽變乾】山也.【二四艮】有山之材,【巽木在艮山】
　　而照之以天光, 故曰觀國之光.【坤爲國】庭實旅百,【見〈補注〉】奉之以玉
　　帛,【乾玉而坤帛】天地之美具焉,【天地否】故曰利用賓于王.”

제5장
끝맺는 말

주지하듯이 유학은 중국에서 기원한 것이다. 그러나 유학은 중국의 문화일 뿐만 아니라, 더욱 전 세계, 특히 동아시아(중국, 한국, 일본과 베트남) 문명의 공통적인 전통으로 동아시아 사회의 구축과 가치관 형성에 깊은 영향을 끼쳐왔다. 구체적으로 말하면, 중국 유가적 문화전통이 끊임없이 발전함에 따라 그 영향력도 커지고 점차 한국, 일본 등 동아시아 국가로 전입되었다. 그러나 각국의 문화는 각각 자신만의 역사적 전통과 특징이 있어서, 외래사상과 문화가 전입되어 현지에서 뿌리를 내릴 때, 원래의 사상문화와 완전히 똑같지 않은 자기 특색이 있는 본토화 문화로 발전되는 것은 필연적이다. 이에 같으면서 다르고, 다르면서 같은 다원적 동아시아 유학을 형성하게 되었다.[1]

---

1) "동아시아 유학"이라는 개념에 대하여 황준걸黃俊傑이 대표적인 견해를 제시하였는데 구체적으로 다음과 같다. 동아시아 유학은 자신만의 특색이 있는 학술

전체적으로 중국 유학사상의 발전을 보면, 크게 선진시기 제자백가의 논쟁, 양한시기 경학의 번창, 위진남북조 시기 현학玄學의 유행, 수당시기 유석도儒釋道의 병립, 송명리학의 발전 등 몇 단계를 겪었는데 그 특징은 유가사상이 사회와 시대적 요구에 따라 부단히 갱신하고 발전하며, 중국 역사에서의 다른 학설과 대립하면서 통일하고 서로 경쟁하면서 서로 참고하여 유가 사상이 장기적으로 주도적인 자리에 처하고 다른 학설과 화합하면서 부화뇌동하지 않은 국면을 이루었다. 비록 다른 역사 시기마다 유학이 강조하는 점이 다르고, 다른 모습을 드러냈지만 정신적 특질에 있어서는 일치한다. 즉 처음부터 끝까지 "내성외왕"의 근본 정신을 철저히 지켜 사람을 교화하는 것을 중시하고 경세치용의 원칙을 굳게 견지하며 사람과 사회에 대한 교화를 국가의 다스림과 결합시킨 것이다.

유학의 동아시아 각국에서의 발전으로 보면 마찬가지로 위에서 논술한 바와 같은 특징이 드러난다. 한국 유학은 중국 유학, 특히 주자학을 기초로 한 것이다. 그러나 주의할 만한 것은 한국의 유학은 절대로 주자학을 그대로 수용하고 받아들인 것이 아니라 자신만의 특수한 정치, 경제, 문화 배경에 입각하여 중국 유학을 새롭게 창조하고 개조한 것이므로, 창조적인 발전이라고 할 수 있다. 그러므로 한국에서의 유학은 명실상부한 한국유학이다. 한국유학이라는 개념

분야로서 중국, 한국, 일본, 베트남 등 각국 유학의 기계적인 조합이 아니다. 다시 말하면, 동아시아 유학은 하나의 유기적인 사상 체계로서 "중앙中央"과 "주변周邊", 심지어 방법과 목적의 규정이 없고, 오히려 모든 "번리藩籬(울타리)"를 버려 동아시아를 하나의 정체整體로 삼고, 또한 동아시아를 위해 존재하는 것이다. 이러한 의미에서 동아시아 유학은 21세계 글로벌화 시대에서 문명 대회를 하는 데의 중요한 정신적 자원이다. (黃俊傑, 『東亞儒學: 經典與詮釋的辯證』「自序」, 臺大出版中心, 2016. 참조)

에 대하여 윤사순^{尹絲淳}은 "한국유학이란 바로 한국문화 속에서 변용된 유학의 특수성으로서의 한국적 독자성을 뜻하는 것이다. 유학에 있어서의 한국적 독자성이라는 바로 그 점에 한국유학이 존재한다. 한국인의 특수한 사상적 능력이 전래의 유학에 입각하여 독자적으로 전개한 그것이 다름 아닌 한국유학이다."[2]라고 정의하였다. 이 책에서는 바로 이러한 시각에서 출발하여 18세기 다산 정약용의 『주역』해석을 중심으로 한국유학의 특질을 탐색하였다.

주자학이 고려에 처음 도입되었고, 조선이 건국될 때 건국이념이 되었다. 또한 끊임없는 발전과 심화를 거치면서 그 정통성을 확립하였고, 특히 퇴계와 율곡을 대표로 하는 유학자들의 사단칠정논쟁, 인심도심논쟁, 인물성동이논쟁 등을 통해서 주자학의 발전과 심화를 한 걸음 더 촉진시켜 주자학에 대한 철학적 사고를 고도로 발전하게 되었다. 그러나 이후에는 주자학이 점점 원래의 정신과 활력을 상실해 버려 진부해지고 보수적으로 되어 형식과 관념에 빠져 현허^{玄虛}한 학문으로 되어 버림에 따라 그 폐단이 날이 갈수록 심해졌다. 의리를 강조하는 주자학은 사람의 자율성에 대한 주도적 역할을 하는 정통 사상으로서의 지위를 잃게 되었을 뿐더러 사회 문제를 해결하는 역할을 더 이상 담당하지 못하게 되었다. 이 때 예학과 의리를 중시하는 주자학에서 벗어나 경제와 제도 등 현실 문제에 대해 관심을 기울이고 유가의 경전으로 복귀하기를 주장하는 실학파가 탄생하였다. 또한 그 당시에 서학이 조선 사회로 도입되기 시작하였고, 자연과학기술 뿐만 아니라 정신적인 측면에서 천주교 사상이 조선에 깊은 영향을 끼쳤다. 조선 실학사상의 집대성자인 다산 정약용은 유학

---

2) 尹丝淳, 『韩国儒学研究』, 玄岩社, 1980, p.10.

의 본질 정신을 충분히 받아들이고 천주교 사상의 영향을 적극적으로 받아들이며, 자신이 처한 시대적 특질과 결합하여 외래문화와 고유문화의 성공적인 융합을 실현하였다. 이는 바로 중국에서 전래된 유학이 한국의 실제적인 상황과 결합하여 본토화된 전형적인 모습이라 할 수 있다.

앞에 서술한 바와 같이, 유학의 근본적 특질은 내성외왕內聖外王, 성기성인成己成人으로, 개인의 도덕적 수양을 중요시하는 동시에 "현달顯達하면 천하를 구제한다(達則兼濟天下)"라는 경세치용을 강조하는 것이라 할 수 있다. 다산 정약용의 독창적인 사상 체계는 이러한 유학의 종지를 철저히 지켰기 때문에 유학의 근본 정신에 부합한다. 그러나 시대의 특수성이 그로 하여금 전통의 권위를 깨뜨릴 수 밖에 없게 하였고, 현실에 입각하여 실제 상황에 맞는 전통에 기초하면서도 독창성있는 학설 체계를 만들게 하였다. 구체적으로 다산의『주역』해석에서 살펴보면, 다산은 역대 학자들의『주역』해석에 기초하여 비판하면서 계승하고 계승하면서 비판함으로써 한대 상수역적 해석방법론을 중심으로 하는 역리사법易理四法를 제시하였다. 이와 동시에 다산이 전통적인 상수역학과 의리역학의 뚜렷한 경계를 깨뜨리고,『주역』이 복서의 책과 개과천선改過遷善의 책으로서의 이중적 성격을 가지고 있음을 인정하였다. 이러한 다산의 관점은 그가 복서를 도구로 삼고 성인들이『주역』을 창조하는 최종 목적은 "하늘의 명을 청하여 그 뜻을 순응(請天之命而順其旨)"함으로써 개과천선하는 데에 있다고 주장하는 것으로 알 수 있다. 이는 원래의 복서의 책으로서의『주역』에 도덕적 인문이성人文理性의 함의를 주입시킨 것이다. 본 책에서는 다산 역학 체계의 핵심인 역리사법에 대한 고찰에 바탕하여 다산『주역』해석의 두 가지 사상적 특징, 즉 도덕적 수양 공부를 강조하는 특징과 경세치용을 중시하는 특징을 중점으로 탐구하였다. 구체적으로 말하면, 다산은 천도天道에 대한 독특한 인식에 기초하여 외재적인 권위의 힘을 빌려 자신의 수양을 강화하는 순천명順天命의 수양공부를 제기하였다. 아울러 인도人道에 대한 독특한 인식에 기초한 자신의 내재적 도덕자각과 실천공부를 통하여 추리피해趨利避害하는 선보과善補過의 자율적 수양공부를 제기하였다. 또한『주역』의 괘효사 해석에서 "손군익민損君益民"과 "전민용前民用"에 대한 이해를 통하여 리용후생利用厚生과 경세치용經世致用이라는 실학적 목표를 동시에 추구하였다. 이러한 다산의 역학사상은 한편으로 역학의 발전사와 연구사에 커다란 공헌을 했고, 또 한편으로 유학의 정수를 계승하고 발전함으로써 유학 발전사를 더욱 풍부하게 하였다.

역학의 발전사와 연구사에 있어 정약용의 역학은『주역』의 경전에 착수하여 한대 역학과 송대 역학을 광범하게 다루었다. 한대 역학의 해석 전통을 전승하는 동시에 성인의 본의를 궁구하는 것을 최종 목표로 삼았다. 그러나 정약용의 한대 상수역학에 대한 계승은 단순하게 인정하거나 칭찬하는 것이 아니라 텍스트의 해석에서 출발하여 한대 역학의 수많은 자료들을 정리하고 집대성함으로써 한대 역학이 경전을 해석할 때 드러나는 폐단들을 일일이 지적하고 자신의 상수적 해석을 제기하였다. 의리적 본지를 추구하는 것도 마찬가지로 왕필로 비롯한 의리역을 비판하고 상수적 해석 방법을 빌려서야 실현할 수 있다고 주장하였다. 다산의 이러한 상수역과 의리역 각자의 득실을 분석하고 역학연구에서 혹은 상수적 훈고에 치우치거나 혹은 의리적 추구에 치중하는 기존의 역학 체계를 깨드리는 역학 체계는 한대 역학과 송대 역학을 융합함으로써 구축한 새로운 학설이다. 또한 정약용의 이러한 역학은 중국 청나라 건가(乾嘉)시대의 역학과도 서로 호응하니 동아시아 한대 역학의 부흥 사조를 이루었다. 그러므로 정약용의 역학은 중국 고대 역학에 대한 정합과 발전으로서 중국 역학의 계승을 이어가고 역학의 발전을 촉진할 수 있을 뿐만 아니라 오늘날의 역학 연구방향을 넓히고 새로운 지평을 열어주는 데에도 큰 의미가 있다고 할 수 있다.

유학 발전사에 있어 중국 유학이든 한국 유학이든 서로의 영향은 양방향적인 것이다. 다원적 문화를 추구하는 오늘날에 고유문화와 외래문화는 화합과 통일을 유지하고, 서로 교류하고 참고해야 날로 번창해진다. 앞에 논의한 정약용 학설 체계의 구축은 다른 문화와 서로 교류하고 대화하는 전형적인 사례인데 글로벌화 시대에서의 문화 교류와 융합에 참고할 중요한 가치가 있다. 마치 시진핑 주석이 공자 탄신2656년기념학술대회 발언에서 지적한 바와 같이, 다른 문화간의 대화와 교류를 강화하여야 하고, 서로 배우고 서로 참고하여야 한다. 이에 그가 또한 문화의 다양성을 유지하고 각국과 각민족의 문명을 존중하고, 과학적으로 전통문화를 대하여야 한다 등 중요 이론을 제기하였다. 전세계가 하나가 되는 시대에서 한 국가나 한 민족의 문화 발전은 『주역』에서의 "후덕재물厚德載物" 정신을 계승하여 포용적이고 개방적인 마음으로 다른 문화와의 교류를 촉진하는 데에 있다고 믿는다. 『주역』「계사전」에서 "궁하면 변하고 변하면 통하며 통하면 오래한다"3)고 하는 것처럼 한·중 역학 뿐만 아니라 한·중 유학이 앞으로 서로 격려하고 서로 깨우쳐줌으로써 더욱 많은 사상적 과실을 배양하여 유학을 명실상부한 세계문명전통으로 만들기를 바란다.

---

3) 『繫辭傳下』제2장: 窮則變, 變則通, 通則久.

원전

『周易本義』	『通書』	『中庸自箴』	『推易始末』
『周易程氏傳』	『左傳』	『中庸講義補』	『周易注』
『易學啟蒙』	『春秋左氏傳』	『文集』	『新書』
『與猶堂全書』	『朱子全書』	『孟子要義』	『周易變體』
『論語』	『朱子語類』	『論語古今注』	
『中庸』	『周易四箋』	『尚書古訓』	
『漢書』	『周易緒言』	『易學象數論』	

단행본

금장태, 『비판과 포용 한국실학의 정신』, 제이앤씨, 2008.

김인철, 『茶山「周易」解釋體系』, 景仁出版社, 2003.

박석무, 송재소, 방인 외 14인, 『다산학 공부』, 돌베개, 2018.

방인, 『다산 정약용의 「주역사전」, 「주역」의 해석사를 다시 쓰다』, 예문서원, 2020.

방인, 『다산 정약용의 「주역사전」, 기호학으로 읽다』, 예문서원, 2015.

방인, 장정옥, 『역주주역사전』, 소명출판, 2013.

백민정, 『정약용의 철학』, 이학사, 2008.

유봉학, 『실학과 진경문화』, 신구문화사, 2013.

윤사순, 『조선, 도덕의 성찰 – 조선 시대 유학의 도덕성찰』, 돌베개, 2010.

임마누엘 칸트 지음, 이충진·김수배 옮김, 『도덕형이상학』, 한길사, 2018.

조성을, 『연보로 본 다산 정약용』, 지식산업사, 2017.

최영진, 『한국성리학의 발전과 심학적·실학적 변용』, 도서출판 문사철,

2017.

칸트 지음, 이원봉 옮김, 『도덕 형이상학을 위한 기초 놓기』, 책세상, 2002.

크리스틴 M. 코스가드 지음, 김양현·강현전 옮김, 『목적의 왕국 – 칸트 윤리학의 새로운 도전』, 철학과 현실사, 2007.

唐明邦 等 저, 『周易縱橫錄』, 湖北人民出版社, 1986.

劉大均, 『周易槪論』, 齊魯書社, 1988.

高懷民, 『先秦易學史』, 中國學術著作獎助委員會, 民國 75年.

成中英, 『易學本體論』, 北京大學出版社, 2006

史少博, 『周易易學和理學關系探賾』, 人民出版社, 2006.

束景南, 『朱子大傳』, 商務印書館, 2003.

林忠軍, 『易學源流與現代詮釋』, 上海古籍出版社, 2012.

黃俊傑, 『東亞儒學: 經典與詮釋的辨證』, 臺大出版中心, 2016.

李乙浩, 『茶山經學思想硏究』, 을유문화사, 1966.

尹絲淳, 『韓国儒学硏究』, 玄岩社, 1980.

琴章泰, 『韓國實學思想硏究』, 集文唐, 1987.

尹絲淳, 『한국의 性理學과 實學』, 열음사, 1994.

논문

김성기, 『周易哲學中人之硏究 – 以人之自律擴大過程爲中心』, 中國文化大學 博士學位論文, 中華民國八十二年六月.

방인, 『다산 역학사상에 대한 연구』, 한국학중앙연구원 한국학대학원 석사학위논문, 1983.

김왕연, 『다산 역학의 연구』, 고려대학교대학원 박사학위논문, 1989.

정해왕, 『「周易」의 해석방법에 관한 연구--정약용의 역학을 중심으로』, 부산대학교대학원 박사학위논문, 1990.

백영빈, 『정약용의 「周易」해석방법 특징』, 한국학중앙연구원 한국학대학원 석사학위논문, 1995.

김인철, 『다산의「周易」해석체계에 관한 연구』, 고려대학교대학원 박사학위논문, 1999.

김영우, 『정약용의 역학사상연구』, 서울대학교대학원 박사학위논문, 2000.

박주병, 『주역의 괘에 관한 연구 – 정약용 역학을 중심으로』, 영남대학교대학원 박사학위논문, 2002.

유문상, 『다산 역학의 특성과 윤리적 함의』, 한국교원대학교대학원 박사학위논문, 2002.

황병기, 『茶山 丁若鏞의 易象學』, 연세대학교대학원 박사학위논문, 2004.

임부연, 『정약용의 수양론 연구』, 서울대학교대학원 박사학위논문, 2004.

김치완, 『주자학 전통에서 본 茶山의 인간관 연구』, 부산대학교대학원 박사학위논문, 2005.

장정옥, 『「周易」의 구성체제와 역사의 상징체계--다산역학을 중심으로』, 경북대학교대학원 박사학위논문, 2009.

임재규, 『다산 역학의 점서적 성격에 관한 연구』, 서울대학교대학원 석사학위논문, 1998.

이대근, 『다산의 修養論에 대한 연구』, 성균관대학교대학원 석사학위논문, 1998.

김민정, 『정약용에서의 天과 실천적 인간의 문제』, 이화여자대학교대학원 석사학위논문, 2002.

서근식, 『다산 정약용의 蓍卦法 연구』, 성균관대학교대학원 석사학위논문, 2002.

손진성, 『「周易」의 수양론 연구』, 성균관대학교대학원 석사학위논문, 2004.

유현민, 『다산 정약용의 수양론에 대한 연구』, 경인교육대학교대학원 석사논문, 2008.

장정옥, 『주역의 구성체계와 易象의 상징체계 – 茶山易學을 중심으로』, 경북대학교대학원 박사학위논문, 2009.

李蘭淑, 『茶山 丁若鏞의 中國易學批判 –「易學緖言」을 中心으로』, 강원

대학교대학원 박사학위논문, 2014.

김광수, 『다산 정약용의 상수학적 역학연구』, 한국외국어대학교대학원 박사학위논문, 2015.

정해왕, 「다산역의 추이론」, 『중국문제연구』제2호, 1988.

김왕연, 「茶山易學硏究1 - 『易學緖言』의 「李鼎祚集解論」을 중심으로」, 『철학논집』제1집, 1989.

이원명, 「다산의 『周易』관」, 『태동고전연구』제10집, 1993.

김성기, 「주역의 신인관계에 대한 해석학적 접근」, 『동양철학』제5집, 1994.

김성기, 「先秦儒學의 天人關係에 대한 解釋學的 接近」, 『동양철학』제5집, 1994.

김왕연, 「丁若鏞의 『邵子先天論』비판」, 『철학』제42집, 1994.

김영우, 「다산 정약용의 역학사상과 역리사법」, 『동아문화』제36집, 1998.

장승구, 「다산 정약용의 역학사상과 그 실학적 의미」, 『다산사상과 그 현대적 의미』, 1998.

김영우, 「정약용의 역해석론 - 물상이론을 중심으로」, 『철학연구』제47권, 1999.

유권종, 「茶山丁若鏞의 上帝觀」, 『韓國思想文化論文選集』158「茶山 丁若鏞 - 哲學思想(6)」, 불함문화사, 2001.

금장태, 「茶山의 天觀念과 天人關係論」, 『韓國思想文化論文選集』153「茶山 丁若鏞 - 哲學思想(1)」, 불함문화사, 2001.

김인철, 「다산의 독창적인 筮占 방법 - 蓍卦傳 상해」, 『주역연구』제6집, 2001.

김인철, 「다산의 先天易에 대한 비판 - 『邵子先天論』을 중심으로」, 『동양철학연구』제31집, 2002.

김영우, 「다산의 卜筮易 연구」, 『한국실학연구』제4호, 2002.

김영우, 「다산의 주자역학에 대한 비판적 계승」, 『철학사상』제15집, 2002.

방인, 「茶山易의 기호론적 세계관」, 『대동철학』제21집, 2003.

김영우, 「다산 정약용『周易』해석의 특징과 의의」, 『영남학』제3호, 2003.

김영우, 「정약용 역학의 실학적 성격」, 『태동고전연구』제23집, 2004.

조장연, 「『周易』의 성리학적 이해를 지향 극복한 정약용의『周易四箋』」, 『오늘의 동양사상』제10호, 2003.

금장태, 「『周易四箋』과 정약용의 역해석 방법」, 『동이문화』제44호, 2006.

김영우, 「다산역학의 두 차원 - 종교성과 윤리성」, 『다산학과 현대』창간호, 2008.

금장태, 「다산의 역학정신과 서학정신」, 『이연학회학술지』제1집, 2009.

임부연, 「정약용의 수양론 체계 - 성리학, 서학, 고학과의 비교를 중심으로」, 『유교문화연구』제13집, 2009.

이선경, 「『易學啓蒙』에 나타난 朱子易學의 특징 - 邵康節 易學의 受容과 變容을 중심으로」, 『韓國哲學論集』 28, 2010.

방인, 「정약용의『주자본의발미』연구」, 『다산학』제19집, 2011.

이창일, 「주역 蓍卦法의 두 가지 재구성 사례: 주자의 蓍卦法과 다산 정약용의 蓍卦法에 대한 기호적 함의」, 『기호학연구』제33집, 2012.

임재규, 「丁若鏞推移論新探」, 『종교연구』제70집, 2013.

서근식, 「茶山丁若鏞은 象數易學者인가」, 『한국철학논집』제36권, 2013.

임재규, 「정약용 효변론의 연원에 대한 시론적 고찰」, 『다산학』제22호, 2013.

방인, 「『주역사전』,『주역』의 퍼즐 풀기에 도전하다」, 『다산학 공부』, 2018.

林忠軍, 「來知德易象說其其意義」, 『周易研究』2009年第4期, 2009.

姜日天, 「丁若鏞的天道觀與18、19世紀韓國實學形而上學」, 『湖湘論壇』2010年第3期, 2010.

馮琳, 「丁若鏞象數易學方法初探」, 『周易研究』2011年第1期, 2011.

林忠軍, 「毛奇齡推移說與清代漢易復興」, 『陝西師範大學學報』2012年第2期, 2012.

辛源俸, 「朱熹、毛奇齡和丁若鏞的『周易』占筮觀比較研究」, 『周易研究』2014年第5期, 2014.

林忠軍, 「論丁若鏞"推移說"與漢宋易學」, 『周易研究』2015年第3期, 2015.

林在奎, 「丁若鏞與吳澄的「周易」解釋方法論比較」, 『周易研究』2016年第2期, 2016.

元勇准, 「茶山對"夏商之舊法"說的再檢討－與易類出土文獻的計較考察」, 『周易研究』2016年第3期, 2016.

方仁, 「丁若鏞對京房辟卦的批判」, 『周易研究』2016年第3期, 2016.

張悅, 「茶山丁若鏞與朱熹性理思想比較研究－以「中庸」爲藍本」, 『韓國研究論叢』2016年第1期, 2016.

唐琳, 「朱熹易學詮釋的兩個特色」, 『東亞易學國際研討會論文集』, 2016.

黃炳起, 「中國易學史上爻變說的變遷與丁若鏞的爻變說」, 『周易研究』2017年第5期, 2017.

方仁, 「茶山的兩互作卦法」, 『周易研究』2017年第5期, 2017.

| 지은이 소개 |

장열張悅

1989년에 산동성山東省 치박시淄博市에서 출생하였다.

2012년에 중국 산동사범대학교에서 한국어과를 졸업하고, 2015년과 2018년에 성균관대학교 유학과에서 석사 및 박사학위를 받았으며, 현재 중국 칭다오대학 마르크스학원에서 조교수로 재직하고 있다.

논문으로는 『다산역학에서 상수象數와 의리義理의 통학적 경향』,「수기치인修己治人의 관점에서 본 다산의 『주역』사상」,「茶山丁若鏞實學與朱熹性理思想比較研究—以『中庸』爲藍本」,『論宋明理學向明淸實學轉軌的"內在理路"—以黃宗羲實學思想爲例的說明」,「茶山丁若鏞的『大學』解釋特徵研究」,「茶山『大學』觀的理路構建研究(1)—以太學觀、格致六條爲中心」,「茶山『大學』解釋與朱子觀的比較」,『韓國儒學視域下的"誠"論研究—以栗谷李珥爲中心」 등이 있다.

다산 정약용 눈 안의

주역

초판 인쇄 2021년 11월 10일
초판 발행 2021년 11월 20일

지 은 이 | 장열(張悅)
펴 낸 이 | 하운근
펴 낸 곳 | 學古房

주　　　소 | 경기도 고양시 덕양구 통일로 140 삼송테크노밸리 A동 B224
전　　　화 | (02)353-9908 편집부(02)356-9903
팩　　　스 | (02)6959-8234
홈페이지 | www.hakgobang.co.kr
전자우편 | hakgobang@naver.com, hakgobang@chol.com
등록번호 | 제311-1994-000001호

ISBN 979-11-6586-421-7 93140

값: 18,000원